GEORG MARKUS

Es war ganz anders

GEORG MARKUS

Es war ganz anders

Geheimnisse der
österreichischen Geschichte

Mit 121 Abbildungen

AMALTHEA

Besuchen Sie uns im Internet unter:
www.amalthea.at

Umschlaggestaltung: Silvia Wahrstätter, vielseitig.co.at
Umschlagfotos Vorderseite: © IMAGNO/Barbara Pflaum
Satz: VerlagsService Dr. Helmut Neuberger
& Karl Schaumann GmbH, Heimstetten
Gesetzt aus der 13/17,25 Goudy
Printed in the EU
ISBN 978-3-85002-838-7

Daniela, Mathias
und Moritz in Liebe

Inhalt

Was ganz anders war
Vorwort 13

Frau Schratt geht fremd **17**

»Kathi ich lieb dich zum Sterben«
Des Kaisers Nebenbuhler Graf Wilczek 18

»Aber die Schratt darf's nicht wissen«
Der König von Bulgarien 30

»Ein sehr begehrter Mann«
Der Schauspieler Viktor Kutschera 34

Zwei Mal Kennedy **41**

Ein geheimnisvoller Besuch
John F. Kennedy am Wörthersee 42

Zwei Attentate, viele Parallelen
Lincoln und Kennedy 51

Die Kaiserin – Überraschendes und Familiäres **55**

»Sisi's warme Herzlichkeit und Freude«
Die Wahrheit über Elisabeth und ihre
Schwiegermutter 56

Sisis kleiner Bruder ...
... war ein großer Arzt 70

Unmusikalisches von Beethoven bis Prawy **83**

Der wahre Grund für Beethovens Taubheit
Ein medizinischer Kriminalfall 84

»Weil ich das Gesindel nicht mehr ertrage«
Wenn Wiens Operndirektoren gehen 96

Das Erbe des Opernführers
Wo Marcel Prawys Nachlass landete 106

Drei Kriminalfälle, die Aufsehen erregten **113**

Der Tod des Schleichhändlers
oder Die Mörderin mit dem Engelsgesicht 114

Mord hinter dem Russendenkmal
Die Tochter des Ministerialrats 118

Der Opernmord
Wie die kleine Dagmar Fuhrich starb 121

Reicher als reich **127**

Von Rothschild bis Lehár
Millionäre anno dazumal 128

’s wird schöne Maderln geben **143**

Die schönste Frau der Welt
Lisl Goldarbeiter, »Miss Universum« 1929 144

Der Skandal ohne Kleid
Josephine Baker in Wien 149

Eine Schauspielerin in Ekstase
Aufstieg und Fall der Hedy Lamarr 153

Verbotene Liebschaften im Hause Österreich **161**

Doch kein Sohn des Kaisers
Diesmal ist Franz Joseph unschuldig 162

»Schöner Gigolo, armer Gigolo«
Der Erzherzog und die leichten Mädchen 167

Die Prinzessin auf der Flucht
Luise, der König und ihre Liebhaber 174

Ist Herr Pachmann ein Habsburger?
Ein Sohn für Kronprinz Rudolf 186

Populärer geht's nicht 205

Kriminalfall Girardi
Ein Volksschauspieler erlebt die Hölle auf Erden 206

Der Hans-Moser-Skandal
War der Schauspieler ein Nazi-Mitläufer? 213

»I hab g'hört, Sie haben a Stück über mich g'schrieben«
Satirisches Zwischenspiel 222

Witwe Qualtinger
Erinnerungen an »Quasi« 228

Es wurde nicht nur getanzt 233

Der Wiener Kongress
Eine Richtigstellung 234

Wo die Prominenz einst residierte 243

Von Grillparzer bis Hörbiger
Schmökern in alten Adressbüchern 244

Leben und Sterben des Thronfolgers 253

Franz Ferdinand auf Weltreise
»Der schießwütigste Jäger der Monarchie« 254

»Die Tragödie meiner Großeltern in Sarajewo«
Der Enkel des Thronfolgerpaares erzählt 260

Eine Pistole schreibt Weltgeschichte
Die Waffe von Sarajewo 267

Der »Gräf & Stift« des Grafen Harrach
Das Auto und die Fahrt in den Tod 272

Die ersten Bilder eines Genies 279

Schiele und die Eisenbahn
Eine dramatische Kindheit 280

Post Scriptum
Billy Wilder besucht Schieles Geburtshaus 289

Quellenverzeichnis 291
Danksagung 294
Bildnachweis 295
Personenregister 296

Was ganz anders war

Vorwort

Natürlich war nicht alles GANZ ANDERS. Aber doch sehr vieles. Franz Joseph war wirklich Kaiser von Österreich, »Sisi« war seine Frau und Kronprinz Rudolf der Thronfolger. Aber so manche Geschichte, die wir aus der Geschichte kennen, muss durch Erkenntnisse aus jüngerer und jüngster Zeit neu geschrieben werden. Franz Josephs »Seelenfreundin« etwa, die stets als treue Weggefährtin beschriebene Katharina Schratt, war dem Kaiser alles andere als treu. Durch vor Kurzem erst aufgetauchte Korrespondenzen können wir hier mehrere Affären der Schauspielerin belegen, die bisher unbekannt waren – und die genau in die Zeit ihrer Beziehung mit dem Kaiser fallen. Die eindeutigen Belege dafür werden hier zum ersten Mal in einem Buch veröffentlicht.

Angehörige regierender Häuser durften in früheren Zeiten weder eine private oder gar öffentliche Schule noch eine Universität besuchen. Auf Seite 70 findet sich ein prominentes Gegenbeispiel: Der jüngere Bruder Kaiserin Elisabeths, Herzog Carl Theodor in Bayern, war ein überaus angesehener Facharzt für Augenheilkunde und zählt zu den Pionieren der Staroperation. Apropos Sisi: Sie und ihre Schwiegermutter werden in Biografien und in Filmen gerne als erbitterte Gegnerinnen dargestellt, die sich bis aufs Blut bekämpften. Jedoch: Auch das war anders. Die vor nicht allzu langer Zeit entdeckte Korrespondenz der Erzherzogin Sophie wirft ein völlig konträres Bild auf diese Beziehung.

Bis vor Kurzem war man überzeugt davon, dass John F. Kennedy ein einziges Mal in Österreich war, als er nämlich im Juni 1961 in Wien Kremlchef Nikita Chruschtschow traf. Doch JFK war Jahre davor schon in Österreich gewesen, genau genommen in Kärnten. Was ihn damals an den Wörthersee trieb, erfahren Sie im Kapitel »Ein geheimnisvoller Besuch«. Zweieinhalb Jahre nach seiner offiziellen Wien-Visite als Präsident der Vereinigten Staaten von Amerika wurde Kennedy in Dallas erschossen. Hier werden verblüffende Parallelen seiner Ermordung zu der eines seiner großen Vorgänger, Abraham Lincoln, zutage gefördert.

Bezüglich der bedeutendsten Direktoren der Wiener Staatsoper müsste man eigentlich meinen, dass sie mit Orden überhäuft und mit großen Dankesreden aus ihrem Amt geschieden sind, aber das Gegenteil ist der Fall: Viele von ihnen gingen – wenn auch aus sehr unterschiedlichen Gründen – im Streit und wollten mit Wien nichts mehr zu tun haben. Im Kapitel »Reicher als reich« geht es darum, wer im Jahre 1910 – berechnet anhand der Steuerunterlagen des k. u. k. Finanzministeriums – die bestverdienenden Österreicher waren. Dass sich in dieser Liste Namen wie Rothschild, Schoeller, Julius Meinl und Mautner Markhof finden, wird kaum verblüffen, dass auch der Komponist Franz Lehár und der Opernsänger Leo Slezak darunter waren, schon eher.

Meine wöchentliche Kolumne im *Kurier*, aber auch die Bücher mit zeitgeschichtlichen Inhalten, die ich im Lauf der Jahrzehnte veröffentlicht habe, bringen es mit sich, dass mich immer wieder Zeitzeugen, Historiker und Leser aus den verschiedensten Bereichen kontaktieren und mit bislang unbekannten Details aus der Geschichte versorgen. Das beginnt bei leichter Kost – wie im Kapitel über die einst schönsten Frauen Österreichs – und geht bis zu sehr tragischen Fällen: Als mir die Schwester der Dagmar Fuhrich die bisher unbekannte Geschichte hinter dem »Opernmord« des Jahres 1963 erzählte. »Der Opernmörder«, lautet ein Kernsatz, »hat nicht nur meine Schwester getötet, sondern meine ganze Familie.«

Auch ein Sohn des Theodor Rudolf Salvator Pachmann meldete sich bei mir. Sein Vater hatte in den 1960er- und 1970er-Jahren mehrere Prozesse gewonnen, mit denen amtlich bestätigt wurde, dass er ein direkter Nachfahre des Kronprinzen Rudolf ist. Ich ging der Sache nach – und ließ seine DNA und die seines Bruders mit der eines Mitglieds der Familie Habsburg vergleichen. Und gelangte auch hier zu einem verblüffenden Ergebnis, das zu dem Schluss führt: Es war wohl ganz anders.

Ein ganz anderer Grund als bisher angenommen ist es auch, der Ludwig van Beethovens Taubheit erklärt. Die Geschichte, wie zwei Wiener Ärzte die persönliche Tragödie des Musikgiganten anhand von drei Schädelknochen – die rund 150 Jahre nach seinem Tod auftauchten – klären konnten, kommt einem Krimi gleich. Dramatischer noch als vermutet verliefen auch Kindheit und Jugend des Malers Egon Schiele – nicht nur weil dessen Eltern seine frühen Werke verbrannten.

Im bevorstehenden Jahr 2014 wird es mehrere historische Schwerpunkte geben. So begann vor zweihundert Jahren das bis heute bedeutendste Treffen von gekrönten Häuptern, Politikern und Diplomaten in Österreich, bei dem – wie Sie dem Kapitel »Der Wiener Kongress. Eine Richtigstellung« entnehmen können – nicht nur getanzt wurde, wie uns immer so schön erzählt wird. Vor hundert Jahren brach mit der Ermordung des Erzherzogs Franz Ferdinand und seiner Frau Sophie der Erste Weltkrieg aus. Spricht man mit Nachfahren des Thronfolgers, erfährt man, dass auch er nicht so war, wie dies oft kolportiert wird.

Und: Hans Moser, dessen fünfzigster Todestag 2014 begangen wird, stand vor Kurzem im Mittelpunkt eines Theaterstücks, das ihn als Mitläufer der Nazis zeigt. Doch auch hier war manches anders als dargestellt – wundern Sie sich also nicht, wenn sich der große Nuschler in einem satirischen Zwischenspiel dieses Buches persönlich zu Wort meldet.

Ich wünsche mir, dass Sie die nun folgenden dreihundert Seiten als informativ und – dort, wo die Geschichte es zulässt – auch als unterhaltsam empfinden. Das jedenfalls soll, so hoffe ich, NICHT ganz anders sein als in den von mir bisher verfassten Büchern.

Georg Markus
Wien, im August 2013

Frau Schratt geht fremd

»Kathi ich lieb dich zum Sterben«
Des Kaisers Nebenbuhler Graf Wilczek

Als ich im Jahre 1982 eine Biografie über Katharina Schratt schrieb, konnte ich anhand der Aussagen von Zeitzeugen, anhand der vorliegenden Korrespondenz und anderer Dokumente davon ausgehen, dass die Schauspielerin eine dem Kaiser treu ergebene Gefährtin war. Jedoch: Es war ganz anders. Ergeben war sie ihm durchaus – treu sicher nicht.

Mehrere Liebschaften der Schratt können dokumentiert werden

Franz Joseph und die Schratt, das war eine wunderschöne Romanze. Doch drei Jahrzehnte nach Erscheinen der Biografie bekam ich Einsicht in Briefe und Unterlagen, aus denen klar hervorgeht, dass die Schratt – pardon: ein ziemliches Luder war, das den Kaiser nach Strich und Faden betrogen hat. Es sind gleich mehrere Liebschaften der Grande Dame des Hof-Burgtheaters, die hier dokumentiert werden können. Und alle ereigneten sich parallel zu der Beziehung mit dem Kaiser.

Die aufsehenerregende Lovestory Franz Josephs und der Schauspielerin wurde zwar mit großer Diskretion behandelt, aber die Bewohner der Donaumonarchie wussten davon bis in den hintersten Zipfel von Galizien, und sie hatten sogar Verständnis für ihren Regenten, da seine

Gemahlin Elisabeth ständig auf Reisen war und ihn oft über Monate allein ließ. Kein Wunder also, dass der Kaiser nach einer Frau suchte, die ihm Seelenfreundin und Geliebte sein konnte. Und er fand die Schratt.

Franz Joseph sparte nicht mit Liebesbeteuerungen: »Ich habe Sie eben fürchterlich lieb«, schreibt er einmal, dann nannte er die Schauspielerin »mein heißgeliebter Engel« und wurde an anderer Stelle noch deutlicher: »Dieses ist mein letzter Brief vor dem ersehnten, endlichen Wiedersehen. Da ich am 19. ungefähr um 6 Uhr Früh in Schönbrunn eintreffen werde, so werde ich mir erlauben um 8 Uhr oder etwas später, in der Gloriette Gasse* zu erscheinen mit der Hoffnung, Sie, den Zeitumständen entsprechend, endlich wieder einmal zu Bett zu finden, was Sie mir auch halb und halb versprochen haben.«

»Ich denke Tag und Nacht an Eure Majestät«

Die Schratt reagierte, wenn der Kaiser auf Reisen war, nicht minder gefühlsbetont: »Ich denke Tag und Nacht an Eure Majestät und erwarte mit unsagbarer Sehnsucht die endliche Rückkunft.«

Nun stellt freilich ihre jüngst entdeckte Korrespondenz all das in den Schatten, was zwischen Kaiser und Schauspielerin belegt ist.

»Kathi, wie gut warst du in der Nacht für mich – wie noch nie – ich fühle deine Hand – sie hat ja meinen ganzen Leib berührt, ich fühle deine Küsse so warm so heiß ...« Diesen an Deutlichkeit nicht zu überbietenden Brief schrieb der Gutsherr, Sportsmann, Abenteurer und Kunst-

* In der Gloriettegasse 9 befand sich die Villa der Katharina Schratt, die der Kaiser ihr im Jahre 1889 geschenkt hatte.

mäzen Hans Graf Wilczek an Katharina Schratt, nachdem er mit ihr im Frühjahr 1886 eine Nacht in der von ihr gemieteten Villa Frauenstein am Wolfgangsee verbracht hatte.

Der Beweis, dass es eine Dreiecksbeziehung Schratt-Kaiser-Wilczek gab, kann seit dem Jahr 2008 erbracht werden, als das Hofmobiliendepot der Republik Österreich achtzehn eng beschriebene Briefe des Grafen Wilczek an die Schratt erworben hat. Sie wurden nach eingehender Prüfung für echt befunden und ob ihrer zeitgeschichtlichen Bedeutung vom Bundesdenkmalamt für die Ausfuhr gesperrt. Inzwischen tauchte auch eine weitere Karte des Grafen Wilczek an die Schratt aus privatem Besitz auf, die mir zur Verfügung gestellt wurde:

Der Kaiser reagiert stets gereizt, wenn es um den Grafen Wilczek geht

»Kathi – ich bin Tag und Nacht bei dir – ich lieb dich jeden Tag me(h)r – jede Nacht me(h)r ob ich bei dir bin aus der Ferne oder bei dir recht nahe – Kathi ich lieb dich zum Sterben – dein dein dein treuer Mann Hans – Ich laß unsere Kathi küßen.«

Der Kaiser reagierte stets gereizt, wenn es um den Grafen Wilczek ging – ohne wissen zu können, was hier tatsächlich lief. »Nie hätte ich mir erlaubt, Sie zu ersuchen, Wilczek nicht zu empfangen«, schrieb er an die Schratt, »ich war eben nur wieder eifersüchtig, da ich Sie so lieb habe (zerreißen Sie gleich diesen Brief).«

Doch auch Wilczek fühlte, dass ihm der Kaiser im Wege stand: »Katherl, lass mich doch bei dir weilen lange, lange, ich werde dich ja nicht quälen – bei Wasser und Brot – allein sein mit dir, kein Butler soll uns stören und kein Kaiser.«

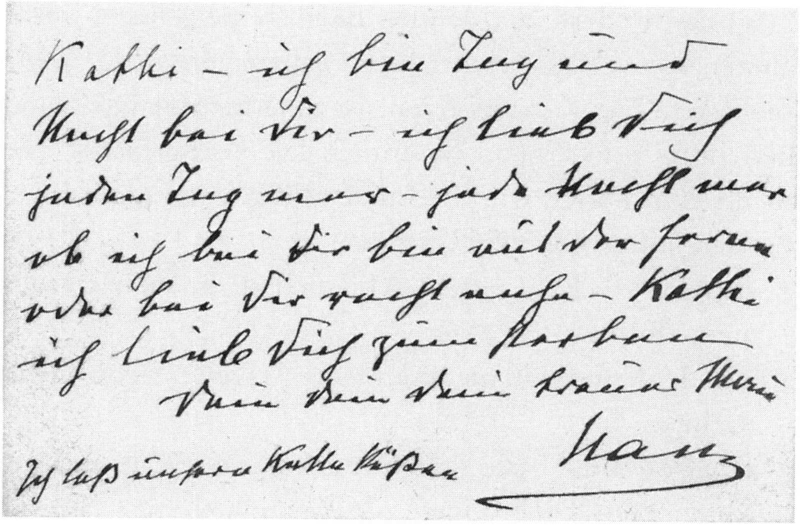
Kathi – ich bin Tag und
Nacht bei Dir – ich lieb Dich
jeden Tag mehr – jede Nacht mehr
ob ich [illegible] Dir bin [illegible] der Ferne
oder bei Dir recht nahe – Kathi
ich liebe Dich zum Sterben
Dein Dein Dein treuer [illegible]
Hans
Ich lass unsere Kathi küssen

»Kathi ich lieb dich zum Sterben«: *Karte des Grafen Wilczek an die Schratt*

Die im Hofmobiliendepot aufbewahrten Wilczek-Briefe an Katharina Schratt stammen aus den Jahren 1885/86. Die Schauspielerin hatte den Kaiser zwei Jahre davor, als sie ihm in einer Audienz als neues Mitglied des Burgtheaters vorgestellt worden war, zum ersten Mal getroffen und bald sein Interesse geweckt. Der Beginn der Beziehung zwischen der Schratt und dem Kaiser einerseits und ihrer Affäre mit dem Grafen Wilczek andererseits muss etwa zur gleichen Zeit stattgefunden haben.

Die Schratt war damals 32 Jahre alt, Wilczek 48, der Kaiser 55. Doch auch wenn der Graf in seinen Briefen immer wieder von »ewiger Treue« spricht, kann nichts darüber hinwegtäuschen, dass alle Beteiligten zum Zeitpunkt der *ménage à trois* verheiratet, also in höchstem Maße untreu, waren: Franz Joseph seiner Sisi, die Schratt ihrem Ehemann Nikolaus von Kiss und Wilczek seiner Frau Emma.

All das hinderte den Grafen nicht, seine geliebte Kathi immer wieder mit Beteuerungen seiner großen Liebe zu beglücken. Der Korrespondenz ist zu entnehmen, dass die Beziehung zum Grafen wesentlich leidenschaftlicher war als die zum Kaiser, wie Briefzitate Wilczeks an die Schratt aus den Jahren 1885/86 belegen:

- »Ich hab dich so gern, dich, dich dich, meine Frau, meine Kathi.«
- »Ich denk und fühl nichts anderes als Liebe, Liebe, Liebe zu dir.«
- »Du bist ja die beste Frau auf der ganzen Welt und die edelste Frau. Du bist mein Ideal – meine Kathi ... Kathi, ich gehöre dir, mein ganzes Leben – daher möchte ich recht lange leben – das Leben aber wie du es mich führen lässt, richtet mich früher als nötig zugrunde.«
- »Alle Tage liebe ich dich heißer und leidenschaftlicher – ich fühle mich jeden Tag fester an dich gebunden und gekettet.«
- »Bitte Katherl, sei gut für mich – ich hab ja ein Recht auf dich – so wie ich selbst nur dir gehöre!«
- »Meine Kathi – ich brauch mehr zum Leben von dir als du von mir je brauchen wirst. Ich habe einen wilden unerschütterlichen Hunger nach dir – alles in mir: Herz, Geist und Körper ist bis zur Verzweiflung verhungert – und jeden Tag – jede Nacht wächst dieses Leiden erschrecklich – und doch hab ich die Geduld, mich zu begnügen, heute Nacht wenigstens noch am selben Ort wie du zu sein.«
- »Auf Wiedersehen morgen Dienstag, bitte Katherl sei allein, wenn ich komm. Dein dich liebender treuer Mann Hans.«

»Das Leben ... richtet mich früher als nötig zugrunde«

Hans Graf Wilczek war eine in Österreich-Ungarn überaus populäre Erscheinung: Der Zweimeter-Mann, der in einem prunkvollen Innenstadtpalais residierte, zählte zu den reichsten Aristokraten seiner Zeit. Er hatte sich als Forschungsreisender einen Namen gemacht und die Nordpolarexpedition von Julius Payer und Karl Weyprecht, an der er 1872 selbst teilnahm, ermöglicht. An die von Wilczek finanzierte Forschungsreise erinnern heute noch das nach seinem späteren Nebenbuhler benannte Franz-Joseph-Land und die Wilczek-Insel im Arktischen Ozean. Geschichte schrieb Wilczek auch als Mitbegründer der Wiener Rettungsgesellschaft: Er und der Arzt Jaromir von Mundy hatten nach dem Brand des Ringtheaters im Jahr 1881 erkannt, dass viele der fast vierhundert Menschen gestorben waren, weil es in Wien keine funktionierende Rettung gab. Wilczek ließ Ärzte und Sanitätspersonal ausbilden, spendete Einsatzfahrzeuge und brachte in seinem Palais in der Herrengasse die erste Ambulanz unter.

Wilczek galt auch als großes Original, zu dessen Freunden der Kaufmann Gustav Pick zählte. Picks Hobby war es (erfolglose) Melodien zu komponieren, und doch sollte er mit einem Wienerlied unsterblich werden: als er aus Anlass eines Wohl-

Hans Graf Wilczek war eine populäre Erscheinung und hatte sich als Forschungsreisender, Financier der Polarexpedition von Payer und Weyprecht und als Gründer der Wiener Rettungsgesellschaft einen Namen gemacht. Ganz nebenbei war er auch der Nebenbuhler des Kaisers.

tätigkeitsfestes im Mai 1885 für Wilczeks Rettungsgesellschaft Text und Musik des *Fiakerliedes* schuf. Alexander Girardi sang es bei dieser Veranstaltung in der Wiener Rotunde zum ersten Mal, obwohl er die Melodie für »nicht lebensfähig« hielt.

Apropos Girardi. Auch mit Österreichs populärstem Volksschauspieler hatte die Schratt eine Affäre, sie war sogar, allerdings etliche Jahre vor der Begegnung mit dem Kaiser, mit ihm verlobt. Erst als Girardi fremdging, löste Katharina Schratt die Verbindung und heiratete – mehr aus Trotz denn aus Liebe – 1879 den ungarischen Diplomaten Nikolaus von Kiss, dem sie ein Jahr später einen Sohn schenkte. Die Ehe blieb zwar bis zu Kiss' Tod am 20. Mai 1909 aufrecht, existierte aber schon nach kurzer Zeit nur auf dem Papier. Das Malheur hatte bereits im Verlauf der Hochzeitsreise begonnen, die das junge Paar in die Niederlande führte. Dort sagte sich im Hotelzimmer plötzlich unerwarteter Besuch an: Gleich mehrere Gläubiger waren Herrn Kiss von Wien aus in die Flitterwochen gefolgt. So musste die Braut erfahren, dass ihr aus reichem Haus stammender Ehemann dank seiner Lebensweise bis über beide Ohren verschuldet war. Ein Mann ohne Vermögen kam jedoch für die Schratt nicht infrage. Das »Eheproblem« löste sich praktisch von selbst, da Nikolaus von Kiss als Mitglied des k. u. k. diplomatischen Korps die halbe Welt bereiste und sich nur selten in Wien aufhielt.

Die Ehe existiert schon nach kurzer Zeit nur auf dem Papier

Zu den Pikanterien in der Dreiecksgeschichte Kaiser-Wilczek-Schratt zählt auch die Tatsache, dass Franz Joseph und der Graf einander gut kannten: Der Kaiser war Protektor von Wilczeks Rettungsgesellschaft und hatte ihn ein

Die Schratt war mit Nikolaus von Kiss verheiratet, doch der Diplomat hielt sich kaum je in Wien auf.

Jahr, bevor sie zu Rivalen wurden, zum Geheimen Rat und zum Mitglied des Herrenhauses ernannt. Außerdem war Wilczeks Ehefrau eine Hofdame von Franz Josephs Mutter Sophie.

Erstaunlich auch, dass der Graf, der sonst mit beiden Beinen in der Welt stand, seine Briefe an »meine Kathi, meine Gottheit« schwärmerisch wie ein Teenager formulierte: »Katherl, du kannst mich geistig und körperlich zugrunde richten, töten, aber los wirst du mich weder im Leben noch nach dem Tod.«

Wilczek spürte freilich, dass das »Dreieck« auf Dauer nicht aufrechtzuhalten sein würde – schon weil der Kaiser ein allzu mächtiger Gegner war. Auch waren die handelnden Personen allesamt so prominent, dass es immer schwieriger wurde, die Lovestory geheim halten zu können. Der verheiratete Wilczek zeigte sich seinem »Katherl« gegenüber um Diskretion bemüht: »Ich werde mein Telegramm an dich als ›Johannes‹ unterschreiben, die Telegrafisten brauchen nicht zu wissen, dass ich Hans heiße.«

Nach mindestens zweijähriger Doppelgleisigkeit musste sich die Schratt für einen ihrer beiden Verehrer entscheiden – und sie entschied sich für den Kaiser. Eher aus praktischen denn aus emotionalen Gründen, denn natürlich war es für die Tochter eines Papierwarenhändlers aus Baden bei Wien der ungleich größere gesellschaftliche Aufstieg, die Vertraute des Kaisers als die Geliebte eines Grafen zu sein.

»Ich glaube nicht, dass sie den Kaiser wirklich geliebt hat«

Während Franz Joseph die Schratt »angebetet« hat, wie er mehrmals schreibt, erwiderte sie seine Gefühle eher mit großer Sympathie und Zuneigung, vertraute mir ihre Nichte Katharina Hryntschak an, die viele Jahre mit der Schratt in einem Haushalt gelebt hat: »Sie hat ihn sehr gern gehabt, ich glaube aber nicht, dass sie den Kaiser wirklich geliebt hat.«

In der Tat wirkte sich die Verbindung mit Franz Joseph lange Zeit günstig für ihre Karriere am Burgtheater aus. Der Kaiser war ein so treuer Besucher ihrer Vorstellungen, dass man sich im Publikum, sobald Franz Joseph seine Loge betrat, zuraunte: »Da schau her, der Herr Schratt is heut wieder da!« Vor allem aber schenkte der Kaiser der Freundin Unmengen an Schmuck, ein Palais an der Ringstraße und eine Villa in Hietzing. Und er beglich Spielschulden in Millionenhöhe, die sich bei der krankhaften Roulette-Spielerin anhäuften. Aber auch Graf Wilczek ließ sich nicht lumpen, wenn es darum ging, die Geliebte in sicherer Abgeschiedenheit treffen zu können. Laut Auskunft seiner Nachfahren dürfte er eigens für seine Rendezvous mit Katharina Schratt das Salzburger Schloss Moosham erworben haben, das sich heute noch in Familienbesitz befindet.

Das Verhältnis der Schratt mit dem Kaiser hielt dreißig Jahre lang – bis zu seinem Tod im November 1916. Wann ihre Affäre mit Hans Graf Wilczek endete, wissen wir nicht genau.

Während sich in dem Konvolut achtzehn Wilczek-Briefe an die Schratt befinden, blieb von ihr nur eine einzige Karte an den Grafen erhalten: »Morgen Sonntag, bin ich zu Haus Vormittag von halb 10 bis 12 Uhr oder Nachmittag von halb 3 bis 5 Uhr. Ich freue mich sehr auf Morgen; aber bitte bestimmt kommen, wenn möglich lieber Vormittag. Kathi.«

Die Zeilen der Schratt an den Grafen sind nicht so feurig wie die seinen, sie zeigen aber, dass auch sie großes Interesse an der Beziehung hatte. Es ist leicht nachvollziehbar, dass sich die 32-jährige Schratt in den um sechzehn Jahre älteren, blendend aussehenden, sportlichen, sensiblen und klugen Grafen verliebte. Dennoch durchlief die Beziehung, wie die Korrespondenz zeigt, etliche Krisen, die wohl auf

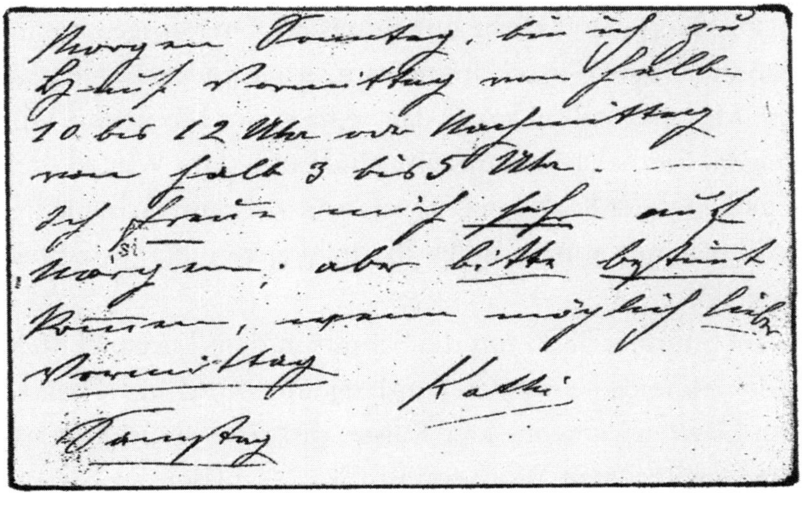

»Aber bitte bestimmt kommen«: Karte der Schratt an Hans Graf Wilczek, 1886

das »Doppelleben« der Schauspielerin, hier der Kaiser, dort der Graf, zurückzuführen war. »Wann wirst du sagen«, schreibt Wilczek an die Schratt, »ich will das nicht mehr, denn es verletzt und macht so unglücklich den armen Hans.«

Hans Graf Wilczek starb 1922 im Alter von 84 Jahren und ist in der Gruft der von ihm wiedererrichteten ursprünglich mittelalterlichen Burg Kreuzenstein bei Wien bestattet.

Wie aber kam es mehr als 120 Jahre nach seinem »Gspusi« mit der Schratt zur Auffindung der brisanten Korrespondenz?

Katharina Schratts Korrespondenz mit Wilczek galt lange als verschollen

Die Briefe stammen aus dem Nachlass eines Autografensammlers, der sie nach dem Tod der Schratt im Jahre 1940 von ihrem Sohn Anton von Kiss – der oft in Geldnöten war – gekauft hatte. Sie galten jedoch als verschollen, ehe sie im Juni 2008 im Wiener Dorotheum zur Versteigerung angeboten und vom Hofmobiliendepot erworben wurden.

Die Briefe sind nicht nur durch die Dreiecksgeschichte Kaiser-Schratt-Wilczek interessant, sondern auch, weil sie die Moralvorstellungen in der Spätzeit der Monarchie aufzeigen. Sie belegen nunmehr eindeutig, dass Wilczek der Liebhaber der Katharina Schratt war, während bisher lediglich bekannt war, dass er ihrem engeren Freundeskreis angehörte.

Im Sommer 1896 trat die Schratt in dem Lustspiel *Monsieur le directeur* zwei Wochen lang am Münchner Theater am Gärtnerplatz auf. Der Kaiser, der sich wie immer auf die gemeinsamen Wochen mit ihr in Ischl gefreut hatte –

Die Korrespondenz beweist, dass sie eine Affäre mit dem Grafen Hans Wilczek hatte: des Kaisers »Seelenfreundin« Katharina Schratt

sie zählten für ihn zu den schönsten des Jahres, weil er die geliebte Frau dort wesentlich öfter sehen konnte als in Wien –, musste von diesem Gastspiel aus der Zeitung erfahren. Er reagierte in einem Brief enttäuscht und eifersüchtig:

»Wiederholt sagte ich Ihnen in den letzten Tagen vor unserer Trennung, dass ich hoffe, Sie am 10. Juli in Ischl wieder zu sehen. Sie widersprachen nicht und stimmten bei; das war eigentlich falsch von Ihnen. Ich bin Ihnen gegenüber immer ganz offenherzig und Sie sind es nicht. Das erzeugt recht schwarze Gedanken ... Doch ich habe ja eigentlich gar kein Recht zu klagen und will kein Wilczek oder Bulgare werden, schweige daher lieber.«

»Aber die Schratt darf's nicht wissen«
Der König von Bulgarien

König Ferdinand I. von Bulgarien (1861–1948)

Dass die Eifersucht Franz Josephs im Falle Wilczek berechtigt war, ist geklärt. Doch auch des Kaisers Misstrauen bezüglich des Bulgaren hatte einen realen Hintergrund. »Der Bulgare«, wie der Kaiser ihn stets nannte, war Ferdinand von Sachsen-Coburg, seines Zeichens Fürst und später König von Bulgarien. Der temperamentvolle und geistreiche Aristokrat – er stammte aus dem Wiener Zweig des Hauses Coburg – war um acht Jahre jünger als die Schratt und ein Theaternarr, der keine Gelegenheit ausließ, um nach Wien zu reisen und hier die »Burg« zu besuchen.

Und die Schratt.

Bei seiner Vorliebe für Schauspielerinnen dürfte sie nicht sein einziger Schwarm gewesen sein. Der Schauspieler Hugo Thimig notiert in seinem Tagebuch, »dass der König von Bulgarien in die Marberg verschossen ist, aber die Schratt darf's nicht wissen«. Die spätere Hofschauspielerin Lilli Marberg war damals gerade zwanzig Jahre alt, konnte der Schratt allerdings beim »Bulgaren« keine echte Konkurrentin werden – zu groß war die Zuneigung, die der König für seine »Kathi« empfand.

»Ja, der König von Bulgarien hat die Tante wahnsinnig verehrt«, erinnerte sich die Schratt-Nichte Katharina Hryntschak. »Kaum war er in Wien, ist er schon zu ihr nach Hietzing gekommen – wobei er seine Kinder nicht selten mitgebracht hat.« Kaiser Franz Joseph reagierte immer verärgert, wenn es um die innige Beziehung der Schratt zu dem – auch ihm freundschaftlich verbundenen – König ging. Als er erfuhr, dass die Schratt im Juni 1890 zur gleichen Zeit in Karlsbad zur Kur weilte wie Ferdinand, reagierte er mit den Worten »Beneidenswerther Fürst!«

Dass die Eifersucht auch in diesem Fall berechtigt war, lässt einer der wenigen erhalten gebliebenen Briefe, die Ferdinand an die Schratt richtete, zumindest erahnen: »Bin um 4 Uhr in Wien«, schreibt er am 27. Juni 1891, »und erwarte Deine Befehle; Kathi, ich bitte Dich, sei gut zu einem armen unglücklichen gebrochenen Menschen, lass mich bei Dir Kraft und Muth schöpfen und mein Herz bei Dir ausschütten!«

Der Kaiser hofft, die »Nummer eins« bei der Schratt zu bleiben

Der Kaiser schien sich damit zu trösten, dass er – trotz des charmanten und viel jüngeren Fürsten – hoffen durfte, die »Nummer eins« bei der Schauspielerin zu bleiben. Doch so richtig zufrieden war Franz Joseph erst, als er 1893 ein Telegramm erhielt, in dem ihm die Vermählung des »Bulgaren« mit Marie-Prinzessin von Bourbon-Parma – einer Halbschwester der späteren Kaiserin Zita – offiziell verlautbart wurde. »Unser Freund wäre also glücklich versorgt und das Weitere steht in Gottes Hand.«

Der Kaiser hatte sich zu früh gefreut: Die Verbindung des Königs zur Schratt blieb auch nach dessen Eheschließung aufrecht. Als die Schauspielerin – noch dazu nach längerem Auslandsaufenthalt – endlich wieder in Wien eintraf, war sie verkühlt und konnte den Kaiser nicht treffen – während Ferdinand von Bulgarien sehr wohl zum Besuch zugelassen wurde. Also schreibt Franz Joseph am 30. März 1894 neiderfüllt: »Freilich sind zweistündige bulgarische Audienzen kein Mittel, um die Heiserkeit los zu werden.« Der Brief endet mit den Worten: »In schmerzlicher Sehnsucht und mit 1000 Grüßen Ihr müder und trauriger Franz Joseph.«

Der Kaiser nützte jede Gelegenheit, um seine Rivalen mit kleinen Sticheleien zu verunglimpfen. Als ihm der Bulgare am 7. März 1898 in der Hofburg einen Besuch abstattet, schreibt Franz Joseph an die Schratt: »Er ist sehr dick und nicht schöner geworden.«

Ein weiterer Verehrer der Katharina Schratt: König Ferdinand I. von Bulgarien

Dass die populäre Schauspielerin neben Kaiser Franz Joseph I. noch andere Liebschaften hatte, sprach sich in Wien, der Stadt des Kaffeehaustratsches, herum. Nur damit ist ein Witz zu erklären, der in jenen Tagen kursierte: »Hast schon g'hört? Die Schratt is' narrisch worden!«

»Wieso?«

»Sie hat dem Franz Joseph g'sagt, er ist der Erste!«

»Da alles Interesse von mir nur bei Eurer Majestät ist ...«

Dass er der Erste war, wird Franz Joseph wohl nicht angenommen haben, aber der Einzige zu sein, das hat ihm die Schratt zumindest vorzuflunkern versucht. Dies geht aus einem Brief hervor, den sie ihm von einem Kuraufenthalt nach Schönbrunn schickte: »Auch der kleine schwarze Graf, mit dem ich von Eurer Majestät ungerecht verdächtigt wurde, ist da – aber wenn er wirklich tausendmal schöner und gescheiter wäre, so könnte ich mich doch nicht für ihn interessiren, da alles Interesse von mir nur bei Eurer Majestät ist. Einige Male versuchte er sich mir zu nähern, da ich aber unempfänglich für seine schöne Rede blieb, hat er mich wieder aufgegeben.«

»Ein sehr begehrter Mann«
Der Schauspieler Viktor Kutschera

Die wohl letzte große Liebe ihres Lebens sollte im reiferen Alter auf die Schratt zukommen. Eineinhalb Jahre, nachdem ich von ihrer Affäre mit dem Grafen Wilczek erfahren hatte, wurde mir ein Brief der Schauspielerin an einen ihrer seinerzeit sehr prominenten Kollegen zugespielt.

Viktor Kutschera (1863–1933)

»Du! Du! Lieb, fürchterlich lieb hab ich Dich!« Diese Worte schrieb die Schratt in jenen Tagen, da sie vom Kaiser fast täglich besucht wurde. Aber sie waren wieder nicht an ihn gerichtet, sondern an den Schauspieler Viktor Kutschera. Der Brief wurde am Silvesterabend des Jahres 1903 verfasst – und sein Inhalt lässt kein Missverständnis zu: »Heute in den letzten Stunden des alten Jahres danke ich dem lieben Gott«, schreibt die Schratt an Kutschera, »dass er uns zusammengeführt hat – und morgen in der Kirche bete und bitte ich, dass wir immer beisammen bleiben dürfen.«

Viktor Kutscheras Enkel, der in Wien lebende Bankdirektor i. R. Carl-Ludwig Kutschera, hat mir das fünf Seiten lange Schreiben der Schratt anvertraut. »In meiner Familie«, sagt er, »war die Beziehung meines Großvaters zu

Katharina Schratt bekannt, aber wir haben die Details bisher für uns behalten, weil wir das für sehr privat hielten. Nun bin ich achtzig Jahre alt und habe mir überlegt, dass es bei dieser Beziehung doch nicht nur um das Privatleben der Frau Schratt geht, sondern auch um ein Stück österreichischer Geschichte, und daher stelle ich Ihnen den Brief zur Veröffentlichung zur Verfügung.«

Katharina Schratt und Viktor Kutschera standen 1903, als der verfängliche Brief geschrieben wurde, gemeinsam auf der Bühne des Wiener Volkstheaters. Sie als Maria Theresia in Franz von Schönthans gleichnamigem Lustspiel und er als ihr Ehemann, Franz Stephan von Lothringen.

Wem Katharina Schratt aller untreu ist

Katharina Schratt und Viktor Kutschera kannten einander schon länger, waren gemeinsam am Burgtheater aufgetreten, doch weiß man nicht, ob es in früheren Zeiten zu einer Beziehung gekommen war. Klarerweise war die Schratt auch jetzt nicht nur dem Kaiser untreu, sondern auch ihrem Mann, der nach wie vor im Ausland weilte. Und auch Viktor Kutschera war verheiratet und hatte zwei Kinder.

Wie sehr die Schratt den gut aussehenden Viktor Kutschera liebte, kann man sich ausmalen, wenn man auf Seite vier des Briefes von ihren Träumereien von einer gemeinsamen Zukunft erfährt: »Weißt Du, was ich am liebsten thun würde?«, fragt sie den Geliebten und liefert gleich die Antwort: »Alles, was mir gehört, Geld, Schmuck (sogar meine alten Sachen), Alles Deiner Frau schenken – sie soll nach Hietzing ziehen, soll auch Alles mitnehmen, was ihr gehört (Dich aber nicht) und ich komm zu

Der Schauspieler Viktor Kutschera sollte nach dem Wunsch der Schratt seine Frau verlassen.

Katharina Schratt in der Skandal-Rolle als Maria Theresia am Deutschen Volkstheater in Wien.

Dir, das wäre das Richtige und Beste. – Die Vorstellung sagen wir gleich ab, aber keine andere annehmen. Ich sorg und arbeit dann nur für Dich. Bleib immer zu Haus und wart bis Du kommst.«

Katharina Schratt, damals fünfzig Jahre alt, gibt sich wie eine Pubertierende, während der um zehn Jahre jüngere Viktor Kutschera etwas nüchterner zu agieren scheint. »Ich glaube, dass er in die Affäre mit der Schratt geschlittert ist«, vermutet sein Enkel heute, »aber er hätte niemals seine Frau und seine Kinder verlassen. Auch weiß man, dass die Schratt nicht sein einziger Seitensprung war. Er war ein sehr begehrter Mann.«

Viktor Kutschera, der Sohn eines Eisenbahningenieurs, der gemeinsam mit Carl Ritter von Ghega die Semmeringbahn erbaut hatte, war 1863 in Wien zur Welt gekommen und absolvierte wie damals üblich seine ersten Auftritte in der Provinz. Wieder in Wien, war er als jugendlicher Liebhaber und gefeierter Charakterschauspieler jahrzehntelang Star und Publikumsmagnet am Deutschen Volkstheater, in das er nach dreijährigem Zwischenspiel am Burgtheater zurückkehrte. Zu seinen Paraderollen zählten der Karl Moor, der Mark Anton, der Mortimer und der Melchtal.

Der damals 73-jährige Kaiser erwartete in dieser Zeit jeden Tag den Besuch der »gnädigen Frau« oder ließ sich in ihre Villa führen: in jene Villa in der Gloriettegasse, die sie vom Kaiser als Geschenk erhalten hatte – und die sie jetzt Viktor Kutscheras Ehefrau überlassen wollte.

»Wie beneide ich die glücklichen Menschen, welche Sie sehen dürfen«

Die Affäre mit Viktor Kutschera fällt in eine für alle Beteiligten schwere Zeit. Der Kaiser hatte die schlimmsten Schicksalsschläge seines Lebens hinter sich: den Selbstmord seines Sohnes Rudolf in Mayerling und die Ermordung seiner Frau Elisabeth in Genf. Umso einsamer und depressiver zeigte er sich und umso wichtiger war ihm die Gesellschaft der geliebten Frau Schratt, mit der es gerade jetzt immer wieder zu Auseinandersetzungen kam, während der sie den Kaiser zu verlassen drohte. »Wie beneide ich die glücklichen Menschen, welche Sie sehen dürfen«, schreibt Franz Joseph, »während mir nur die Sehnsucht bleibt.«

Außerdem war der Premiere des *Maria Theresia*-Stücks, in der sie mit Viktor Kutschera am Volkstheater auftrat, ein riesiger Skandal gefolgt, weil man es als taktlos empfand, dass die Freundin des Kaisers eine Kaiserin spielte. Karl Kraus bezeichnete die Aufführung in der Zeitschrift *Die Fackel* als »Gipfel der Geschmacklosigkeit«, deren einzige Aufgabe es sei, »die leeren Kassen eines Geschäftstheaters zu füllen«.

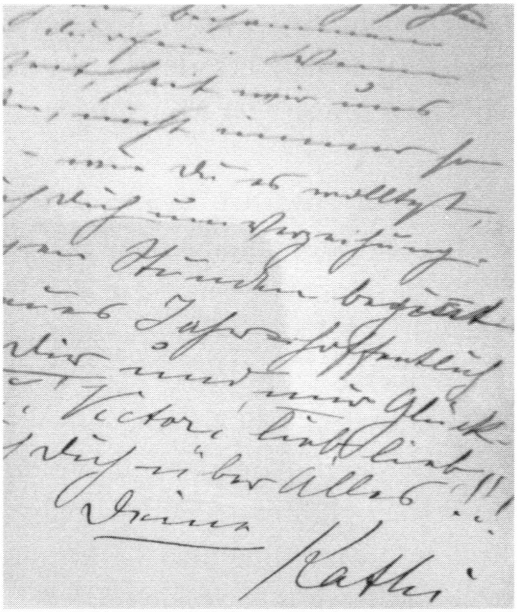

»In einigen Stunden beginnt unser neues Jahr – hoffentlich bringt es Dir und mir Glück. Du! Du! Du! Victor! Lieb, lieb, lieb hab' ich Dich über Alles!!! Deine Kathi« – Auszug aus dem fünfseitigen Liebesbrief der Schratt an Viktor Kutschera, Silvester 1903

Viktor Kutschera war seit 1889 mit der Schauspielerin Elsa Sedlmayr verheiratet, die seinetwegen ihre Karriere aufgegeben und ihm zwei Kinder geschenkt hatte. Es war die große Tragödie seines Lebens, dass sich Tochter Mathilde, die ebenfalls eine bekannte Schauspielerin war, 1920 im Alter von dreißig Jahren das Leben nahm. In seinen späten Jahren wurde Kutschera für den noch jungen Film entdeckt, so spielte er 1921 in *Kleider machen Leute* die

Rolle eines Bettlers neben dem noch unbekannten Hans Moser. Viktor Kutschera starb am 20. Jänner 1933 im Alter von 69 Jahren.

Während die Namen Wilczeks und König Ferdinands in den Briefen des Kaisers an die Schratt immer wieder auftauchen, wird Viktor Kutschera kein einziges Mal erwähnt. Franz Joseph dürfte also von einer Freundschaft oder gar Beziehung nicht einmal etwas geahnt haben, während er in den beiden anderen Fällen immer wieder panisch reagierte. Katharina Schratts Affären mit Wilczek und Kutschera waren bisher gerüchteweise bekannt, den schriftlichen Beweis halten wir erst jetzt in Händen.

Es stellt sich die Frage, warum die Schratt von so vielen Männern, die in ihrem Metier herausragende Persönlichkeiten waren, begehrt wurde.

Von ihr geht ein Zauber aus, der eine erotische Kraft entwickelt

Von ihr ging zweifellos als Frau und als Schauspielerin ein besonderer Zauber aus, der auch eine große erotische Kraft entwickelte. Was den Kaiser betrifft, der ja wie ein Gefangener in seinen Palästen lebte, kam hinzu, dass sie für ihn »das Fenster zur Welt« war, dass er nur durch sie erfahren konnte, wie die einfachen Leute dachten und fühlten.

Fest steht, dass sie eine berechnende Frau war, für die nur mächtige, prominente und wohlhabende Männer als Liebhaber infrage kamen. Am meisten wurden diese Eigenschaften natürlich von Kaiser Franz Joseph erfüllt, dem sie allerdings von all ihren Verehrern am wenigsten Zuneigung schenkte. Doch auch ihre anderen Galane mussten erstrangige »Partien« sein; entsprach einer nicht mehr dieser Vorgabe, wurde er – wie ihr Ehemann Nikolaus von Kiss – schnell fallen gelassen.

Während Franz Joseph die Schratt geliebt hat, erwiderte sie seine Gefühle eher mit Sympathie und Zuneigung: Katharina Schratt und der Kaiser in Bad Ischl

Klar ist auch, dass sich die Schratt ihre Gunst, vor allem vom Kaiser, teuer bezahlen ließ. Dennoch muss man ihr zugutehalten, dass sie sehr wohl wusste, wo die Grenzen liegen: Als Franz Joseph 1916 starb, bekam sie Angebote amerikanischer Buch- und Zeitschriftenverlage, die ihr für die Veröffentlichung ihrer Erinnerungen an der Seite des mächtigsten Monarchen Europas Millionen Dollar boten. Sie aber lehnte alle Angebote ab und schwieg. Und das, obwohl sie damals schon in wesentlich bescheideneren Verhältnissen lebte und den Großteil ihres Schmucks hatte verkaufen müssen.

Die einst gefeierte und von außergewöhnlichen Männern umschwärmte k. u. k. Hof-Schauspielerin starb am 17. April 1940 im Alter von 87 Jahren vereinsamt in Wien. Sie hatte alle ihre Verehrer bis auf einen überlebt. Nur Ferdinand I., der im Oktober 1918 als König von Bulgarien abdanken musste, war noch am Leben. Er hatte jedoch sein Exil im fernen Coburg gefunden.

Zwei Mal Kennedy

Ein geheimnisvoller Besuch
John F. Kennedy am Wörthersee

Als die Bänder auftauchen, ist klar, dass sie eine Sensation enthalten

Die beiden Reden, die John F. Kennedy bei seiner Ankunft und seinem Abflug im Juni 1961 am Flughafen Wien-Schwechat hielt, waren längst in Vergessenheit geraten. Sie enthielten ja auch nur ein paar Höflichkeitsfloskeln, mit denen er sich für die Einladung der Republik Österreich zum Gipfeltreffen mit Kremlchef Nikita Chruschtschow bedankte. Doch als die Bänder mit diesen Reden ein halbes Jahrhundert später auftauchten, war klar, dass sie eine kleine Sensation enthielten. Denn Kennedy erwähnte darin, dass er Österreich schon einmal besucht hatte. Und das war bis dahin vollkommen unbekannt. In der *Akustischen Chronik* der Mediathek des Technischen Museums in Wien sind historische Reden abrufbar, darunter auch jene beiden, die der US-Präsident am Flughafen Schwechat hielt. John F. Kennedy, so hatte die Welt gedacht, war einmal in Österreich. Doch es war wieder einmal ganz anders. Insgesamt ist er vier Mal hier gewesen!

Bei seiner Ankunft am Morgen des 3. Juni 1961 sagte er in einem Nebensatz: »Ich war vor 20 *(Kennedy korrigiert sich)* vor 21 Jahren fast einen Monat in Klagenfurt am Wörthersee in Ihrem wunderschönen Land, und ich freue mich über die Gelegenheit, nun wieder hier sein zu können.«

Als Kennedy zwei Tage später von Wien-Schwechat seine Rückreise antrat, richtete er wieder ein paar Dankesworte an seinen Gastgeber, Österreichs Bundespräsident Adolf Schärf. Und er ging noch einmal auf seinen einstigen Aufenthalt ein: »21 Jahre liegen zwischen meinen beiden Besuchen in dieser Stadt, und ich hoffe, dass bis zu meiner nächsten Ankunft nicht wieder so viel Zeit vergehen wird.«

In diesen Worten liegt die ganze Tragödie seines Lebens: John F. Kennedy konnte nicht noch einmal kommen, er wurde zweieinhalb Jahre nach seinem Wien-Besuch, am 22. November 1963, in Dallas/Texas ermordet.

Es besteht kein Zweifel an der Echtheit der Aufnahmen

Niemandem sind die beiden Nebensätze in Kennedys Reden in Wien-Schwechat aufgefallen – zu groß war die politische Bedeutung des Treffens der beiden mächtigsten Männer der Welt auf österreichischem Boden. Bis der ORF-Redakteur und *Zeit im Bild*-Moderator Eugen Freund bei Recherchen im Herbst 2010 durch Zufall auf die Bänder stieß. Da es unter den erstaunten Experten der Mediathek »keinen Zweifel an der Echtheit der Aufnahmen« gab, stellte sich die Frage: Warum war Kennedy – damals Student der Elite-Universität Harvard – in Österreich? Noch dazu, seinen eigenen Angaben zufolge, im Kriegsjahr 1940?

Kollege Eugen Freund erzählte mir von seiner Entdeckung, und ich schickte die Bänder zunächst an die *John F. Kennedy Presidential Library* in Boston/USA, in der Kennedys Leben minuziös, praktisch Tag für Tag, dokumentiert ist. JFK-Archivar Stephen Plotkin zeigte sich ebenfalls überaus erstaunt und antwortete mir: »Die Bänder beweisen tatsächlich einen früheren Österreich-Besuch Kennedys, der uns bisher unbekannt war. Allerdings muss er sich im Jahr irren, es kann nicht 1940 gewesen sein, sondern 1939, als er eine Europa-Reise unternahm.«

Auf der Suche nach näheren Informationen stieß ich auf das Tagebuch seiner Mutter: Rose Kennedy zitiert am 12. August 1939 einen Freund ihres Sohnes, der mit »Jack« durch Europa gereist war: »Wir flogen nach Wien, wo wir uns trennten. Ich fuhr nach Budapest, Jack in die Tschechoslowakei und nach Deutschland.« Zweifellos meinte Torbert Macdonald – das ist der Name des Freundes – nicht »Deutschland«, sondern Österreich, das seit dem »Anschluss« im März 1938 Teil des »Deutschen Reichs« war.

Nun stand also fest, dass sich Kennedy im Sommer 1939 in Österreich aufhielt, genauer: in Kärnten, wie er selbst es gesagt hat. Was aber machte der damals 22-jährige Student der Politikwissenschaften in Klagenfurt?

In Kärnten geht es eher ums Vergnügen als um die Pflicht

Sein Vater Joseph Kennedy war zu dieser Zeit Botschafter der Vereinigten Staaten in London und hielt enge Kontakte zu einer ganzen Reihe von Nazi-Größen. Tatsächlich reiste sein Sohn im Rahmen einer »Erkundungsfahrt« im Auftrag von Kennedy sen. durch Europa. Doch in Kärnten herrschte eher das Vergnügen als die Pflicht vor: »Jack« zeigte in jenen Tagen schon großes Interesse an jungen Frauen.

Für mich stellte sich die Frage, wie das Rätsel um JFKs geheimnisvollen Klagenfurt-Aufenthalt zu lösen ist. Und so bat ich im Dezember 2010 die Leser meiner *Kurier*-Kolumne um Hinweise, die uns nach Kärnten im Jahr 1939 führten.

Wenige Tage später war das Rätsel gelöst. Die Recherchen hatten mich vom Wörthersee bis zur *John F. Kennedy Presidential Library* in Boston geführt – aber die alles entscheidende Information bekam ich ein paar Meter von meinem Schreib-

Was führte den jungen John F. Kennedy – hier auf seiner Europareise im Jahre 1939 – nach Kärnten?

tisch in der Redaktion entfernt. Durch meinen Freund und Kollegen Karl Hohenlohe, dessen Hinweis mich zum Ziel bringen sollte: »Ich kann dir sagen, wo Kennedy damals gewohnt hat«, erklärte Karl. »Bei meinem Onkel Maximilian Windisch-Graetz in Sekirn am Wörthersee.«

Tatsächlich wusste Karl seit seiner Jugend davon. »Meine Tante Elisabeth Hohenlohe erzählte mir, dass Kennedy als junger Mann zu Gast bei der mit uns verwandten Familie Windisch-Graetz war. Meine Mutter hat mir das bestätigt, auch sie wusste von seinem Aufenthalt in Kärnten.«

Maximilian Windisch-Graetz* war ein eleganter Lebemann, der mit seiner Frau Maria Luisa in Rom residierte, die Sommersaison jedoch in seinem prachtvollen, wenige Kilometer von Klagenfurt entfernten Anwesen am Südufer des Wörthersees verbrachte. Das im Jahre 1900 auf einem 32 000 m^2 großen Grundstück errichtete Schloss – allein der Strand war einen Kilometer lang – wurde in den 1930er-Jah-

* Fürst Maximilian Windisch-Graetz (1914–1976).

ren zum Treffpunkt der High-Society, zu der Künstler, Politiker und Aristokraten wie der Herzog von Windsor mit Ehefrau Wallis Simpson und der König von Siam zählten.

Karl Hohenlohe, der in seiner Jugend selbst mehrere Urlaube auf dem Anwesen verbracht hat, beschreibt in seiner satirischen Kolumne *Ges.m.b.H.* die Oberen Zehntausend auf unvergleichliche Weise, doch diesmal meinte er es ernst. Kaum mit seinen Informationen versorgt, strengte ich weitere Recherchen an. Sie führten mich nach Reifnitz in Kärnten, wo das Ehepaar Gerlinde und Willibald Safran lebt. Herr Safran war in den Jahren 1963 bis 1973 Hausmeister und seine Frau Köchin der Familie Windisch-Graetz.

Kennedys Unterschrift im Gästebuch der Familie Windisch-Graetz

Und Herr Safran bestätigte: »Ja, wir wissen, dass John F. Kennedy hier gewohnt hat. Ich selbst habe das alte Gästebuch der Familie Windisch-Graetz noch gesehen und erinnere mich an Kennedys Signatur.« Auch Safrans Tochter Linda Brieger hat »das Gästebuch mit der gut lesbaren Unterschrift John F. Kennedys deutlich in Erinnerung«.

Der Harvard-Student und spätere US-Präsident logierte in einem Nebengebäude des Schlosses, der »Karinderhütte«, einem luxuriös ausgestatteten Gästehaus, das die Familie Windisch-Graetz später selbst bewohnen sollte. Wie Karl Hohenlohe durch die Überlieferung seiner Familie weiß, »hat ein Engländer namens Jimmy Foster dazu beigetragen, dass in jenen Tagen viel Prominenz zur Familie Windisch-Graetz kam – darunter eben auch John F. Kennedy«.

Major Jimmy Foster war ein reicher Brauereibesitzer. Karl Hohenlohe vermutet, »dass Foster den Kontakt zwischen John F. Kennedys Vater und meinem Onkel Maximilian Windisch-Graetz hergestellt hat«.

Treffpunkt der noblen Welt: das zur Jahrhundertwende erbaute Schloss Windisch-Graetz in Sekirn am Wörthersee

Sein Kärnten-Aufenthalt im Jahre 1939 wird auch nicht in den vor Kurzem entdeckten (und im Juli 2013 veröffentlichten) Reisetagebüchern* des jungen John F. Kennedy erwähnt. Sehr wohl aber ein Schreiben, das er aus Wien an seinen Vater nach London sandte: »Lieber Dad«, flehte er geradezu, »richte Bruder Joe** aus, dass ich anders als erwartet, keinen Cent erhalten habe. In meiner Geldbörse ist Ebbe und ich kann mir nichts kaufen.«

Als er während seiner Österreichtour im Sommer 1939 der Wiener US-Vertretung einen Besuch abstattete, wurde John F. Kennedy nur widerwillig aufgenommen, berichtete der Diplomat George Kennan: Der Sohn des Botschafters Joseph Kennedy »hatte keinen offiziellen Status und war in unseren Augen offensichtlich ein Emporkömmling und Ignorant. Der Gedanke, dass er über die Zustände in Europa

---

* John F. Kennedy, »Unter Deutschen. Reisetagebücher und Briefe 1937–1945«, herausgegeben von Oliver Lubrich, 2013.

** Joseph Kennedy jun. (1915–1944), der älteste Kennedy-Bruder, Pilot der US-Navy, stürzte mit seiner Maschine über dem Ärmelkanal ab.

irgendetwas in Erfahrung bringen und mitteilen könnte, was wir nicht längst wussten, kam uns absurd vor ... Hätte mir jemand gesagt, dass besagter junger Mann eines Tages der Präsident der Vereinigten Staaten würde und ich sein bescheidener Diener, hätte ich gedacht, entweder mein Gesprächspartner oder ich selbst haben den Verstand verloren.«

Der Millionärssohn übernachtet in der Jugendherberge

Die Reisetagebücher verraten zwei weitere, von Kennedy öffentlich nie erwähnte Österreich-Aufenthalte: Bereits zwei Jahre vor seinem Kärnten-Urlaub, im Sommer 1937, hatte der Zwanzigjährige auf dem Weg von Venedig nach München in Tirol Station gemacht und sich »sehr beeindruckt« von den Österreichern gezeigt, »weil sie so anders sind als die Italiener«. Von der Unterkunft in einer Innsbrucker Jugendherberge war der verwöhnte Millionärssohn allerdings weniger angetan: »Mit vierzig anderen in einer Kammer zu schlafen, war alles andere als angenehm.« Und über seine Zimmergenossen rümpfte er die Nase: »Es gilt hier als Schande, ein Bad zu nehmen.«

Einer Tagebucheintragung vom 16. August 1937 entnimmt man, dass Kennedy bei diesem, seinem ersten Österreich-Aufenthalt per Ford Cabrio nicht allein unterwegs war. Notierte er doch, dass die Lebensumstände in der Jugendherberge »das Missfallen von Her Ladyship« erregt hätten. Oliver Lubrich, der Herausgeber der Tagebücher, lässt zwei Möglichkeiten zu, wen JFK mit »Her Ladyship« gemeint haben könnte: entweder – ironisch ausgedrückt – seinen vermutlich homosexuellen Reisegefährten »Lem« Billings oder eine nicht näher genannte weibliche Begleitperson. Dass es solche gab, geht aus mehreren Eintragungen hervor, in denen Kennedy immer wieder auf Flirts, Dates und sexuelle Eroberungen hinwies: »Picked up a bundle of fun« (»Wir gabelten ein Bündel Vergnügen auf«).

Nach Kriegsende reiste Kennedy ein drittes Mal nach Europa, diesmal im Auftrag des Verlegers William Randolph Hearst als Korrespondent der Zeitungen *Chicago Herald-American* und *New York Journal-American*. Der mittlerweile 28-jährige JFK verbrachte im Sommer 1945 eine Nacht in Salzburg, besichtigte Berchtesgaden, den Obersalzberg und in Berlin die zerstörte Reichskanzlei und den »Führerbunker«, in dem Hitler am 30. April Selbstmord begangen hatte: »Aus dem Hass, der ihn jetzt umgibt«, mutmaßte Kennedy, »wird Hitler in einigen Jahren hervortreten als eine der bedeutendsten Persönlichkeiten, die je gelebt haben. Sein grenzenloser Ehrgeiz für sein Land machte ihn zu einer Bedrohung für den Frieden der Welt, doch er hatte etwas Geheimnisvolles, in seiner Weise zu leben und in seiner Art zu sterben, das ihn überdauern und das weiter gedeihen wird. Er war aus dem Stoff, aus dem Legenden sind.«

Kennedy ist fasziniert von der Propagandamaschinerie der Nazis

Abgesehen von der Verharmlosung und Fehleinschätzung des damals weltweit längst als Massenmörder erkannten »Führers«, erwies sich Kennedy während seiner frühen Aufenthalte in Österreich, Italien, Deutschland und anderen europäischen Ländern noch nicht als der politische Kopf, der er später zweifellos war. Auch wenn er den Nationalsozialisten und ihrem »Führer« kritisch gegenüberstand, zeigte er sich immer wieder fasziniert von der Propagandamaschinerie des Deutschen Reichs, der Kennedy schließlich selbst erlag, als er 1939 vermutete, dass Hitler »kompromissbereit« sei. Wirklich deutliche Worte der Ablehnung fand er kaum, geradezu prophetisch zeigte er sich aber im

Kennedy wohnte in der zum Schloss gehörenden »Karinderhütte« am Wörthersee.

August 1939, als er erkannte: »Sollte sich Deutschland zum Krieg entschließen, wird es versuchen, Polen in die Rolle des Aggressors zu drängen und sich dann ans Werk machen.«

Zurück zum Kärnten-Aufenthalt des späteren US-Präsidenten: Schloss Windisch-Graetz und die »Karinderhütte«, in der John F. Kennedy die letzten Friedenstage im August 1939 verbrachte, gibt es in der seinerzeitigen Form nicht mehr. Die Liegenschaft diente im Krieg Nazi-Offizieren als Urlaubsdomizil, dann der britischen Besatzungsmacht, ehe sie zweigeteilt wurde. Heute hat das Anwesen eine andere prominente Besitzerin: Der deutsche Kaufhauskönig Helmut Horten kaufte das Schloss nach dem Krieg und im Jahre 1973 das abgeteilte Grundstück mit der »Karinderhütte« dazu. Schloss und Nebengebäude wurden abgerissen und durch eine große Villa ersetzt, die von seiner Witwe Heidi Horten bewohnt wird.

Somit konnte wieder ein Rätsel aus dem Leben des 35. Präsidenten der Vereinigten Staaten gelöst werden. Es wird vermutlich nicht das letzte gewesen sein.

Zwei Attentate, viele Parallelen
Lincoln und Kennedy

Es gibt zahlreiche Details, die Erstaunen hervorrufen

Weil wir schon bei John F. Kennedy sind. Sein Tod und der des ein Jahrhundert vor ihm ebenfalls ermordeten US-Präsidenten Abraham Lincoln gehören zu den dramatischsten Ereignissen in der Geschichte der Vereinigten Staaten. Seit geraumer Zeit werden verblüffende Parallelen gezogen, die die beiden Attentate miteinander in Verbindung bringen. In der Tat gibt es zahlreiche Details, die Erstaunen hervorrufen:

- Abraham Lincoln wurde 1846 in den Kongress gewählt, John F. Kennedy 1946.
- Lincoln wurde 1860 zum US-Präsidenten gewählt, Kennedy 1960.
- Lincoln wurde im Ford-Theater erschossen, Kennedy saß zum Zeitpunkt seiner Ermordung in einem Auto der Marke Ford Lincoln.
- Lincoln wie Kennedy wurden durch tödliche Kugeln von hinten in den Kopf getroffen.
- Beide Attentate fanden an einem Freitag statt.
- Beide Präsidenten wurden in Gegenwart ihrer Ehefrauen erschossen.
- Lincoln wie Kennedy waren in Begleitung eines Paares,

wobei jeweils der Mann schwer verletzt wurde: In Lincolns Loge saß Major Henry Reed Rathbone mit seiner Verlobten. Er erlitt beim Versuch, den flüchtenden Täter aufzuhalten, Verletzungen. In Kennedys Auto saß John Connally, der Gouverneur von Texas, mit seiner Frau. Auch er wurde von einer Kugel getroffen und schwer verletzt.

- Lincoln wie Kennedy wurden von einem Südstaatler erschossen. Lincolns Mörder, John Wilkes Booth, stammte aus Maryland, der Kennedy-Mörder Lee Harvey Oswald aus Louisiana.

Die beiden Attentäter überleben nur kurze Zeit

- In beiden Fällen überlebten die Attentäter nur kurze Zeit: Booth wurde elf Tage nach der Ermordung Lincolns von einem Sheriff erschossen, als er sich seiner Festnahme widersetzte; Oswald starb zwei Tage nach dem Kennedy-Mord im Polizeigefängnis von Dallas durch eine Kugel des Nachtklub-Besitzers Jack Ruby.
- Abraham Lincoln und John F. Kennedy setzten sich für die Bürgerrechte, insbesondere der schwarzen Minderheit, ein.
- Die Nachfolger der ermordeten Präsidenten hießen in beiden Fällen Johnson:
- Andrew Johnson, der Nachfolger Lincolns, wurde 1808 geboren, Kennedys Nachfolger Lyndon B. Johnson 1908.

Erste Details des »Lincoln-Kennedy-Rätsels« tauchten 1992 in der Kolumne der amerikanischen Journalistin Ann Landers auf. Die Zeitschrift *Skeptical Inquirer* veranstaltete danach einen *Presidential Coincidences Contest*, also einen

Verblüffende Parallelen zweier Attentate: Abraham Lincoln, John F. Kennedy

Wettbewerb für Übereinstimmungen bei Präsidenten. Dieser förderte weitere Parallelen – auch zwischen ganz anderen Präsidenten der USA – zutage, freilich wurden von den Teilnehmern auch falsche Schlüsse gezogen. So hieß es, John Wilkes Booth wäre 1839 und Lee Harvey Oswald 1939 zur Welt gekommen. Richtig ist, dass Booth 1838 geboren wurde.

Interessant ist, dass Kennedys Sekretärin tatsächlich Evelyn Lincoln hieß, die Behauptung, Lincoln hätte einen Sekretär namens Kennedy gehabt, ist jedoch falsch.

Andere Vergleiche gingen unter die Gürtellinie: etwa, dass Lincoln kurz vor seinem Tod in Monroe/Maryland war und Kennedy mehrmals »in« Marilyn Monroe.

Je mehr Menschen sich an der Suche nach weiteren Parallelen beteiligten, desto eher wurden die zum Teil verblüffenden Angaben mit Verschwörungstheorien vermengt oder als göttliche Fügung gesehen. Für den Wiener Mathematiker Rudolf Taschner sind die tatsächlichen Übereinstimmungen der beiden Fälle zwar »spannend und interessant, doch für die Schlüsse, die man daraus ziehen kann, gibt es keine mathematische Erklärung. Aus Sicht des Mathematikers sind das Zufälle, nicht mehr und nicht weniger.« Professor Taschner erkennt im »Lincoln-Kennedy-Mythos« die Sehnsucht des Menschen, »selbst dort Ordnung zu schaffen, wo Chaos herrscht. Wenn wir in den Sternenhimmel schauen, glauben wir Gebilde wie den Großen Wagen, den Orion oder eine Jungfrau zu sehen, obwohl es die gar nicht gibt. Wir lieben Dinge, deren Existenz uns unsere Schulweisheit nicht träumen lässt.«

»Die Mathematik ist ja nicht die einzige Wissenschaft …«

Allerdings: »Auch wenn die Parallelen Zufall sind«, meint Taschner, »schließt das nicht aus, dass solche Informationen wertvoll und faszinierend sein können. Die Mathematik ist ja nicht die einzige Wissenschaft, die es gibt.«

Die Kaiserin –
Überraschendes und Familiäres

»Sisi's warme Herzlichkeit und Freude« Die Wahrheit über Elisabeth und ihre Schwiegermutter

Das Klischee der bösen Schwiegermutter

Historiker und Biografen haben sich da eine wunderbare Geschichte ausgedacht, die das so gern verwendete Klischee der bösen Schwiegermutter perfekt untermauert. Das Bild wurde in Dutzenden Biografien über Jahrzehnte aufrechterhalten, ehe es der Regisseur Ernst Marischka übernommen und in seinen *Sissi*-Filmen meisterhaft inszeniert hat: Erzherzogin Sophie, die Mutter Kaiser Franz Josephs, und dessen Frau Elisabeth wären demnach erbitterte Widersacher gewesen, die sich nicht ausstehen konnten und ständig gegeneinander intrigierten. Sophie, so wird behauptet, hätte Elisabeth das Leben am Wiener Hof zur Hölle gemacht und ihr die eigenen Kinder »weggenommen«. Die Situation hätte sich erst gebessert, als Sisi den Kaiser vor das Ultimatum stellte, entweder die alleinige Hoheit über die Erziehung ihrer Kinder zu bekommen oder ihn für immer zu verlassen.

Eine herzzerreißende Geschichte, gewiss – aber: Es war ganz anders. Der Wiener Kulturhistorikerin Gabriele Praschl-Bichler ist es gelungen, in die umfangreiche Korrespondenz der Erzherzogin Sophie Einblick zu nehmen* – und siehe da, in keinem einzigen ihrer Briefe ist zu erkennen, dass es zwischen Sophie und Elisabeth je Spannungen gegeben hätte, im Gegenteil, sie waren einander in Harmonie und gegenseitiger Wertschätzung verbunden.

»Die armen Kinder verlieren viel an Sisi's wohlthuendem Einfluss«, schreibt Erzherzogin Sophie etwa am 15. November 1860 an ihren Sohn Carl Ludwig**, womit schon einmal widerlegt ist, dass die »böse Schwiegermutter« die Erziehungsmethoden der Kaiserin ablehnte. Elisabeth begab sich damals auf Anraten ihrer Ärzte wegen eines chronischen Hustenleidens zur Kur nach Madeira, während der Sophie dann den Eindruck des oben zitierten Schreibens bestätigt: »Um Sisi's vortrefflichen Einfluss auf die Kinder ist es mir (wegen ihrer Abwesenheit, Anm.) sehr leid.«

»Man könnte ihr dann vielleicht sogar die Kinder hinbringen«

Als die Kaiserin im darauffolgenden Sommer von dem berühmten Arzt Josef von Škoda, einem der Begründer der Zweiten Wiener Medizinischen Schule, wegen des anhaltenden Hustens und der vermuteten Schwellung eines Lungenflügels eine weitere Mittelmeerreise verordnet bekam, schreibt Sophie ihrer Schwester Karoline Auguste*** nach Salzburg: »Škoda sagt, dass Sisi zumindest ein Jahr wegbleiben muss ... Man könnte ihr dann vielleicht sogar die Kinder hinbringen. Auf jeden Fall wird alles ein Marty-

* Gabriele Praschl-Bichler, »Unsere liebe Sisi, Die Wahrheit über Erzherzogin Sophie und Kaiserin Elisabeth. Aus bislang unveröffentlichten Briefen«, 2008.

** Erzherzog Carl Ludwig (1833–1896), Statthalter in Tirol und Vater des späteren Thronfolgers Franz Ferdinand.

*** Kaiserin Karoline Auguste (1792–1873), die Witwe nach Kaiser Franz I.

rium für die arme Frau, wenn sie so lange von ihren Kindern getrennt ist.« Und im Spätherbst 1861, als Sisi in Venedig mit ihrer Tochter Gisela und ihrem Sohn Rudolf zusammentraf: »Den lieben Kindern und ihrer Mutter wird ihr Beisammensein nur sehr gut thun.«

»Will sie ihr Kind sehen, muss sie immer erst die Stiegen hinaufkeuchen«

All das klingt jedenfalls nicht so, als hätte Sophie je daran gedacht, ihrer Schwiegertochter die Kinder wegzunehmen, um deren Erziehung selbst in die Hand zu nehmen. Ganz anderes erfährt man bei Egon Caesar Conte Corti, dem ersten Biografen der Kaiserin*, der im Zusammenhang mit Elisabeths ältester Tochter Sophie (benannt nach ihrer Großmutter) schreibt: »Sie (die Erzherzogin Sophie, Anm.) hat die Tochter der Kaiserin förmlich beschlagnahmt. Die kleine Sophie ist innerhalb der Gemächer der Kaiserinmutter, in einem ganz anderen Stockwerk als Elisabeth untergebracht. Will sie ihr Kind sehen, muss sie immer erst die Stiegen hinaufkeuchen und ist dann erst nicht allein mit ihrem Kinde, sondern sieht sich außer dem Erziehungspersonal und den Dienstleuten, der so genannten ›Kammer‹, auch stets der Schwiegermutter, ja oft Fremden gegenüber, denen diese das Kind zu zeigen pflegt.«

Ein unverkennbarer Beleg dafür, dass ihre Enkel tatsächlich nicht in Erzherzogin Sophies Wohntrakt aufwuchsen, ist ein Brief, den diese am 29. Juli 1863 an ihren Sohn Maximilian** schreibt, als der Kaiser gerade nach Bad Kissingen fuhr, um seine dort wieder einmal kurende Frau zu besuchen: »Die lieben Enkel kommen heute oder morgen

---

* Egon Caesar Conte Corti, »Elisabeth. Die seltsame Frau«, 1934.

** Erzherzog Maximilian (1832–1867), damals Generalgouverneur von Lombardo-Venetien, später Kaiser von Mexiko.

nach Schönbrunn, was mich innig freut, da ich sie nicht mehr hätte besuchen können.«

Abgesehen von den Widersprüchen bezüglich der Beziehung Sophies zu ihrer Schwiegertochter, stellt Conte Cortis Sisi-Biografie eine exzellente Quelle dar, der beispielsweise zu entnehmen ist, dass die ständigen Kuraufenthalte Elisabeths selbst für ein kaiserliches Haushaltsbudget schwer zu verkraften waren: »So musste Franz Joseph zu seinem tiefen Schmerz feststellen, dass der Aufenthalt in Madeira, für den er 188 935 Gulden 18 ½ Kreuzer* bezahlt hat, scheinbar nicht den erhofften Erfolg gehabt hat.«

Wenn Elisabeth die Kinder schon nicht – wie bisher angenommen – »weggenommen« wurden, so war es eine Konsequenz ihrer intensiven Reisetätigkeit, dass diese ihrer Mutter völlig entfremdet waren. »Dem armen Kronprinzen«, schreibt eine ihn nach Venedig begleitende Kinderfrau nach Wien, »war überall ganz unbehaglich, und er tat mir sogar den Kummer an, zu weinen und sich an mich zu klammern, wenn die Majestät (Kaiserin Elisabeth) ihn zu sich holen wollte.«

Der Kaiser hat bitterlich geweint …

Wie sehr Franz Joseph in jungen Jahren unter der »Flucht« seiner Frau litt, entnimmt man einem ebenfalls von Gabriele Praschl-Bichler entdeckten Brief, den Erzherzogin Sophie am 31. August 1861 an ihren Sohn Carl Ludwig richtete: »Er (der Kaiser) hatte so bitterl. bei Helene in Reichenhall geweint, als er sie bat nach Corfu zu gehen.«**

---

* Entspricht laut »Statistik Austria« im Jahre 2013 einem Betrag von rund 2,3 Millionen Euro.

** Kaiser Franz Joseph ersuchte Elisabeths Schwester Helene, seine Frau an ihren neuen Erholungsort zu begleiten, was dann auch geschah. Diesmal wurde Sisis Erkrankung als Nervenleiden diagnostiziert.

Trotz des schwierigen Verhältnisses der Kaiserin zu Franz Joseph berichtet dessen Mutter in ihrer intensiven Korrespondenz von Anfang an nur Positives über ihre Schwiegertochter. Schon am Tag der Verlobung des künftigen Kaiserpaares: »Ischl den 19ten Aug. gegen 10 Uhr, 1853. Meine innig geliebte Amala!* Seit heute frueh 8 Uhr ist unser heiss geliebter Franzi der unaussprechl. strahlende glueckliche Braeutigam der lieblichen Sisi, die gar zu lieb, innig u. gluecklich u. geruehrt ist u. immer voller heisser Thraenen ueber ihr liebliches Gesicht, wenn sie sich an mich anschmiegend wie ein Kind, mir versichert wie sie den Kaiser u. mich befriedigen will oder wenn ich ihr sage, wie sie ihm recht seyn u. ihn begluecken kann ...«

»Mir gefällt so sehr, wie bescheiden sie ist«

Und zwei Monate nach der Hochzeit des Kaisers mit ihrer Nichte schreibt Sophie am 12. Juni 1854 wieder an Carl Ludwig: »Sisi hat in Brünn u. in Prag alles entzückt u. war äußerst liebenswürdig u. gesprächig. Kaiserin Marianna** schrieb, dass sie u. ihre Umgebung in Ploschkowicz ganz bezaubert von Sisi sind; sie fände ihre Haltung so gut u. setzte hinzu: ›Mir gefällt so sehr, wie bescheiden sie ist.‹«

Die Briefe der Erzherzogin Sophie, die weit über die wohlwollende Beurteilung der Kaiserin hinaus ein einzigartiges Dokument des Privatlebens der Familie Habsburg darstellen, lagern in Kisten und Schachteln im Besitz direkter Nachfahren der Kaiserfamilie. Gabriele Praschl-Bichler, die mit der Archivierung betraut war, entdeckte sie.

---

* Amalie Wasa, Prinzessin von Schweden (1805–1853), Cousine der Erzherzogin Sophie.

** Maria Anna (1803–1884), Ehefrau von Franz Josephs Vorgänger, Ferdinand I., der 1848 als Kaiser abgedankt hatte.

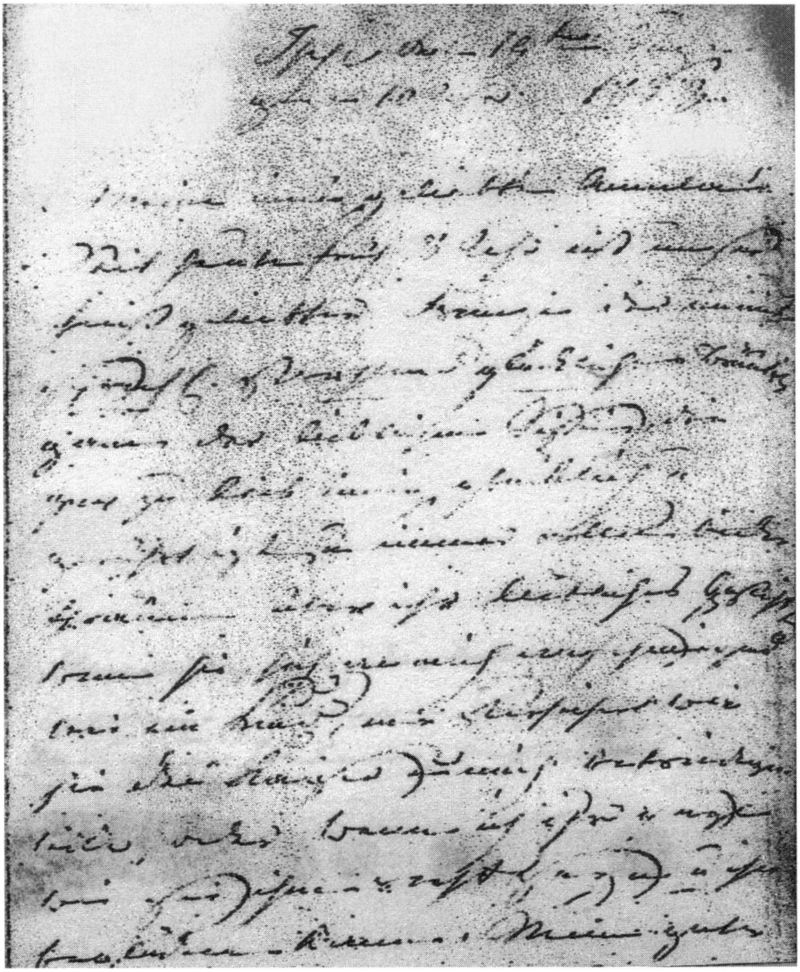

»Seit heute frueh 8 Uhr ist unser heiss geliebter Franzi der unausprechl. strahlende glueckliche Braeutigam der lieblichen Sisi«: Aus einem Brief der Erzherzogin Sophie an ihre Cousine Amalie Wasa von Schweden

Während in Elisabeth- und in Franz-Joseph-Biografien üblicherweise behauptet wird, dass der Kaiser seine Frau viel mehr geliebt hätte als sie ihn, kann davon jedenfalls in ihren jungen Jahren keine Rede gewesen sein, schreibt Erzherzogin Sophie doch am 17. Juli 1855 an einen ihrer Söhne: »Montag den 9ten kam Franzi um 7 Uhr aus Galicien an. Sisi erwartete ihn anderthalb Stunden auf dem

Bahnhof, obwohl sie wusste, dass er nicht vor 7 Uhr kommen könnte. Ludwig*, den ich auf den Bahnhof geschickt, sagte mir, dass Sisi's ganzer Körper vor Freude bebte, als sie den Zug, der den Kaiser brachte, kommen sah. Sie kamen dann noch zu uns heraus ... Sisi schöner noch wie gewöhnlich, durch den Ausdruck strahlenden Glückes auf ihrem lieblichen Gesicht.«

Sisis Grazie ist eines der Lieblingsthemen der Erzherzogin Sophie

Derartige Worte gebraucht man wohl kaum über eine Schwiegertochter, die man nicht leiden kann. Sisis Grazie ist überhaupt eines der Lieblingsthemen Sophies, so auch im Dezember 1856, als die junge Kaiserin mit ihrem Mann in Venedig weilte: »Er (Franz Joseph, Anm.) schreibt mir, was wir von allen Seiten hören, dass Sisi's bezaubernde Erscheinung alles in Venedig elektrisiert u. hinreißt. Überall, wo sie erscheint, sagen die Leute ganz laut, wie schön sie ist, wie anmutig sie ist.«

Und am 19. Februar 1860, eineinhalb Jahre nach der Geburt ihres Sohnes Rudolf, schwärmt Sophie: »Ihre Schönheit hat sehr seit vorigem Spätherbst gewonnen, so wie sie ihre ungeheure Crinoline ablegte, ihre Gestalt ist nun wieder ganz sichtbar.«

Auffallend ist, wie sehr sich Sophie von Anfang an um den tatsächlich labilen Gesundheitszustand ihrer Schwiegertochter sorgte. »Sisi ist heute mit dem Kaiser im Prater bei milder schöner Luft geritten, denn leider, leider zur allgemeinen Desparation hat sie gleich nach den Wochen wieder begonnen zu reiten!! Sie sah allerliebst aus, aber

---

* Erzherzog Ludwig Viktor (1842–1919), der jüngste Bruder Kaiser Franz Josephs.

»Ihre Schönheit hat sehr seit vorigem Spätherbst gewonnen«: Erzherzogin Sophie über ihre Schwiegertochter, Kaiserin Elisabeth

mit aufgehobenen Händen begrüßt ich beide«, schreibt die Erzherzogin am 24. April 1855 ihrem Sohn Carl Ludwig.

Und kurz nach der Geburt Kronprinz Rudolfs, im September 1858: »Sisi hatte leider nach dem zweiten Aufstehen am 4ten abends wieder, aber einen schwächeren Fieberanfall, doch das dritte Aufstehen gestern, wo sie drei Stunden aufblieb, schlug ihr sehr gut an; der Kaiser telegraphierte mir heute, sie befände sich ganz wohl. Gottlob! Ich hatte ein Telegramm nach dem anderen geschrieben, um den Kaiser u. (den Leibarzt Dr. Johann) Seeburger zu überzeugen, dass nur die ungesunde Luft in Laxenburg Sisi die Fieberanfälle gäbe u. dass ein rasches Übersiedeln Sisi's in meine warmen Salons in Schönbrunn, wohl verwahrt in einem geschlossenen Wagen, während der warmen Mittagsstunden gewiss angezeigt wären.«

Ein knappes Jahr danach, am 28. Juni 1859, schreibt Sophie wieder an Carl Ludwig: »Die arme Sisi ist nur mehr ein Schatten ihrer selbst. Du kannst dir gar nicht vorstellen, wie abgemagert sie ist.« Doch nur zwei Tage später ist in einem Brief an ihren Sohn Maximilian Erleichterung zu spüren: »Wir fanden dann Sisi im Park, besser aussehend u. aufgerichtet durch die Hoffnung, den Kaiser bald zu sehen. Sie stieg vom Pferd u. machte eine lange Promenade mit uns zu Fuße – sprach gerne u. sichtbar heiter.«

Kaiserin Elisabeths »Flucht« nach Possenhofen

Spricht man »gerne und sichtbar heiter« mit einer Schwiegermutter, die im gleichen Jahr 1859 – wie in der Conte-Corti-Biografie nachzulesen – »alles versucht, um Elisabeth vom Kaiser zu trennen, ja sie (die Kaiserin) meint sogar, man hätte sie verderben und ihr teuflisch klug Gelegenheit bieten wollen, Unrechtes zu tun, um sie ihrem Gatten zu entfremden«?

Im Jahre 1865, so steht's in den Elisabeth-Biografien, sei die Kaiserin von Wien aus zum ersten Mal in ihr Elternhaus »nach Possenhofen geflüchtet«, weil Erzherzogin Sophie sie bevormundet und ihr die Kinder weggenommen hätte. In einem Brief Sophies an ihren Sohn Carl Ludwig erfährt man allerdings ganz anderes: »Sisi wollte nicht nach Baiern, da es ihr schwer wird, ihr Kind zu verlassen, der Kaiser bestand aber darauf, da er glaubt :/ ich gestehe, ich bin auch überzeugt /: dass Luftwechsel u. zumal die heimathliche Luft ihr sehr gut thun werden ...«

Kaiserin Elisabeth wollte Wien ganz offensichtlich gar nicht verlassen, schon gar nicht wegen ihrer Schwiegermutter. »Von Tante Luise* erhielt ich auch heute einen so befriedigenden Brief über Sisi's Ankunft (in Bayern, Anm.), die sie glückl. macht; sie findet Sisi embelliert (noch schöner geworden), die Blässe nicht anhaltend, u. ihr geliebtes Kind reifer, herzlicher u. zugänglicher; das freut mich so für die gute, selbstlose Mutter, die innig beglückt dadurch ist, dass Sisi nicht lange bei ihr aushält aus Sehnsucht nach Mann u. Kind ...« (Erzherzogin Sophie an ihren Sohn Carl Ludwig am 26. Juni 1855).

Und ihrem Sohn Maximilian berichtet Sophie wenige Tage danach: »Von hier kann ich Dir nicht viel Interessantes melden, außer dass Sisi glücklich am Montag Abend aus Baiern zurückgekehrt, wo sie es nicht über 9 Tage aushielt, fern von ihrer Kleinen, und so weit entfernt vom Kaiser.«

In einem Brief Sophies an ihre Schwester Ludovika ist keine Rede davon

Angeblich hat die Erzherzogin ihre Schwiegertochter Elisabeth für den Tod ihrer zweijährigen Tochter Sophie am 29. Mai 1857 während einer Ungarn-Reise des Kaiserpaares verantwortlich gemacht. »Das Verhältnis zur Schwiegermutter, deren Liebling die kleine Sophie war«, schreibt Brigitte Hamann**, »wurde eisig. Denn schließlich war es die junge Kaiserin, die die Kinder gegen den ausdrücklichen Willen, ja gegen den Widerstand der Erzherzogin mit nach Ungarn genommen hatte.«

Doch in einem Brief, den Sophie in diesen dramatischen Tagen an ihre Schwester Ludovika schreibt, ist keine Rede davon: »Unsere arme Sisi vergießt sich buchstäblich in

---

* Sophies Schwester, Herzogin Ludovika in Bayern (1808–1892), Sisis Mutter.

** Brigitte Hamann, »Elisabeth, Kaiserin wider Willen«, 1982.

Thränenströmen, sie und mein armer Franzi sind tief gebeugt, aber höchst rührend in ihrem Schmerz, fromm und ergeben.« Und ein weiteres Schreiben Sophies, diesmal wieder an Carl Ludwig gerichtet, wenige Tage nach dem Tod der Enkelin: »Sisi hat das Bedürfnis von ihrem geliebten Kinde zu sprechen, sich mit allem, was sie an dasselbe erinnert, zu umgeben, so kann ich ihr gottlob Trost bringen, auf ihren Schmerz eingehen, den ja wenige verstehen können wie ich.«*

In Wahrheit ist Elisabeth eine liebevolle Mutter

Gabriele Praschl-Bichler folgert aus der nun vorliegenden Korrespondenz, dass Franz Joseph und Elisabeth »ihren Kindern außerordentlich liebevolle Eltern waren. Bislang wusste man zwar, dass der Kaiser ein leidenschaftlicher Vater war, man nahm aber an, dass die Kaiserin zu ihren ersten drei Kindern kaum Kontakt hatte. In Wahrheit war auch Elisabeth eine liebevolle Mutter« – wenn auch mit der Einschränkung, dass sie das nur dann sein konnte, wenn sie bei ihnen war, was aufgrund ihrer ausgedehnten Reisetätigkeit nicht allzu oft der Fall gewesen ist.

Von Kaiserin Elisabeth selbst gibt es relativ wenige Briefdokumente, da sie eher schreibfaul war und selbst ihrem Mann von Reisen oft nur durch ihre Hofdamen Nachrichten zukommen ließ. Und doch bestätigen Sophies Briefe, dass ihre Zuneigung nicht einseitig gewesen sein kann: »Sisi's warme Herzlichkeit u. Freude, als sie mich wieder sah u. über mein baldiges Nachkommen nach Ischl, rührte u. erquickte mich. In ihrem oft leidenden Zustande** wird

* Erzherzogin Sophie hatte 1840 ihr viertgeborenes Kind Maria Anna im Alter von viereinhalb Jahren verloren.

** Infolge ihrer ersten Schwangerschaft.

ihr die Alpenluft, nach welcher sie sich schon sehr sehnte, recht wohl tun.« (Sophie am 8. August 1854) Offensichtlich suchte die Kaiserin in schweren Stunden sogar die Nähe ihrer Schwiegermutter: »Sisi fand ich bei meiner Wohnung mit rasendem Zahnweh, das arme Kind, doch ist es nun vorüber«, schreibt Sophie am 30. November 1857 an ihren Sohn Maximilian.

In die rund zwei Jahrzehnte andauernde Korrespondenz der Erzherzogin Sophie im Zusammenhang mit ihrer Nichte und Schwiegertochter Elisabeth fallen nebst privaten Freuden und Sorgen auch historische Ereignisse wie die Geburten der Thronfolger Rudolf und Franz Ferdinand, die Katastrophen von Solferino und Königgrätz, die tiefe Trauer nach der Hinrichtung ihres zweitältesten Sohnes, Kaiser Maximilian von Mexiko, und der auf Elisabeths Initiative zustande gekommene Ausgleich mit Ungarn. In einem ihrer eher raren handgeschriebenen Briefe bittet die Kaiserin den ungarischen Hofkanzler Georg Graf Mailáth geradezu flehentlich: »Vor allem eine Bitte, seien Sie mein Stellvertreter beim Kaiser, übernehmen Sie mein Amt, dem Kaiser die Augen zu öffnen über die Gefahr, in die er sich unwiederbringlich stürzt, wenn er noch immer keine Konzessionen an Ungarn machen will. Seien Sie unser Retter, darum beschwöre ich Sie jetzt im Namen unseres armen Vaterlandes und meines Sohnes und zähle dabei auch auf die Freundschaft, die Sie, wie ich mir vielleicht einbilde, doch ein wenig für mich fühlen.«

Kaum zu glauben, wie vehement sich die Kaiserin einsetzt

Kaum zu glauben, wie vehement sich die Kaiserin für die einzige politische Mission ihres Lebens einsetzt, da sie sich in dem Brief praktisch gegen ihren Mann auf die

Seite Ungarns stellt. Nicht auszudenken, wäre dieses Schreiben in die Hände Franz Josephs gelangt. »Das Zugeständnis«, schreibt Elisabeth weiter, »zu dem ich den Kaiser zu bewegen trachtete, das er mir aber leider noch nicht machte, ist, die jetzigen Regierungsmänner zu entfernen und als Minister des Äußeren Gyula Andrássy* zu ernennen. Dies wäre eine Konzession an Ungarn, ohne sich durch Nachgeben jetzt zu kompromittieren. Seine Popularität im Lande würde vertrauenserweckend wirken und das Königreich ruhig halten, bis endlich die Verhältnisse erlauben, dass die inneren Zustände geregelt werden.«

Der Brief zeigt den Tagesablauf des Kaisers

Ein knappes Jahr nach der Krönung des Kaiserpaares zu Königen von Ungarn bringt Elisabeth am 22. April 1868 in Budapest ihr letztes Kind Marie Valerie zur Welt, dem sie ganz offensichtlich mehr Liebe schenkt als Gisela und Rudolf. Ihre Zuneigung zu Ungarn ist ein Grund mehr, sich dem Kaiser zu entziehen, Elisabeth lebt vorwiegend in Budapest, was Erzherzogin Sophie veranlasst, ihren Sohn zu bedauern. Gleichzeitig zeigt ihr Brief vom 7. Oktober 1869 an dessen jüngeren Bruder Carl Ludwig den Tagesablauf des Kaisers auf: »Er (Franz Joseph) lebt ganz einsam in seinem lieben Laxenburg, steht um halb 5 Uhr auf, bringt später den Morgen in der Stadt zu, schwimmt um 3 Uhr in Laxenburg, speist ganz allein um 4 Uhr, geht von

* Gyula Graf Andrássy (1823–1890), hatte während der Revolution 1848 gegen das Haus Habsburg für die Freiheit Ungarns gekämpft, wurde zum Tod verurteilt, floh nach Paris und war nun der Vertrauensmann der Kaiserin. Tatsächlich wurde Andrássy 1867 ungarischer Ministerpräsident und 1871 Außenminister.

5 bis 7 Uhr spazieren, dann arbeitet er noch bis halb 9 Uhr, wo er sich in's Bett legt.«

Obwohl Elisabeth ihrem Mann das Leben vor allem durch ihre fast permanente Abwesenheit alles andere als leicht gemacht hat, verwendet dessen Mutter in der Korrespondenz mit den so zahlreichen Mitgliedern ihrer Familie bis zu ihrem Tod im Alter von 67 Jahren kein einziges böses Wort über sie, ganz im Gegenteil, sie bedauert immer wieder ihren labilen Gesundheitszustand, befürwortet ihre Erziehungsmethoden und bewundert ihre Schönheit. Es mag schon sein, dass es zwischen Sophie und Elisabeth die eine oder andere Meinungsverschiedenheit – wie wohl in jeder familiären Beziehung – gegeben hat, aber sicher nicht in der geradezu gehässigen Art und Weise, wie es in Sisi-Biografien dargestellt wird.

Sophie nimmt in bewegten Worten Abschied von ihrer Familie

Elisabeth war auch an der Seite ihrer Schwiegermutter, als deren letzte Stunde schlug. »Die kaiserliche Familie wird am 22. Mai 1872 an das Krankenbett gerufen«, schreibt Egon Caesar Conte Corti, »und dort nimmt Sophie von allen in wenigen bewegten Worten Abschied. Zwei Tage darauf tritt Apathie und tiefe Schwäche ein, bis die Erzherzogin in volle Bewusstlosigkeit verfällt. Der Todeskampf dauert dreizehn Stunden. Am 28. drei Uhr früh haucht sie nach Empfang der letzten Ölung in Anwesenheit beider Majestäten (Franz Joseph und Elisabeth) und der Enkel Rudolf und Gisela ihre Seele aus.«

Sophie mag eine strenge und in ihren Ansichten sehr konservative Frau gewesen sein. Doch eine widerliche Person – als die sie in Biografien und in den *Sissi*-Filmen, sehr einprägsam dargestellt von Vilma Degischer – beschrieben wird, war sie wohl nicht.

Sisis kleiner Bruder ...
... war ein großer Arzt

Kronprinz Rudolf empfand es als bitter, dass ihm das Studium an einer Hochschule verwehrt wurde. Anderen Angehörigen des Kaiserhauses erging es ebenso, auch der spätere Thronfolger Franz Ferdinand, der spätere Kaiser Karl und die übrigen Erzherzöge waren vom Besuch öffentlicher Bildungseinrichtungen ausgeschlossen und auf private Hauslehrer angewiesen, deren Unterricht freilich zu keinem akademischen Abschluss führen konnte. In anderen regierenden Häusern war das anders, da sah man das wesentlich entspannter. Das beste Beispiel dafür ist Herzog Carl Theodor in Bayern, der um zwei Jahre jüngere Bruder der Kaiserin Elisabeth. Er schloss nicht nur das Medizinstudium ab, sondern wurde auch ein berühmter und überaus angesehener Augenarzt, dessen renommierte Klinik in München heute noch seinen Namen trägt.

Herzog Carl Theodor ist mit vierzehn Jahren Unterleutnant

Carl Theodor wurde am 9. August 1839 – wie seine Schwester Sisi in Schloss Possenhofen am Starnberger See – geboren. Er war das fünfte von insgesamt neun Kindern des Herzogs Max und der Herzogin Ludovika, einer Schwester des Bayernkönigs Ludwig I. Zunächst machte der Wittelsbacher die für männliche Angehörige eines Königshauses übliche Militärausbildung durch. Bereits mit vierzehn Jahren Unterleutnant, nahm er später an Schlachten teil und brachte es 1888 zum General der Kavallerie. Doch noch während seiner Heereslaufbahn fand der Prinz zu seiner wahren Berufung und inskribierte im reifen Alter von dreißig Jahren Medizin. Als Spross eines Königshauses Mediziner werden zu wollen, war auch für bayerische Verhältnisse außergewöhnlich und löste zwar nicht in seiner Familie, dafür aber unter ärztlichen Kollegen Befremden aus. Einer der Professoren Carl Theodors an der Universität München sagte bei der Inskription zu ihm: »Wir nehmen Sie nicht, weil Sie ein Prinz sind, sondern obwohl Sie einer sind.«

Die Begegnung mit einem bedeutenden Augenarzt entscheidet sein Schicksal

Das schließlich erfolgreich abgeschlossene Medizinstudium sollte schwere gesundheitliche Folgen nach sich ziehen, an denen der Herzog sein Leben lang litt: Als er während seiner Tätigkeit in der Pathologie mit tuberkulösen Bazillen in Berührung kam, traten plötzlich Lungenblutungen auf, die ihn in den folgenden Jahren zwangen, die Wintermonate in südlichen Regionen zu verbringen. Während eines solchen Aufenthalts in Menton an der Côte d'Azur lernte er den berühmten russischen Augenarzt Alexander von Iwanoff kennen, der ihn in seinem Entschluss bekräftigte, die Augenheilkunde als Spezialfach zu wählen.

Seine Studien führten Carl Theodor unter anderem nach Wien, wo er Gasthörer des berühmten Chirurgen Theodor Billroth war, an dessen Klinik er mehrere Jahre arbeitete und mit dem ihn eine lebenslange Freundschaft verbinden sollte. Der Herzog hospitierte aber auch bei den nicht minder prominenten Wiener Augenärzten Ferdinand von Arlt und Eduard Jäger.

Freilich kam Carl Theodor in den Genuss einer Besonderheit, die wohl ausschließlich seiner hohen Herkunft zu danken war: Noch ehe er 1880 im Alter von vierzig Jahren mit der Note »Sehr gut« die medizinische Staatsprüfung absolvierte und zum Dr. med. promovierte, wurde ihm von der Universität München das Doktorat der Medizin honoris causa verliehen, da er sich »mit seltenem, ausdauerndem Fleiße und großem Erfolge dem Studium dieser Wissenschaften widmet«.

Bald spezialisiert sich der Herzog auf die Augenheilkunde

Als junger Arzt praktizierte der Herzog vorerst in Tegernsee, Meran und München, wo er operierte, Geburtshilfe leistete und auch Hausbesuche absolvierte. Doch bald spezialisierte er sich auf die Augenheilkunde und führte innerhalb von vier Jahren rund tausend Staroperationen durch – und das mit einer sensationellen Erfolgsrate von 95,2 Prozent.

»Dass Herzog Carl Theodor innerhalb weniger Jahre so viele Staroperationen durchführte«, erklärt der bekannte Wiener Augenarzt Professor Michael Radda, »ist eine für die damalige Zeit wirklich außergewöhnliche Leistung. Er hat damit zahlreichen Menschen, denen die völlige Erblindung drohte, das Augenlicht zurückgegeben, und er zählt zu den Pionieren auf diesem Gebiet. Heute gehören solche Operationen zum Alltag, doch gegen Ende des 19. Jahrhunderts waren sie mit den großen Gefahren einer Sepsis verbunden. Umso erstaunlicher ist es, dass die Eingriffe Carl Theodors eine so hohe Erfolgsquote hatten.«

Tausend Staroperationen mit einer Erfolgsrate von 95,2 Prozent: Herzog Dr. med. Carl Theodor in Bayern, um 1885

Als »Hausarzt« auch innerhalb der eigenen Familie gefragt, konstatierte Carl Theodor als erster Mediziner, dass es »keinen Zweifel über den vollständigen Irrsinn« seines Cousins, König Ludwig II. von Bayern, geben könne.* Etwas mehr als ein Jahr nach dessen Tod, im August 1887, warnte Carl Theodor seine Schwester Kaiserin Elisabeth davor, nachdem er deren mitunter etwas sonderbaren Gedichte gelesen hatte, »sich zu intensiv in die überspannten Ideen zu bohren, in denen sie lebt, denn durch den eingebildeten Seelenverkehr mit Heinrich Heine könne sie ihre Nerven so überreizen, dass sie am Ende noch überschnappe«.*

---

* Zitate aus Tagebucheintragungen der Erzherzogin Marie Valerie.

Im Herbst 1895 wurde Dr. Carl Theodor zu seinem im Wiener Schloss Belvedere residierenden, schwer kranken Neffen Franz Ferdinand gerufen. Während die ihn behandelnden Hofärzte ein lebensgefährliches Lungenleiden diagnostizierten, verneinte der Herzog die Lebensgefahr und schickte den späteren Thronfolger zur Erholung nach Ägypten. Dieser befolgte den Rat* und wurde gesund. Schließlich wurde Carl Theodor vom deutschen Kaiser Wilhelm II. konsultiert, als dieser auf seiner Yacht *Hohenzollern* durch ein herabfallendes Tau eine Augenverletzung erlitten hatte.

Im Jahr 1895 gründet Herzog Carl Theodor sein eigenes Spital

Ebenfalls im Jahre 1895 erfüllte sich »Seine Königliche Hoheit Dr. med. et Dr. h. c. Herzog Carl Theodor in Bayern«, wie er mit all seinen Titeln hieß, einen lange gehegten Wunsch und gründete sein eigenes Spital. Er kaufte ein repräsentatives Wohnhaus in der Münchner Nymphenburger Straße Nr. 43 und baute es zu einer modernen Klinik für Augenheilkunde um, deren Leitung er selbst übernahm. Zu diesem Zeitpunkt war der nun bereits 56-jährige Aristokrat ein weit über die Grenzen Bayerns hinaus angesehener Augenarzt mit herausragenden chirurgischen Fähigkeiten, die auch in Fachkreisen anerkannt wurden. Jene Mediziner, die einst die Nase über den Herzog rümpften, der die »Frechheit« besaß, Arzt werden zu wollen, mussten ihren Irrtum eingestehen.

»Sommer wie Winter«, schreibt sein Biograf Max Oppel, »begann Carl Theodor pünktlich um 6.30 Uhr zu operieren, wobei er nicht nur von seinem Assistenten, sondern

---

* Siehe Kapitel »Franz Ferdinand auf Weltreise« ab Seite 254.

Herzog Carl Theodor kaufte das Haus in der Nymphenburger Straße in München und baute es zu einer modernen Klinik für Augenheilkunde um.

auch von seiner zweiten Gemahlin Maria Josepha in hervorragender Weise unterstützt wurde. Am Ende seines Lebens konnte Carl Theodor beinahe sechstausend Staroperationen aufweisen.«

Da es zum Zeitpunkt der Klinikgründung – und auch mehrere Jahrzehnte danach – in Deutschland noch keine allgemeine Sozial- und Krankenversicherung gab, wurden die meisten Patienten sowohl ambulant als auch stationär unentgeltlich behandelt, wobei die Finanzierung der Klinik in erster Linie durch die herzogliche Familie erfolgte –

wohlhabende Patienten, die für Operationen und andere Behandlungen selbst aufkamen, spielten zahlenmäßig eine eher untergeordnete Rolle. »Wo immer er praktizierte«, schreibt Carl Theodors Urenkel, Herzog Max in Bayern, in einer Festschrift aus Anlass des hundertjährigen Bestehens der Klinik*, »strömten die Patienten in großen Scharen zu ihm. Seine besondere Sorge galt unzähligen Bedürftigen, die er kostenlos behandelte.«

Die Ehe mit einer Schauspielerin war selbst dem liberalen Königshof zu viel

Als drittgeborener Sohn des Herzogpaares in Bayern hätte Carl Theodor eigentlich keine bedeutende Rolle innerhalb der Familienhierarchie spielen sollen. Doch es kam ganz anders: Sein zweitältester Bruder Wilhelm Karl war noch im Kindesalter verstorben und der älteste, Ludwig Wilhelm, musste infolge einer morganatischen Affäre als Chef des herzoglichen Hauses und Erbe des gesamten Besitzes zurücktreten: Herzog Ludwig Wilhelm hatte sich in die Schauspielerin Henriette Mendel verliebt und diese am 9. März 1859 geheiratet, nachdem sie ihm bereits ein Jahr davor eine uneheliche Tochter geschenkt hatte. Das war selbst dem liberalen Königshof in Bayern zu viel.

Henriette wurde zur Freifrau von Wallersee ernannt, doch Ludwig Wilhelm musste auf seine hohe Stellung und den riesigen Besitz der Herzöge in Bayern verzichten. Dadurch wurde Carl Theodor Chef des Hauses Wittelsbach, und erst dieser Aufstieg ermöglichte ihm die Errichtung der Klinik und die kostenlose Behandlung der Mehrzahl seiner Patienten.

---

* »100 Jahre Augenklinik Herzog Carl Theodor«, 1995.

Hatten seit ihrer Kindheit ein besonders herzliches Verhältnis zueinander: Kaiserin Elisabeth und ihr Lieblingsbruder Herzog Carl Theodor

Die ursprünglich uneheliche Tochter seines ältesten Bruders Herzog Ludwig Wilhelm und der Schauspielerin Henriette Mendel sollte später übrigens als Gräfin Marie Larisch eine zweifelhafte Rolle spielen, als sie die Beziehung des verheirateten Kronprinzen Rudolf und der in ihn heillos verliebten siebzehnjährigen Mary Vetsera in unverantwortlicher Weise förderte und das Paar in die Katastrophe von Mayerling trieb.

Bei Carl Theodors Heirat war nicht die Braut, sondern Elisabeth die Hauptattraktion

Kaiserin Elisabeth bezeichnete Carl Theodor – familienintern »Gackel« genannt – zeitlebens als ihren Lieblingsbruder, und ihre große Zuneigung zu ihm stieß durchaus auf Gegenliebe. Die beiden hatten seit ihrer Kindheit ein besonders herzliches Verhältnis zueinander, sie spielten in München und Possenhofen gemeinsam Theater, musizierten und betrieben Sport, wobei sie die Liebe zu Pferden und zur Reiterei besonders verband. Als Sisi 1854 den österreichischen Kaiser Franz Joseph heiratete und von Carl Theodor Abschied nahm, waren beide zutiefst gerührt.

Selbstverständlich nahm er an der Vermählung seiner Lieblingsschwester teil – wie auch Sisi im Februar 1865 der ersten Hochzeit ihres Bruders beiwohnte. Allerdings dürfte Carl Theodor über die Anwesenheit seiner in der vollen Blüte ihrer Schönheit stehenden Schwester bei der Trauung mit Sophie von Sachsen keineswegs begeistert gewesen sein, da »nicht die Braut, sondern Elisabeth die Hauptattraktion war«, wie ihr ebenfalls anwesender Schwager Erzherzog Ludwig Viktor – laut Tagebuch seiner Mutter Sophie – bemerkte. Bei Carl Theodors zweiter Heirat war Sisi dann verhindert, zeigte sich aber nach dem ersten

Zusammentreffen mit seiner Frau Maria Josepha* von ihrer neuen Schwägerin begeistert: »Sie hat mir ungeheuer gut gefallen. Ich finde sie eine seltene Schönheit, man kann sie nicht genug anschauen«, schreibt sie ihrer Tochter Gisela 1874 aus Possenhofen.

Nach Sisis Heirat mit Franz Joseph begleitete der noch jugendliche Carl Theodor das Kaiserpaar auf Elisabeths Wunsch auf mehreren Reisen – unter anderem im Jänner 1857 nach Mailand. Als er dort vom kaiserlichen Leibarzt Dr. Laberger durch das große Krankenhaus der Stadt geführt wurde, soll die Entscheidung für seine spätere Berufswahl gefallen sein.

Carl Theodor kommt zu Kronprinz Rudolfs Beisetzung in die Kapuzinergruft

Wie nahe Elisabeth ihrem Bruder stand, geht aus einer Begegnung nach dem Tod ihres Sohnes Kronprinz Rudolf hervor. Unmittelbar vor dessen Beisetzung in der Kapuzinergruft sagte die Kaiserin zu dem nach Wien gereisten Carl Theodor: »Hätte nur der Kaiser niemals unser Haus betreten, mich niemals gesehen. Was wäre ihm und mir alles erspart geblieben.«

Carl Theodor hat Elisabeth zum letzten Mal im Sommer 1898 in Possenhofen gesehen, wenige Wochen, ehe sie in Genf einem Attentat zum Opfer fiel. Im Jahr davor hatten Sisi und Carl Theodor noch gemeinsam um ihre jüngste Schwester Sophie Herzogin von Alençon getrauert, die in Paris auf tragische Weise bei einem Brand ums Leben gekommen war, als sie den Besuchern eines Wohltätigkeitsbazars zu Hilfe eilen wollte. Der

---

* Maria Josepha geb. Prinzessin von Braganza, Infantin von Portugal, (1857–1943).

Tod seiner Lieblingsschwester Elisabeth war sicher einer der schweren Schicksalsschläge im Leben Carl Theodors.

Ein anderer war der Tod seiner ersten Frau Sophie, die 1867 nach kurzer, überaus glücklicher Ehe im Alter von 22 Jahren an einem Lungenleiden starb, nachdem sie eine Tochter zur Welt gebracht hatte. Seine zweite Frau Maria Josepha schenkte ihm vier weitere Kinder und wurde zur wichtigen Stütze des Herzogs. Sie assistierte ihm bei Operationen und übernahm die Pflege seiner Patienten.

Der siebzigste und letzte Geburtstag des Herzogs Carl Theodor

Am 9. August 1909 feierte Herzog Carl Theodor im Kreise der Familie auf Schloss Possenhofen seinen siebzigsten und letzten Geburtstag. Nach mehreren Festreden bedankte er sich mit den Worten: »Es lässt sich nicht leugnen, der riesige Stamm wird allmählich morsch. Naturgesetz. Die alten Bäume sind zum Schutz für die jungen da … Und es ist gut so. Damit die jungen Bäume sich ungehemmt entfalten.«

Nach den anstrengenden Geburtstagsfeiern kam Carl Theodor in Bayern wieder seinen ärztlichen Verpflichtungen nach. Am 5. Oktober ging er mit seiner Frau noch auf die Jagd, bei der er einen Hirsch schoss. Am selben Abend befiel ihn ein Schüttelfrost, er erkrankte schwer und starb am 30. November.

Herzogin Maria Josepha überlebte ihren Mann um 34 Jahre, sie kümmerte sich weiterhin persönlich um die Pflege der Kranken und widmete 1917 die vorerst in ihrem Besitz stehende Klink in eine Stiftung um, die die Fortführung seines Lebenswerks gewährleistet.

Herzogin Maria Josepha arbeitete aktiv und sehr engagiert als Operationsassistentin und in der Krankenbetreuung der Augenklinik Herzog Carl Theodor mit.

Im Laufe der Jahrzehnte wurde die Klinik Herzog Carl Theodor immer wieder auf den neuesten medizinischen und technischen Stand gebracht und durch Zukäufe benachbarter Grundstücke und Gebäude erweitert, sodass sie heute mit mehr als zwölftausend operativen Eingriffen im Jahr zu den bestausgestatteten und modernsten augenchirurgischen Fachkliniken im deutschen Sprachraum zählt.

Unmusikalisches
von Beethoven bis Prawy

Der wahre Grund für Beethovens Taubheit
Ein medizinischer Kriminalfall

Das Entstehen großer Musik wird immer ein Mysterium bleiben. Innerhalb dieses Mysteriums gibt es drei dramatische Schicksale, die großen Einfluss auf die Entwicklung der Musikgeschichte haben. Das sind einerseits der frühe Tod Schuberts und Mozarts, der uns nicht einmal erahnen lässt, was uns dadurch an genialen Kompositionen vorenthalten wurde. Und das dritte Schicksal ist der Umstand, dass Ludwig van Beethoven auf dem Höhepunkt seines Schaffens sein Gehör verloren hat.

Man nahm an, dass er infolge eines Knochenleidens ertaubte. Doch es war ganz anders ...

Die Hörbeschwerden des Komponisten begannen im Jahre 1796, als er gerade 26 Jahre alt war, und führten 1818 mit 48 Jahren zur völligen Taubheit. Lange war der eigentliche Grund für diesen so unermesslichen Schicksalsschlag unbekannt. In der Musik- und Medizingeschichte wurde allgemein angenommen, dass Beethoven infolge des Knochenleidens *Morbus Paget* ertaubt sei. Doch es war ganz anders. Wie man den wahren Grund für Beethovens Taubheit entdeckte, liest sich wie ein Krimi – und der soll hier erzählt werden.

Als er 26 war, begannen seine Hörbeschwerden, mit 48 Jahren war er vollkommen taub: das Genie Ludwig van Beethoven

Zunächst zur Vorgeschichte, wie es zum schlimmsten Los, das dem Genie Beethoven widerfahren konnte, gekommen ist. Dass es dem Mann, der Musikgeschichte schrieb, nicht mehr möglich war, seine eigenen Kompositionen zu hören. Was die Erkrankung für ihn bedeutete, erklärt er in dem berühmten *Heiligenstädter Testament,* das er an seinem damaligen Wohnort in Heiligenstadt bei Wien aufsetzte. In tiefer Depression ruft der Komponist seinen engsten Angehörigen, aber auch der Nachwelt in dem erschütternden Dokument zu:

> »O, ihr Menschen, die ihr mich für störrisch oder misantropisch haltet, wie unrecht tut ihr mir, ihr wisst nicht die geheime Ursache von dem, was euch so scheinet. Bedenket, dass seit 6 jahren ein heilloser Zustand mich befallen. Mit einem feurigen, lebhaften Tempe-

ramente geboren, selbst empfänglich für die Zerstreuungen der Gesellschaft, musste ich früh mich absondern, einsam mein Leben zubringen.

O wie hart wurde ich durch die verdoppelt traurige Erfahrung meines schlechten Gehörs dann zurückgestoßen, und doch war's mir noch nicht möglich, den Menschen zu sagen: Sprecht lauter – schreit, denn ich bin taub! Ach, wie wär es möglich, dass ich dann die Schwäche eines Sinnes angeben sollte, der bei mir in einem vollkommeneren Grade als bei anderen sein sollte. Einen Sinn, den ich einst in Vollkommenheit besaß, wie ihn wenige in meinem Fache gewiss haben, noch gehabt haben.

»Es fehlte wenig, und ich entledigte selbst mein Leben«

Wie ein Verbannter muss ich leben. – Nähere ich mich einer Gesellschaft, so überfällt mich eine heiße Ängstlichkeit, indem ich befürchte, in Gefahr gesetzt zu werden, meinen Zustand merken zu lassen. Welche Demütigung, wenn jemand neben mir stund und von weitem eine Flöte hörte und ich nichts hörte.

Es fehlte wenig, und ich entledigte selbst mein Leben. Nur sie, die Kunst, sie hielt mich zurück, ach es dünkte mir unmöglich, die Welt eher zu verlassen, bis ich das alles hervorgebracht ... Und so friste ich dieses elende Leben – wahrhaft elend. Es ist nicht leicht, für den Künstler – schwerer als für irgendjemand. O Menschen, wenn ihr einst dieses leset, so denkt, dass ihr mir unrecht getan.

Ihr meine Brüder, sobald ich tot bin, füget ihr dieses hier geschriebene Blatt meiner Krankengeschichte bei, damit wenigstens so viel als möglich die Welt nach meinem Tode mit mir versöhnt werde. Mit Freuden eil ich dem Tode entgegen. Komm, wann du willst, ich gehe dir mutig entgegen – lebt wohl und vergesst mich nicht ganz im Tode. Ich habe es um Euch verdient, indem ich in meinem Leben oft an Euch gedacht, Euch glücklich zu machen; seid es –

Heiligenstadt, am 6. Oktober 1802. Ludwig van Beethoven«

Beethoven zieht sich zurück, neigt zu Missmut und gibt sich dem Alkohol hin

Das Musikgenie hatte die dramatischen Worte an seine Brüder Carl und Johann gerichtet, nachdem ihm bewusst geworden war, dass sein Gehör für immer verloren gehen würde. Die Folgen der Schwerhörigkeit, die allmählich in Taubheit überging, prägten Persönlichkeit und Erscheinungsbild Beethovens, der sich nun völlig zurückzog, zu Missmut neigte und sich immer mehr dem Alkohol hingab.

Der in Bonn geborene Komponist war 31 Jahre alt, als er das Heiligenstädter Testament niederschrieb. 1787 zum ersten Mal auf Besuch in Wien, hatte er sich einige Jahre später für immer hier niedergelassen, ein unstetes Leben geführt und in seinen 35 Wiener Jahren nicht weniger als 35 Wohnungen bezogen.

In einer dieser Wohnungen – vermutlich in dem in der Mariahilfer Vorstadt gelegenen Haus Laimgrubengasse 6 – erhielt der bereits völlig ertaubte Beethoven den Besuch seines italienischen Kollegen Gioachino Rossini, der sich 1822 in Wien aufhielt. Seine Schilderung gibt Zeugnis über die trostlosen Lebensumstände des Musikgiganten: »Ich stieg die Treppen zu der ärmlichen Wohnung Beethovens hinauf«, erinnerte sich Rossini, »dort fand ich mich auf einer Art Dachboden wieder, der völlig in Unordnung und überaus schmutzig war. Besonders erinnere ich mich an die Zimmerdecke. Sie befand sich unmittelbar unter dem Dach und ließ starke Risse erkennen, durch die sich bei Schlechtwetter wohl Regen in Strömen ergoss.«

Beethoven bemerkte zunächst nicht, dass ein Gast eingetreten war. »Er blieb weiter sitzen, über Korrekturen gebeugt, die er zu Ende las. Dann hob er den Kopf und sagte in einwandfreiem Italienisch: ›Ah, Rossini, der Komponist des *Barbier von Sevilla*. Meine herzlichen Glückwünsche! Das ist eine ausgezeichnete Opera buffa. Ich habe mit großem Vergnügen darin gelesen und alles sehr genossen.‹« »Das Werk wird so lange gespielt werden, wie es italienische Oper gibt«, prophezeite Beethoven dann noch, ehe Rossini ihn mit ein paar auf ein Stück Papier hingekritzelten Worten seiner grenzenlosen Bewunderung versicherte.

Gioachino Rossini kann seine Tränen nicht zurückhalten

Beethoven antwortete mit einem tiefen Seufzer und einem einzigen Satz: »O, ich Unglücklicher!«

Er wünschte seinem Kollegen weiterhin viel Erfolg, erhob sich und rief Rossini nach: »Und machen Sie noch vieles wie den *Barbier*!«

Rossini beendete seinen Bericht mit den Worten: »Als ich die verfallene Treppe hinabstieg, konnte ich meine Tränen nicht mehr zurückhalten.«

Beethoven hat alles versucht, das Fortschreiten seines Leidens zu stoppen. Langwierige Bäderkuren halfen freilich ebenso wenig wie die immer wieder propagierten neuen

»Moderne Apparaturen« halfen ebenso wenig wie Bäderkuren und andere medizinische Maßnahmen: Original-Hörrohr Ludwig van Beethovens

Hörrohr-Systeme aus Holz, Stein und Metall, in die er so viel Hoffnung gesetzt hatte. 1815 hatte Beethoven seine Konzertauftritte beenden müssen, drei Jahre später hörte er gar nichts mehr – komponierte aber unaufhörlich weiter.

Das also ist die Vorgeschichte zu dem angekündigten Krimi, der uns zum wahren Grund seines Leidens führt.

Es war im Jahre 1972, als ein Herr aus Südfrankreich nach Wien reiste. Er betrat das Institut für Geschichte der Medizin auf der Währinger Straße, packte ein paar Knochen aus und erklärte: »Das sind Schädelfragmente Ludwig van Beethovens. Ich möchte sie untersuchen lassen.« Der Mann wurde, wie nicht anders zu erwarten, für verrückt erklärt und des ehrwürdigen Institutsgebäudes verwiesen.

Man witzelte nach dem seltsamen Vorfall noch lange über den Spinner, der »dem Andenken Beethovens Schaden zufügen wollte«. Es vergingen weitere Jahre, bis die kleine Szene durch Zufall dem Professor für Pathologie, Dr. Hans Bankl, und seinem Kollegen Professor Hans Jesserer zu Ohren kam.

Seit Generationen will man mehr über Beethovens Taubheit erfahren

Im Gegensatz zu den bisher Informierten lachten die beiden Herren keineswegs. Ganz im Gegenteil, sie wurden sofort hellhörig, wussten sie doch, dass bei einer Exhumierung Beethovens, lange nach seinem Tod, eine ganze Reihe von Körperteilen des Musikgenies verschwunden war, verschiedene Leute hatten sie als Souvenirs an sich genommen. Die Professoren Bankl und Jesserer setzten es sich daher zum Ziel, den hochinteressanten Fall weiterzuverfolgen. Denn die Knochen waren – sollten sie tatsächlich von Beethoven stammen – von unermesslichem, medizin- und musikhistorischem Wert, da man seit Generationen mehr über Beethovens Krankheiten, im Besonderen über seine Taubheit, erfahren wollte. Über die Knochen, das wussten die Herren Bankl und Jesserer, könnte man das Rätsel lösen.

Wie aber sollte man an den Unbekannten mit Beethovens Schädelknochen, den man so unfreundlich behandelt hatte, dass er nicht einmal seinen Namen hinterließ, herankommen? Den Professoren Bankl und Jesserer blieb nichts anderes übrig, als sich gewissermaßen in »Sherlock Holmes« und »Dr. Watson« zu verwandeln und der Sache nach kriminalistischen Richtlinien auf die Spur zu kommen.

Beethovens sterbliche Überreste werden zwei Mal umgebettet

Über Beethovens bis dahin bekannte Krankengeschichte wussten sie natürlich Bescheid: Als am 26. März 1827 die letzte Stunde des Genies geschlagen hatte, war man sich seiner wahren Größe noch nicht bewusst. Es dauerte daher 36 Jahre, bis die *Gesellschaft der Musikfreunde* seine Gebeine exhumieren ließ, »um sie vor dem Umsichgreifen weiterer Verwesung zu sichern und zugleich eine Ruhestätte in würdiger Weise herzustellen«. Die sterblichen Überreste wurden im Rahmen einer Zeremonie auf dem Währinger Ortsfriedhof dem bisherigen Holzsarg entnommen und in einen Zinnsarg gebettet, der den »Verderb des Vorfindigen«, wie es damals hieß, »hintanhalten« sollte. Am selben Tag erhielt übrigens auch der Leichnam Franz Schuberts eine neue Ruhestätte.

Neben bekannten Künstlern und Medizinern war bei der feierlichen Graböffnung am 13. Oktober 1863 der prominente Wiener Arzt Professor Dr. Franz Romeo Seligmann anwesend. Und der nahm, wie viele andere, im Zuge der Umbettung ein paar »Beethoven-Souvenirs« an sich. Während manche Schaulustige Holzteile des alten Sarges, Kleidungsstücke, Originalhaare des Künstlers oder andere Körperteile behielten, interessierte sich der Medizinhistoriker Seligmann naturgemäß in erster Linie für

Beethovens Schädel, der der Forschung noch so viele Rätsel aufgab. Der Professor nahm an diesem regnerischen Herbsttag drei Knochenstücke des weltberühmten Kopfes an sich, deren Durchmesser jeweils rund sieben Zentimeter messen.

Professor Seligmann vererbte die in einer kleinen Blechbüchse mit der Aufschrift »Beethoven« befindlichen Reliquien an seinen Sohn, und danach gingen die Knochenfragmente von einer Generation zur anderen über.

Im Jahre 1972 sollte der historische Kriminalfall also im Wiener Institut für Geschichte der Medizin plötzlich seine Fortsetzung finden. Da die Herren Bankl und Jesserer über Seligmanns seinerzeitige »Entnahme« informiert waren, kombinierten sie, dass der vermeintliche »Spinner« tatsächlich im Besitz jener Knochen sein könnte, die seit mehr als hundert Jahren als verschollen galten.

Dann verlässt er, bepackt mit seinen Knochenstücken, das Institut

Der einzige Hinweis auf den unbekannten Besucher, der im Institut für Geschichte der Medizin zu erhalten war, kam vom Portier. Der Fremde hätte ihn nach seinem unsanften Hinauswurf gefragt, wie er vom Institutsgebäude auf der Währinger Straße am besten zum Wiener Rathaus käme. Dann verließ er, bepackt mit seinen Knochenstücken, das Institut und ward hier verständlicherweise nie wieder gesehen.

Die Auskunft war dürftig, und doch machten sich die Professoren Bankl und Jesserer auf den Weg in das im Wiener Rathaus gelegene Archiv der Stadt Wien, um dort nach einer möglichen Eintragung zu suchen, die ihnen einen Hinweis auf den Besitzer der Original-Schädelknochen Ludwig van Beethovens liefern könnte.

Und sie wurden – ein wenig auch zu ihrer eigenen Verblüffung – fündig. Ein Herr namens Thomas Desmines hatte vor einigen Jahren in Beethovens Exhumierungsakt Einblick genommen und in der Eintragungsliste des Archivs seinen Namen und seine Adresse hinterlassen.

Bankl und Jesserer schrieben sofort einen Brief an den in Vence bei Nizza lebenden Auslandsösterreicher, und dieser bestätigte umgehend,

a) der Urgroßneffe Professor Seligmanns und
b) im Besitz der fieberhaft gesuchten Schädelknochen zu sein.

Bankl und Jesserer sandten nun einen Mitarbeiter zu Herrn Desmines, der dem Boten die wertvollen Stücke mit der Zusicherung aushändigte, dass diese für wissenschaftliche Untersuchungen zwei Monate lang in Wien bleiben dürften. In dieser Zeit gelang es den beiden Ärzten, die Echtheit der Körperteile zu bestätigen.

Die Knochenteile sind einwandfrei als echt zu betrachten

Dabei kam ihnen eine weitere, im Jahre 1888 durchgeführte Exhumierung zu Hilfe: Bei dieser zweiten Umbettung Beethovens – in das heutige Ehrengrab auf dem Wiener Zentralfriedhof – wurde nämlich protokolliert, dass unter anderen gerade jene drei Knochen fehlten, die Bankl und Jesserer jetzt in Händen hielten. Die Knochenteile waren demnach einwandfrei als echt zu betrachten.

Den beiden Ärzten war natürlich in erster Linie daran gelegen, anhand der Knochenfunde das oft sehr widersprüchliche Krankheitsbild des vielfach leidenden Musikers zu deuten. Und sie gelangten zu einem verblüffenden Ergebnis, das die Beethoven-Forschung auf den Kopf stellte: Den Ursprung seiner Taubheit bildete nicht – wie bisher

Die Knochenteile sind echt: Die zweite Umbettung Beethovens im Jahre 1888

von Medizinern in aller Welt übereinstimmend angenommen – das Knochenleiden *Morbus Paget*. »Im Falle des *Morbus Paget*«, diagnostizierte Hans Bankl, »hätten die von uns untersuchten Schädelknochen eine Deformierung aufweisen müssen. Dies war eindeutig nicht der Fall.« Also kamen die beiden Ärzte zu dem Schluss, dass Beethovens Gehörlosigkeit auf eine *Innenohr-Otosklerose*, die frühzeitige Verknöcherung des Gehörorganes, zurückzuführen war.

Wir wissen übrigens, dass die posthume Untersuchung durchaus im Sinne Beethovens durchgeführt wurde. Schreibt er doch im *Heiligenstädter Testament*, dass »sobald ich tod bin und professor schmid* noch lebt, so bittet ihn in meinem Namen, dass er meine Krankheit beschreibe.«

---

* Johann Adam Schmid war von 1801 bis 1808 Beethovens Arzt und diesem auch freundschaftlich verbunden.

Professor Seligmann, der die Beethoven-Knochen 1863 als »Souvenir« eingesteckt hatte und so erst die später durchgeführten Untersuchungen ermöglichte, hatte sich damit übrigens nicht strafbar gemacht. Körperteile gelten nach Eintritt des Verwesungszustands als »herrenlose Sache«, wodurch die Entnahme legal war.

Beethoven und Goethe treffen einander in Karlsbad

Eine kleine Anekdote zeigt auf, dass Beethoven trotz seines schweren Schicksals seinen Humor nicht ganz verloren hatte. Man schrieb das Jahr 1812, als die beiden vielleicht größten Genies dieser Zeit in Karlsbad zusammentrafen, nämlich Beethoven und Johann Wolfgang von Goethe. Beethovens Gehör war zwar schon stark geschwächt, und doch konnte er sich noch mit Goethe unterhalten.

Eines Tages beschlossen die beiden, gemeinsam eine Spazierfahrt zu unternehmen. Die Passanten, die den Wagen mit den berühmten Männern vorbeifahren sahen, blieben stehen und grüßten ehrfürchtig.

»Es langweilt mich, so berühmt zu sein«, sagte Goethe. »Schon deshalb, weil mich alle Leute grüßen.«

»Eure Exzellenz brauchen sich nichts daraus zu machen«, erwiderte Beethoven. »Vielleicht bin ich es, den die Leute grüßen.«

»Weil ich das Gesindel nicht mehr ertrage«
Wenn Wiens Operndirektoren gehen

Kaum eine Institution hat eine so große Tradition, ihre Direktoren mit derart lauter Begleitmusik aus dem Haus zu jagen wie die Wiener Staatsoper. Manchem ist noch der Abgang Herbert von Karajans in Erinnerung, der gleich zwei Mal ging – und immer im Streit. Ebenfalls zwei Mal ging Karl Böhm, und unsanft waren auch die Verabschiedungen der Direktoren Clemens Krauss, Richard Strauss und Gustav Mahler.

Ein Vertrag hinter dem Rücken des Staatsoperndirektors Karajan

Karajans Abgang Nummer eins erfolgte im Februar 1962, weil der damalige Unterrichtsminister Heinrich Drimmel – hinter dem Rücken des amtierenden Direktors Herbert von Karajan – mit dem Bühnenpersonal einen neuen Vertrag ausgehandelt hatte. Der Maestro tobte und zog ab.

Ließ sich dann aber von Publikum, Ensemble und Minister anflehen, an den Ort seiner Triumphe zurückzukehren. Er sagte schließlich unter der Bedingung zu, dass man ihm den Festwochenchef Egon Hilbert als Co-Direktor zur Seite stellen würde. Um zwei Jahre später wieder zu gehen – diesmal *weil* man ihm Hilbert als Co-Direktor zur Seite gestellt hatte.

»Direktor der Staatsoper statt Staatsoperndirektor«: Herbert von Karajan, Wiens Opernchef von 1956 bis 1964

Die beiden konnten einfach nicht miteinander, vor allem, weil Hilbert es wagte, in künstlerischen Fragen mitreden zu wollen, was tatsächlich nicht seine Aufgabe war. Die Auseinandersetzungen gipfelten darin, dass Karajan von Hilbert verlangte, sich nicht mehr »Staatsoperndirektor« zu nennen. Sondern »Direktor der Staatsoper«.

Nicht genug damit, schickte Karajan am 5. November 1963 das festlich gekleidete Publikum einer *Bohème*-Premiere wieder nach Hause. Der Grund: ein Streik des Bühnenpersonals, weil Karajan den österreichischen Souffleur durch einen italienischen ersetzt hatte.

Seine Vorliebe für Aufführungen in Originalsprache war dann auch der Hauptgrund für seinen Abgang Nummer zwei. Es hagelte Proteste, weil die Opern im Zuschauerraum nur allzu oft nicht verstanden wurden: Verdi und Puccini ließ Karajan auf Italienisch, Bizet und Debussy auf Französisch spielen. Als er dann Mussorgskys *Boris Godunov* auf Russisch aufführte, spöttelte ein Philharmoniker: »Am Ende kommt's noch so weit, dass er *Die Zauberflöte* auf Deutsch singen lässt.«

»In Wien hat jeder Operndirektor eineinhalb Millionen Mitdirektoren«

Karajan ging am 30. Juni 1964 als Direktor, offiziell »aus gesundheitlichen Gründen« – und diesmal für immer. Warum, erklärte er später so: »In Wien hat jeder Operndirektor eineinhalb Millionen Mitdirektoren, die ihm alle sagen, wie die Oper geführt werden muss.«

Zwei Mal ging auch Karajans Vorgänger Karl Böhm. Beim ersten Mal im Jahre 1945 unfreiwillig – wegen seiner Nähe zum Naziregime. Er war zwar – übrigens im Gegensatz zu Karajan – nie Mitglied der NSDAP gewesen – hatte aber schon kurz nach Hitlers Machtergreifung in Berlin dem *Kampfbund für deutsche Kultur* angehört, dessen Ziel es war, »die Berufung von Künstlern jüdischer Abstammung abzulehnen«.

Infolge seiner Beziehungen zu den Parteibonzen – aber natürlich auch durch sein Können als Dirigent – machte Karl Böhm schnell Karriere, wurde am 1. Jänner 1943 Direktor der Wiener Oper und bald darauf in die von den Nazis erstellte Liste der »gottbegnadeten Künstler« aufgenommen, wodurch ihm der Einsatz an der Front erspart blieb.

Zweifacher Wiener Staatsoperndirektor: Karl Böhm leitete das Opernhaus von 1943 bis 1945 und von 1954 bis 1956

Dass seine erste Ära als Staatsoperndirektor de facto sehr kurz war, liegt daran, dass bereits im Juni 1944 alle Theater kriegsbedingt geschlossen wurden und die Oper im darauffolgenden Jahr als Folge amerikanischer Bombentreffer in Schutt und Asche lag. Opern wurden nach dem Krieg im Theater an der Wien und an der Volksoper aufgeführt – vorerst ohne Böhm, weil er von den Alliierten wegen seiner Kontakte zu den Nazis gesperrt war. Als er nach zwei Jahren wieder auftreten durfte, leitete er die legendären Mozart-Aufführungen im Theater an der Wien.

Am 5. November 1955 wurde die Staatsoper mit einer *Fidelio*-Festvorstellung eröffnet. Und Böhm war wieder da. Als Dirigent – und als Direktor des wieder aufgebauten Hauses.

Auch seine zweite Amtszeit blieb von kurzer Dauer, wobei es diesmal an seinem schwierigen Charakter lag. Im Gegensatz zur Ära Böhm I – in der Nazizeit gab es keine Rezensionen – musste sich Böhm II der Kritik stellen. Und die vertrug der auch als »Häferl« bekannte Musiker ganz und gar nicht. Zur künstlerischen Kritik kam der Vorwurf, der Direktor ginge ständig auf Gastspielreisen, statt sich um die Wiener Staatsoper zu kümmern.

Karl Böhm wird ausgepfiffen und erklärt daraufhin seinen Rücktritt

Als Karl Böhm im Februar 1956 nach einer Tournee mit dem Chicago Symphony Orchester in Wien ankam und einmal mehr zu seinem langen Auslandsaufenthalt befragt wurde, sagte er schnippisch: »Ich denke nicht daran, meine Karriere der Wiener Staatsoper zu opfern.« Diese wenig diplomatische Aussage führte dazu, dass Böhm in seiner nächsten Vorstellung vom Publikum lautstark ausgepfiffen wurde. Was ihn dermaßen erzürnte, dass er seinen Rücktritt erklärte. Der Skandal eskalierte, als er bei seinem Abgang sagte, dass »der Pöbel die Herrschaft über die Wiener Oper übernommen« hätte. Viel später sollte er noch behaupten, dass er ohnehin nie Operndirektor werden wollte: »Ich kenne die Wiener und weiß, dass sie Weltmeister im Intrigieren sind. Sie haben ja auch Mahler und Karajan aus der Stadt vertrieben.«

Böhm dirigierte auch nach seiner Direktionszeit oft an der Wiener Staatsoper. Und sagte, als man ihn zum Ehrenmitglied des Hauses ernannte: »Liebt eure Oper wie bisher – aber intrigiert's bitte ein bisserl weniger!«

Schon vor dem Zweiten Weltkrieg hatten die Skandale um abtretende Direktoren mitunter politische Hintergründe.

Der Dirigent Clemens Krauss war den Wienern – und vor allem den Wienerinnen – bei Antritt seiner Direktionszeit im Herbst 1929 zunächst durch sein blendendes Aussehen aufgefallen. Hermann Leopoldi sang im Kabarett zu Lehárs Melodie »Da geh ich ins Maxim« aus der *Lustigen Witwe*:

Der schöne Clemens Krauss,
Der passt fürs Opernhaus,
Die Damen rufen: Nehmen S'
Doch nur den schönen Clemens!
Der Künstlerhut rutscht schief,
Die Locke sitzt ihm tief,
Was immer er auch leistet,
Er wirkt dekorativ.

Clemens Krauss geht 1934 nach der Ermordung des Kanzlers Dollfuß

Als Clemens Krauss 1934, nach der Ermordung von Kanzler Engelbert Dollfuß, bekannt gab, er würde die Wiener Staatsoper als Direktor zugunsten eines Postens in Berlin verlassen, buhten ihn die Wiener aus, da er nach Nazi-Deutschland ging, wo man den Mord bejubelt (und in Auftrag gegeben) hatte.

Ähnlich wie Karl Böhm zeigte sich auch Direktor Richard Strauss in Wien eher selten und wie Karajan war auch er mit seinem Co-Direktor, Franz Schalk, hoffnungslos zerstritten. Als Strauss 1924 die Entlassung Schalks forderte, dessen Vertrag jedoch verlängert wurde, zog er die Konsequenzen und ging.

Natürlich spielten auch im »Fall Strauss« Intrigen eine große Rolle. Das Schlimmste für Strauss war aber – ebenso

Laute Abgänge: die Staatsoperndirektoren Richard Strauss, 1919 bis 1924, und Clemens Krauss, 1929 bis 1934

wie später für Karajan: dass der Widersacher ihm auf seinen Posten folgte und alleiniger Direktor der Staatsoper wurde.

Strauss hatte sich, um zur Übernahme der Direktionsgeschäfte des Wiener Opernhauses bereit zu sein, eine pompöse Villa im Park des Belvedere-Schlosses ausbedungen. Das Grundstück wurde ihm kostenlos überlassen, das Haus ließ er auf eigene Kosten errichten – doch als es von Strauss und Familie Ende des Jahres 1925 bezogen wurde, war er nicht mehr Direktor der Staatsoper. Das palaisartige Gebäude wurde nach Richard Strauss' Tod im Jahre 1949 an die niederländische Botschaft vermietet, als deren Residenz es heute noch dient. Eigentümer sind die Enkel des Komponisten.

Das alles war gar nichts im Vergleich zum Abgang Gustav Mahlers, gegen den eine beispiellose (zum Teil antisemitisch geprägte) Kampagne inszeniert wurde. Für viele war es ein

»österreichisches Wunder«, dass Obersthofmeister Fürst Liechtenstein es im Jahre 1897 riskiert hatte, den damals noch kaum bekannten Gustav Mahler als Operndirektor vorzuschlagen. Er hatte zwar drei Symphonien geschrieben, doch war in Wien noch keine aufgeführt worden.

Mahler ließ sich römisch-katholisch taufen, was nichts daran änderte, dass er das Wiener Opernpublikum spaltete. Er wurde geliebt und gehasst – dazwischen gab es nichts. Gustav Mahler setzte eine intensivere Probenarbeit als bis dahin üblich durch und führte die Leistungen von Orchester und Sängern zu einer nie da gewesenen Blüte, in der das hohle Pathos weitestgehend eliminiert wurde. Zu den von Mahler engagierten Künstlern zählten Anna von Mildenburg, Selma Kurz, Marie Gutheil-Schoder, Erik Schmedes und Leo Slezak, die alle – auch das war eine Novität – nicht nur über gesangliche, sondern auch über schauspielerische Qualitäten verfügten. Mahler selbst schuf die ersten modernen Operninszenierungen, die der von ihm engagierte bildende Künstler Alfred Roller durch zeitgemäße Kostüme und Bühnenbilder ergänzte.

Die Oper »Salome« wird »aus religiösen und sittlichen Gründen untersagt«

Der Anfang vom Ende seiner insgesamt zehnjährigen Direktionszeit war gekommen, als die k.u.k. Zensurbehörde im Jahre 1905 die Zulassung des Textbuches von Richard Strauss' bereits fest in den Spielbetrieb eingeplanter Oper *Salome* »aus religiösen und sittlichen Gründen« untersagte und hinzufügte: »Die Darstellung von Vorgängen, die in das Gebiet der Sexualpathologie gehören, eignet sich nicht für unsere Hofbühne.«

Direktor Mahler schrieb an Strauss, einen seiner Nachfolger als Wiener Operndirektor: »Ich erlaube mir, Sie von dieser Entscheidung in Kenntnis zu setzen, indem ich mein lebhaftes Bedauern ausspreche, bei dieser Sachlage von einer Aufführung Ihres Werkes leider absehen zu müssen.«

Unmittelbar danach erklärte Gustav Mahler seinen Rücktritt, der jedoch von der ihm vorgesetzten Behörde nicht angenommen wurde. Trotz umjubelter Vorstellungen, die in dieser Zeit folgten – unter anderem mit Weltstar Enrico Caruso als Gast – begann eine unvergleichliche Hetze gegen den Hofoperndirektor. »Alternde und zurückgesetzte Sänger schürten die Revolution«, meinte Marcel Prawy. »An den Philharmonikern, deren Konzerte er drei Jahre geleitet hat, fand Mahler niemals eine wirkliche Stütze, obwohl (der Konzertmeister) Arnold Rosé mit Mahlers Schwester verheiratet war. Ein Teil der Presse kritisierte die zahlreichen Gastspiele und insbesondere die Auslandsreisen Mahlers zu Aufführungen seiner Werke. Deutschnationale Kreise verlangten mehr deutsche Novitäten (obwohl Wagner-Opern in seiner Direktionszeit an vorderster Stelle standen). In den Kaffeehäusern zirkulierten Witze über Mahlers Cäsarenwahn.«

Mahler lässt seine Orden in der Schublade seines Schreibtisches zurück

Die Kampagne fand im Amt des Obersthofmeisters erst Gehör, als die Ausgaben des Opernhauses stiegen und die Einnahmen zurückgingen. Im Sommer 1907 demissionierte der Direktor zum zweiten Mal – und wurde diesmal erhört. Prominenz von Schnitzler über Stefan Zweig bis Klimt und Freud versuchte Mahler zum Widerruf zu bewegen, doch er war nicht mehr bereit dazu. Am 15. Oktober 1907 dirigierte er zum letzten Mal in der Oper (*Fidelio*), ließ seine Auszeichnungen und Orden in der Schublade seines Direktionsschreibtisches zurück und fuhr nach Amerika, um fortan an der Metropolitan zu dirigieren – wieder vor

Witze über seinen angeblichen Cäsarenwahn: Gustav Mahler, Hofoperndirektor von 1897 bis 1907

allem Richard Wagner. Bei seiner Abreise aus Wien waren Arnold Schönberg, Alexander von Zemlinsky und mehr als hundert seiner Anhänger am Westbahnhof erschienen. »Ich gehe«, raunte Mahler einem Freund zu, »weil ich das Gesindel nicht mehr ertrage«.

Im Jahr seines Rücktritts machte sich bei Mahler ein schweres Herzleiden bemerkbar, das sich in New York verschlimmerte. Er kehrte zurück und starb in dem von ihm geliebten und gehassten Wien. Im Mai 1911 begrub man ihn unter ungeheurer Beteiligung von Freund und Feind auf dem Grinzinger Friedhof.

»In Wien«, hatte er vor seinem Tod gesagt, »muss man erst gestorben sein, damit einen die Leute hochleben lassen.« In der Tat wird er heute noch als bedeutendster Direktor in der Geschichte der Wiener Oper gefeiert.

Das Erbe des Opernführers
Wo Marcel Prawys Nachlass landete

Colorados Tier- und Pflanzenwelt gegen die Wiener Staatsoper

Hier geht es nicht so sehr um die legendären Plastiksackerln, die einen erheblichen Teil seines Erbes darstellen. Sondern darum, wo die privaten Ersparnisse des im Februar 2003 verstorbenen »Opernführers« gelandet sind. Die Antwort mag erstaunen: Was Marcel Prawy an irdischen Gütern besaß, wurde an einen Nationalpark in den Rocky Mountains im US-Bundesstaat Colorado überwiesen. Warum, bitte sehr, an einen Nationalpark? Viel eher hätte man sich die Wiener Staatsoper, die Philharmoniker oder »Marcellos« langjährige Weggefährtin Senta Wengraf als Erben vorstellen können. Warum also der *Rocky Mountain National Park* in der Nähe von Denver? Prawy kann doch die Tier- und Pflanzenwelt von Colorado nicht mehr geliebt haben als die Wiener Oper.

Die Antwort auf diese Frage findet sich in seiner dramatischen Familiengeschichte. Marcel Prawy, Jahrgang 1911, hatte eine um sechs Jahre jüngere Schwester namens Edith, zu der er in einer problematischen Beziehung stand. Als sie noch Kinder waren, ließen sich die Eltern scheiden und die Mutter beging Selbstmord. Während Marcel bei seinem Vater Richard Frydmann Ritter von Prawy aufwuchs, wurde Edith zu Zieheltern abgeschoben, weil Prawy sen. davon überzeugt war, nicht ihr leiblicher Vater zu sein.

Marcel Prawy und sein jüdischer Vater konnten nach dem »Anschluss« im März 1938 in die USA flüchten, doch Edith musste sich vorerst bei Freunden in Wien versteckt halten, bis sich ihr »arischer« Onkel Hans Wurzian 1941 dazu bekannte, ihr Vater zu sein. Durch diese Notlüge wurde Edith als »Mischling ersten Grades« vom NS-Regime »geduldet«. Ihr gelang noch im Krieg die Flucht in die Schweiz, wo sie den ebenfalls emigrierten Hans Strasser kennenlernte. Sie heirateten, übersiedelten 1952 nach Denver/Colorado und nahmen den Familiennamen London an.

Marcel Prawys Schwester fällt ein Großteil seines Erbes zu

Edith London geb. Prawy hat die mutwillige Trennung von ihrer Familie nie verkraftet, sie übertrug die Ablehnung des Vaters auf ihren Bruder. Marcel Prawy bemühte sich zeitlebens, die Liebe seiner Schwester zurückzugewinnen. Und er bemühte sich über seinen Tod hinaus. Denn als der kinderlose Opernführer am 23. Februar 2003 im Wiener Allgemeinen Krankenhaus entschlief, fiel Edith London ein großer Teil seines Erbes zu.

Sie selbst starb vier Jahre später im Alter von 89 Jahren in Denver. Und machte, da ihr Mann bereits tot und die Ehe kinderlos geblieben war, den Nationalpark zum Alleinerben ihres Vermögens in Höhe von 3,2 Millionen Dollar. Darin enthalten ist auch das von ihrem Bruder Marcel Prawy geerbte Geld.

Als Universalerbe erhielt der *Rocky Mountain National Park* auch die Korrespondenz zwischen Prawy und seiner Schwester. Nationalpark-Manager Curt Buchholtz ließ

Lebten in zwei unterschiedlichen Welten: Edith London und ihr Bruder Marcel Prawy, 1965 in den USA

mich in die Briefe Einblick nehmen, die aufzeigen, in welch unterschiedlichen Welten die Geschwister lebten.

»Es tut mir aufrichtig weh«, schreibt Marcel im Oktober 1997 an Edith, »dass unser Kontakt nicht enger ist. Ich habe mich immer für euch interessiert, aber seid ihr je zu meinen Veranstaltungen in Denver gekommen? Zu *Vienna on Parade* mit den Deutschmeistern? Zu meiner Placido-Domingo-Matinee? Ich kann mich nicht daran erinnern und will euch damit auch nicht zur Last fallen.«

Schwager Hans London antwortet: »Marcilein, Edith macht sich nichts aus all dem Glitzer. Ich weiß, wie sehr Dich das verletzen wird, aber je berühmter Du wurdest, desto mehr liebte Edith die Einsamkeit unserer Berge.«

Prawys langjährige Sekretärin Heidi Artmüller meint, der »Opernführer« und seine Schwester Edith seien »so unterschiedlich gewesen, dass er sich nicht in ihren Seelenzustand hineinversetzen und sie wiederum seine ehrliche Liebe zu ihr nicht erkennen konnte«.

Wie viel von den 3,2 Millionen Dollar, die Edith London dem *Rocky Mountain National Park* hinterließ, von ihrem Bruder Marcel stammt, ist nicht bekannt, doch dürfte der Anteil erheblich sein – Marcel Prawy trat bis knapp vor seinem Tod im Alter von 91 Jahren in zahlreichen ORF-Sendungen und Opern-Matineen auf.

Nationalpark-Chef Buchholtz erklärt, warum Edith London ihr Vermögen seiner Organisation vermacht hat: »Sie und ihr Mann liebten den Nationalpark, den sie sehr oft besuchten, weil er sie mit seinen Bergen und Seen an ihre österreichische Heimat erinnerte.«

Die Asche ihrer sterblichen Überreste ließ Edith London – wie zuvor schon ihr Mann – in den geliebten Rocky Mountains verstreuen. Marcel Prawy fand seine letzte Ruhe in einem Ehrengrab auf dem Wiener Zentralfriedhof.

Prawys Plastiksackerl füllen 750 Umzugskartons in acht Lkw-Ladungen

Jetzt aber doch noch zum zweiten Teil seines Erbes, den berühmten, weit mehr als tausend Plastiksackerln, die Prawy als einzigartiges Privatarchiv dienten. Sie und ihren wertvollen Inhalt vermachte der »Opernführer« seiner Lebenspartnerin Senta Wengraf, die sie der Stadt Wien als Schenkung überließ. Die Sammlung wurde nach Prawys Tod in 750 Umzugskartons, die acht riesige Lkw-Ladungen füllten, von seiner Wohnung in Döbling ins Depot des Wiener Rathauses gebracht, wo seine Habseligkeiten mehrere Jahre lang penibel geordnet wurden.

Da fanden sich die von Prawy angehäuften kleinen Stoff-Esel ebenso wie seine Geburtsurkunde und die Doku-

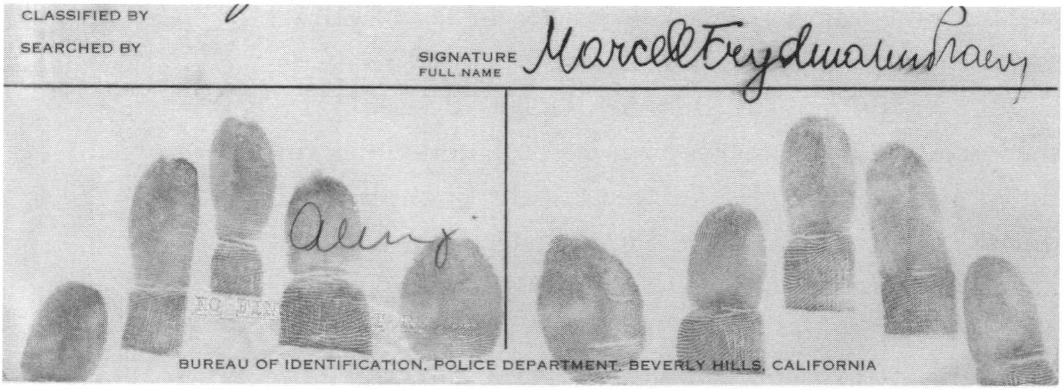

Alles ist archiviert: Fingerabdrücke des Marcell Frydmann-Prawy von der US-Einwanderungsbehörde

mente, die er für die Flucht vor den Nazis benötigte. Sogar seine Fingerabdrücke, die er bei der Einreise in die USA hinterlassen musste, sind da. Weiters ärztliche Atteste aus neun Jahrzehnten; ein Scheck, den er als Honorar für eine Matinee bekam, aber offensichtlich einzulösen vergaß. Und Liebesbriefe diverser Verehrerinnen sowie die Erlaubnis der US-Army zur Heirat mit Senta Wengraf (zu der es dann nicht kommen sollte).

Vor allem aber – und das sind die Glanzstücke der Sammlung: Zehntausende Musik- und Tonaufnahmen sowie Prawys Korrespondenz mit Jahrhundert-Künstlern wie Emmerich Kálmán, Robert Stolz, Herbert von Karajan, Leonard Bernstein, Jan Kiepura, Maria Jeritza und Placido Domingo.

Doch Prawy sammelte nicht nur die Briefe der Genies, er hob auch die gesamte Post seiner Fans und jede Anfrage von Autogrammjägern auf. Der Nachlass, bestehend aus Hunderttausend Handschriften und Notenblättern, Zehntausenden Fotos, Zeitungsartikeln und Kuriositäten aller Art, ist so umfangreich, dass er die Archivräume mehrerer Abteilungen im Wiener Rathaus füllt.

»Der Prawy-Nachlass ist der größte private Nachlass, den die Stadt Wien je übernommen hat«, erklärt Marcel Atze, der Leiter der Handschriftensammlung, in deren Besitz sich auch Originale von Beethoven, Schubert, Mahler und Richard Strauss befinden – all jener also, die Prawy vergöttert hatte. »Marcel Prawy war der geborene Archivar, er hat nichts weggeworfen. Wir fanden acht Pässe – er war bis zuletzt österreichischer und amerikanischer Staatsbürger – sowie die Nachlässe seines Vaters und einer Tante.«

Kein einziges Stück aus dem legendären Prawy-Archiv ist in den von ihm heiß geliebten – von der Wienbibliothek-Chefin Sylvia Mattl-Wurm als »System einer wohlbedachten Anarchie« bezeichneten – Plastiksackerln geblieben. All jenen, die bedauern, dass sein eigenwilliges

»Der größte private Nachlass, den die Stadt Wien je übernommen hat«: Marcel Prawy mit seinen geliebten Plastiksackerln

Archiv-System in dieser Form nicht erhalten bleibt, erklärt Senta Wengraf, warum das so ist: »Es gab nur drei Leute, die sich in seinen Sackerln zurechtfanden: er selbst, seine Sekretärin Heidi Artmüller und sein Chauffeur, Herr Reh. Die Sackerl-Ordnung war also nicht aufrechtzuerhalten.«

Das Ende des Sackerl-Kults musste aber auch eingeleitet werden, weil die zum Teil schon Jahrzehnte alten Tragtaschen sich langsam aufzulösen begannen. Immerhin gelang es der zuständigen Archivarin Ilse Poth die wichtigsten Geheimcodes der von Prawy feinsäuberlich beschrifteten Sackerln zu knacken: »HvK = Herbert von Karajan, JK = Jan Kiepura, Stop = Staatsoper, Vop = Volksoper ...«

Was Prawy sein Leben lang gesammelt hat, steht jetzt Musikforschern, Historikern und Studenten als wichtiges Quellenmaterial zur Verfügung.

Marcel Prawys Erbe ging an den Rocky Mountain National Park

Nur sein Geld – das steckt irgendwo in den Rocky Mountains.

Drei Kriminalfälle, die Aufsehen erregten

Der Tod des Schleichhändlers oder Die Mörderin mit dem Engelsgesicht

In der noch jungen Zweiten Republik sorgten große Kriminalfälle für weit mehr Aufsehen, als dies heute der Fall ist. Eine der ersten spektakulären Affären dieser Zeit betraf die 23-jährige Adrienne Eckhardt, die als »Mörderin mit dem Engelsgesicht« in die österreichische Kriminalgeschichte einging.

Der Tatort befindet sich gleich neben dem Wiener Landesgericht

Was war geschehen? Ein 44-jähriger Delikatessenhändler namens Johann Arthold wurde in der Nacht zum 22. November 1952 von einem Streifenpolizisten tot aufgefunden. Der Beamte hatte Artholds Lebensmittelhandlung betreten, weil es ihm verdächtig schien, dass der Rollbalken nicht vollständig geschlossen war. Der Tatort befand sich im Haus Alser Straße 7, gleich neben dem Wiener Landesgericht. Das Opfer lag in seinem Geschäft neben der Faschiermaschine, mit der man ihn ganz offensichtlich erschlagen hatte.

Der Polizist rief die Kollegen vom Wiener Sicherheitsbüro, die noch in derselben Nacht einen für die Ermittlungen wichtigen Fund machten: In der Manteltasche des Toten lagen zwei Straßenbahnfahrscheine, auf denen Datum und Fahrstrecke »gezwickt« waren. Tatsächlich lieferte schon am nächsten Tag eine Schaffnerin der Linie 38 wertvolle Hinweise, konnte sie sich doch sowohl an Herrn Arthold als auch an eine junge Frau erinnern, die wenige Stunden vor der Tat gemeinsam von Grinzing auf den Alsergrund gefahren waren.

Die Personenbeschreibung der Schaffnerin führte die Kriminalisten auf die Spur der 23-jährigen ehemaligen Kinderschwester Adrienne Eckhardt, die gleich bei der ersten Einvernahme gestand, mit Herrn Arthold am fraglichen Abend beim Heurigen gewesen zu sein. Sie hätte ihn anschließend in seine Delikatessenhandlung begleitet, wo er ihr diverse Lebensmittel geschenkt hätte. Danach wäre sie nach Hause gegangen.

Das Mordopfer war auch als Schleichhändler tätig

Bei weiteren Befragungen gab Adrienne Eckhardt plötzlich zu Protokoll, Zeugin der Bluttat geworden zu sein. Und sie beschuldigte einen Geschäftsfreund Artholds namens Konstantin Bertini, den Mord begangen zu haben. Sie erklärte, dass Bertini den Delikatessenhändler seit Jahren mit »im Schleich« erworbenen Lebensmitteln beliefert habe, die Arthold zuletzt nicht mehr bezahlen konnte.

Die Kriminalbeamten fanden heraus, dass Arthold tatsächlich seit Längerem im damals weit verbreiteten Wiener »Schleichhandel« tätig war. Insbesondere hatte er sich darauf spezialisiert, seinen Kunden die begehrte Schokolade der englischen Marke *Cadbury* zu besorgen, weshalb er auch Schokolade- oder *Cadbury-König* genannt wurde. Arthold verdiente mit illegal importierten Süßspeisen und anderen Lebensmittelprodukten ein kleines Vermögen, er fuhr teure Autos, wohnte vornehm und ließ willige junge Frauen an seinem Luxusleben teilhaben.

Das ging einige Jahre gut, doch als man die Delikatessen nach und nach wieder auf legalem Wege erhalten konnte, war es mit dem großen Geschäft vorbei und Arthold musste sich in Schulden stürzen. Wurde er tatsächlich von einem Lieferanten ermordet, den er nicht bezahlen konnte – oder war es doch ganz anders?

Der Dufflecoat ist durch den »Dritten Mann« ein beliebtes Kleidungsstück

Adrienne Eckhardt beschrieb den angeblichen Täter Konstantin Bertini als großen, schweren Mann, der mit einem Dufflecoat bekleidet war. Damit kam ein Kleidungsstück ins Spiel, das den Kriminalfall für die Bevölkerung noch mystischer erscheinen ließ. Denn der Dufflecoat war seit dem Welterfolg des Films *Der dritte Mann*, in dem Trevor Howard als in Wien stationierter britischer Major Calloway einen solchen Mantel trug, außerordentlich beliebt.

Kaum ein Prozess im Nachkriegs-Wien lockte auch nur annähernd so viele »Kiebitze« an wie der gegen Adrienne Eckhardt, die noch dazu vom legendären Staranwalt Michael Stern verteidigt wurde. Stern sorgte nach Eröffnung des Verfahrens im April 1953 auch prompt für weitere Schlagzeilen, als er dem Gericht anbot, den unauffindbaren Herrn Bertini ausfindig machen zu wollen.

Es war ein Satz des Richters, der Adrienne Eckhardt kurzfristig zu Sympathien unter den Prozessbeobachtern verhalf. Als der Gerichtsvorsitzende sagte: »Ich werde nicht in der ganzen Welt nach einem Herrn Bertini suchen lassen.«

Nur wenige hielten es damals für möglich, dass die zarte junge Frau einer solchen Tat fähig gewesen wäre. Und doch gelang es dem Staatsanwalt, die Verdächtige dermaßen in

»Die Mörderin mit dem Engelsgesicht«: Adrienne Eckhardt gesteht die Tat im April 1953 im Wiener Landesgericht

die Enge zu treiben, dass sie gestand, Johann Artholds Mörderin zu sein. Als nämlich feststand, dass an ihrer Kleidung entdeckte Blutspuren mit denen des Opfers übereinstimmten. Nun gab Adrienne Eckhard zu, die Täterin zu sein, und nannte als Motiv Hass gegen den Delikatessenhändler, der von ihr »widernatürliche Sexualpraktiken« verlangt hätte.

Adrienne Eckhardt wurde zu einer zwanzigjährigen Kerkerstrafe verurteilt. Noch lange Zeit waren viele Menschen davon überzeugt, dass hier ein Fehlurteil gefällt wurde, weil es kaum Bemühungen gegeben hätte, den Mann im Dufflecoat zu finden.

Mord hinter dem Russendenkmal
Die Tochter des Ministerialrats

Das »Denkmal für den unbekannten Sowjetsoldaten« erinnert an die Befreiung Wiens durch die Rote Armee in den letzten Tagen des Zweiten Weltkriegs. Drei Jahre nach dem Abzug der alliierten Truppen aus Österreich, am 14. April 1958, wurde der Leichnam der 21-jährigen Mannequinschülerin und Stenotypistin Ilona Faber hinter dem »Russendenkmal« am Schwarzenbergplatz aufgefunden. Das hübsche Mädchen hatte an diesem Abend den Elvis-Presley-Film *Gold aus heißer Kehle* im gegenüberliegenden Schwarzenberg-Kino gesehen und war dann von einem unbekannten Mann hinter das Denkmal gezerrt, missbraucht und erwürgt worden.

Der Verdächtige kann bald ausgeforscht werden

Inspektor Bertl, der routinemäßig am Schwarzenbergplatz diensthabende Polizeibeamte, entdeckte die Leiche der Frau erst am nächsten Morgen bei der Wachablöse. Er gab vom Wachzimmer Lisztgasse aus Mordalarm und meldete den Kriminalbeamten des Sicherheitsbüros, dass ihm am Abend davor ein Mann aufgefallen sei, der sich beim Denkmal herumtrieb. Die Beschreibung des Verdächtigen war so detailreich, dass er bald ausgeforscht werden konnte. Es handelte sich bei dem Mann um den dreißigjährigen

Zeichnerische Rekonstruktion des letzten Weges der Ilona Faber vor dem Russendenkmal

Beschäftigungslosen Johann G. Die Untersuchungen ergaben, dass seine Fußspuren mit den hinter dem Hochstrahlbrunnen entdeckten identisch waren. Johann G. war bei der Polizei kein Unbekannter, er hatte mehrere Vorstrafen wegen Einbruchs, Betrugs, Veruntreuung und auch wegen eines Sexualdelikts.

Der Fall war auch deshalb anders – und sorgte für kolossales Aufsehen –, weil das Opfer aus »besseren Kreisen« stammte. Ilonas Vater, Ministerialrat Dr. Ludwig Faber, war ein einflussreicher Beamter im Kabinett des damaligen Handelsministers Fritz Bock, der nach Bekanntwerden der Tat aus Solidarität zu seinem Mitarbeiter so weit ging, »die Wiedereinführung der Todesstrafe für Sexualverbrecher« zu fordern. Dies wäre, erklärte der Minister, »im Sinne der öffentlichen Sicherheit in unserer Stadt angemessen«. Und der Mord an der Schülerin wurde zum ersten großen Kriminalfall, über den das junge Medium Fernsehen umfangreich berichtete.

Obwohl der Verdächtige Johann G. an Beziehungen mit Frauen kaum je Interesse hatte – er war zeitweise als »Strichjunge« im Homosexuellenmilieu tätig –, gab es Indizien, die ihn schwer belasteten. So wurde ein Ohrring, den Ilona Faber am Tag ihres Todes getragen hatte, vor einem Lokal am Wiener Naschmarkt gefunden, in dem der Verdächtige Stammgast war.

Das Gericht kam zu einem denkbar knappen Ergebnis: Vier Geschworene hielten G. für schuldig, vier waren von seiner Unschuld überzeugt. Damit wurde der Angeklagte im Zweifel freigesprochen.

Heute wäre die Ausforschung des Täters zweifellos möglich

War er wirklich unschuldig? Vier Jahre nach der Tat starb ein Mann, in dessen Wohnung ein Schuh der Ermordeten gefunden wurde. Und im Jahre 2002 behauptete eine Wienerin, dass ihr mittlerweile verstorbener Mann Eduard S. ihr nach der Tat gestanden hätte, Ilona Faber ermordet zu haben.

Das Verbrechen blieb ungeklärt. Heute wäre die Ausforschung des Täters mithilfe moderner DNA-Methoden zweifellos möglich.

Der Opernmord
Wie die kleine Dagmar Fuhrich starb

Sie war ein heiteres, gutmütiges, gescheites, sehr ehrgeiziges Mädchen, und es war ihr sehnlichster Wunsch, später einmal Primaballerina zu werden«, erinnert sich ihre Schwester. Am 12. März 1963 wurden die Träume der elfjährigen Ballettelevin Dagmar Fuhrich zunichtegemacht. Als sie in einem Umkleideraum der Wiener Staatsoper brutal ermordet wurde. Der »Opernmord« ging als eines der grausamsten Verbrechen in die österreichische Kriminalgeschichte ein.

Ihre Schwester erinnert sich an den Tod der kleinen Dagmar Fuhrich

Noch nie hat eine Angehörige des Opfers über die Tat, die eine ganze Familie zerstörte, gesprochen. Sylvia Eidler durchbricht dieses Schweigen und erinnert sich an den Tod ihrer kleinen Schwester und was dieser auslösen sollte.

»Die Dagmar ist am 12. März 1963 um halb vier von zu Haus weggegangen und wie immer allein zum Training in die Oper gefahren«, beginnt Sylvia Eidlers Erzählung. »Sie hat den Bus versäumt und ist daher ein paar Minuten später als sonst in der Oper eingetroffen, was fatale Folgen hatte.«

In der Garderobe wartete ihr Mörder, der sich als Arzt ausgab und erklärte, sie untersuchen zu müssen. Der spä-

»Sie ist ein paar Minuten später in der Oper eingetroffen, was fatale Folgen hatte«: Sylvia und ihre um fünf Jahre jüngere Schwester Dagmar Fuhrich, die Opfer eines brutalen Verbrechens wurde

ter als »Opernmörder« verurteilte Josef Weinwurm stach in einem Blutrausch mit 34 Messerstichen auf Dagmar Fuhrich ein, die sofort tot war. »Weil sie sich um ein paar Minuten verspätet hatte, waren die anderen Elevinnen nicht mehr in der Garderobe, sonst wäre die Katastrophe wohl nicht passiert.«

Sylvia Eidler geb. Fuhrich ist Dagmars um fünf Jahre ältere Schwester. »Ich war sechzehn, als das passierte, und saß an diesem Abend mit einem Jugendfreund im Volksopern-Espresso, als zwei Kriminalbeamte eintraten und mich ohne Angabe von Gründen mitnahmen. Wir fuhren ins Sicherheitsbüro, wo bereits meine Mutter und meine Großmutter waren. Während man ihnen vorerst nur mitteilte, dass mit der Dagmar ›etwas passiert‹ sei, sagte man mir gleich die ganze Wahrheit.«

Mutter und Großmutter werden in psychiatrische Kliniken eingeliefert, Sylvia ihrem Schicksal überlassen. »Vor dem Begräbnis läutete bei uns zu Hause das Telefon, ein Mann sagte: ›Als Nächstes holen wir uns die Schwester‹. Solche Anrufe von Psychopathen kamen des Öfteren, sodass ich sechs Wochen lang in Begleitung von zwei Kriminalbeamten, die auch bei uns gewohnt haben, zur Schule ging.«

Am 22. März wurde Dagmar Fuhrich am Grinzinger Friedhof begraben. Zehntausend Menschen kamen, unter ihnen Herbert von Karajan, der der Familie als Direktor der Wiener Staatsoper sein Beileid aussprach.

Die Polizei prüfte indes Tausende Hinweise, doch vom Täter fehlte vorerst jede Spur, ehe im August, fünf Monate nach der Tat, der 33-jährige Verkäufer Josef Weinwurm als Täter ausgeforscht werden konnte. Er wurde verhaftet, nachdem er in der Wiener Innenstadt drei junge Frauen durch Mes-

Die schwarz beflaggte Wiener Staatsoper nach der schrecklichen Tat im März 1963

Lebenslange Haft: »Opernmörder« Josef Weinwurm im Gerichtssaal

serstiche attackiert hatte. Nach tagelangen Verhören gelang es, ihn als »Opernmörder« zu überführen. Als Grund für das Verbrechen gab er an, nach einem Streit mit seiner Mutter in aggressivem Zustand in die Oper gefahren zu sein. Weinwurm wurde im Wiener Landesgericht wegen Mordes zu lebenslanger Haft verurteilt, er starb im August 2004 in der Strafanstalt Stein.

»Dieser Mann«, sagt Sylvia Eidler, »hat nicht nur meine Schwester getötet, sondern meine ganze Familie. Niemand von uns hat diese Tat verkraftet. Zuerst erwischte es meine Großmutter. Sie hat sich ständig Vorwürfe gemacht. Denn meine Schwester war ursprünglich in einer privaten Ballettschule, in der man uns empfohlen hatte, sie wegen ihres großen Talents an der Oper ausbilden zu lassen. Während mein Vater dagegen war, wurde die Idee von meiner Großmutter forciert, bis sie tatsächlich an die Oper kam. Nun gab sie sich die Schuld, dass Dagi in diese Situation geraten war. Ein halbes Jahr nach der Tat schnitt sich meine Großmutter die Pulsadern auf. Sie überlebte, hatte aber die Sehnen durchtrennt und blieb an beiden Händen gelähmt. Sie war von da an sieben Jahre, bis zu ihrem Tod, ein Pflegefall, musste gefüttert werden, verbrachte die meiste Zeit in psychiatrischen Anstalten und Pflegeheimen.«

»Meine Mutter starb an gebrochenem Herzen«

»Die Ehe meiner Eltern war bereits vor dem Tod meiner Schwester geschieden worden. Nach der Tragödie wollte mein Vater (er war Beamter im Verteidigungsministerium, Anm.) zu uns zurückkehren, das wollte aber meine Mutter nicht. Auch er hat Dagmars Tod nie verkraftet. Er starb 1972 im Alter von 49 Jahren an Krebs. Ich bin überzeugt davon, dass der Ausbruch der Krankheit die Folge dieser Tat war.«

»Wie meine Großmutter litt auch meine Mutter an schweren Depressionen und war fast ständig in Behandlung. 1980 nahm sie eine Überdosis Antidepressiva ein, ich weiß bis heute nicht, ob ihr das bewusst oder unbewusst passiert ist. Sie konnte gerettet werden und arbeitete weiter in ihrem Beruf als Beamtin im Wiener Rathaus. Nach der Pensionierung und dem Tod meiner Großmutter, um die wir uns beide gekümmert hatten, fiel sie in ein tiefes Loch. Ihr Zustand verschlimmerte sich, sie musste immer wieder in psychiatrische Kliniken. 1992 ist sie im Alter von 71 Jahren eingeschlafen. Sie starb an gebrochenem Herzen.«

»Auch ich habe diese Katastrophe bis heute, ein halbes Jahrhundert danach, nicht verkraftet«, sagt Sylvia Eidler. »Diese Tat hat meine Jugend zerstört, ich bin in einer Welt der Trauer und Düsternis groß geworden, der ›Opernmord‹ verfolgt mich mein ganzes Leben. Wie einst meine Mutter und meine Großmutter kann auch ich mich nur mit Medikamenten aufrechthalten. Da ich nach diesem ungeheuerlichen Schock nie behandelt wurde, habe ich das alles nicht verarbeiten können.«

»Oft überlege ich, wie schön es wäre, wenn ich meine Schwester hätte«

Es gibt keinen Tag, an dem Sylvia Eidler nicht an die kleine Dagmar denkt und auch daran, was deren Tod in ihrer Familie angerichtet hat. »Oft überlege ich, wie schön es wäre, wenn ich noch meine Schwester hätte. Ich bin 65 Jahre alt, sie wäre jetzt sechzig. Wir hätten sicher ein wunderbares Verhältnis zueinander.«

Reicher als reich

Von Rothschild bis Lehár
Millionäre anno dazumal

Hätte man dem Baron Rothschild, dem Kaffeeröster Julius Meinl oder dem Komponisten Franz Lehár, die in den letzten Jahren der Donaumonarchie zu den reichsten Österreichern zählten, mitgeteilt, dass ihresgleichen eines Tages so etwas wie Steuern zahlen müssten, wären sie vermutlich in Ohnmacht gefallen. Denn Bankiers, Industrielle, Großgrundbesitzer, aber auch prominente Künstler lieferten dem Fiskus zur Jahrhundertwende ganze 5 (in Worten: fünf) Prozent ihres Einkommens ab.

Die Reichen von damals waren wesentlich reicher als es die heutigen sind

Paradiesische Zustände also für Multimillionäre, deren sagenhafte Vermögen nicht zuletzt infolge dieser Beinahe-Steuerfreiheit entstehen konnten. Und so kam es, dass die damals reichsten Österreicher – zu denen auch die Industriellen Schoeller und Mautner Markhof und der Schokoladefabrikant Manner gehörten – im Verhältnis zur Kaufkraft wesentlich reicher waren als es die heute Reichen sind.

Das galt nicht nur für Österreich-Ungarn und andere Teile Europas, sondern ganz besonders auch in den Vereinigten Staaten von Amerika. Als der Ölmagnat John D. Rockefeller 1937 im Alter von 98 Jahren starb, hinterließ

Mit einem Einkommen von 25,5 Millionen Kronen (heute 130 Millionen Euro) der reichste Österreicher des Jahres 1910: Albert Freiherr von Rothschild, im Bild mit seiner Frau Bettina

er seinen Söhnen 900 Millionen Dollar*, womit sein Vermögen um ein Vielfaches größer war als etwa das des vergleichsweise »armen« *Microsoft*-Gründers Bill Gates in unseren Tagen.

Der Wirtschaftshistoriker Roman Sandgruber listete in einer Studie die knapp tausend reichsten Wiener des Jahres 1910 auf.** Der reichste von ihnen war Albert Freiherr von Rothschild, der den Steuerunterlagen des k.u.k. Finanzministeriums zufolge über ein Jahreseinkommen von 25,5 Millionen Kronen verfügte, die heute einer Kaufkraft von rund 130 Millionen Euro entsprechen.

Dem Bankier Rothschild folgten als reichste Wiener des Jahres 1910 der Kohlenindustrielle Max von Gutmann (Jahreseinkommen: 4,5 Millionen Kronen = 23 Millionen

---

* Entsprechen im Jahre 2013 einem Betrag von rund 200 Milliarden Dollar.

** Roman Sandgruber, »Traumzeit für Millionäre: Die 929 reichsten Wienerinnen und Wiener im Jahr 1910«, 2013.

Euro), der Bierbrauer Anton Dreher (2,6 Millionen Kronen = rund 13 Millionen Euro) sowie der Industrielle Paul von Schoeller (1,7 Millionen Kronen = 8,5 Millionen Euro). Sie alle führten dem Fiskus sage und schreibe fünf Prozent ihrer Einnahmen ab.

Noch besser erging es den Mitgliedern des Hauses Habsburg, die trotz enormer Einnahmen, meist in Form von Apanagen, von jeglicher Steuerlast befreit waren. Blickt man zurück in die Zeit Maria Theresias, genossen überhaupt alle Aristokraten völlige Steuerfreiheit, und auch danach blieben ihre Beiträge äußerst moderat. Da im Jahr 1910 nur noch zehn Prozent der wirklich Begüterten dem alten Adel angehörten, kamen vor allem die neureichen »Ringstraßenbarone« in den Genuss dieser Privilegien. So verdiente Albert Rothschild mehr als alle 89 dem alten Adel angehörenden Fürsten zusammen – von Liechtenstein über Auersperg bis Windisch-Graetz.

Auf Platz 13 findet sich der Ziegelfabrikant Baron Richard Drasche

Auf Platz 13 der Bestverdiener findet sich der Name des Ziegelfabrikanten Baron Richard Drasche (Jahreseinkommen 1,6 Millionen Kronen), gefolgt vom Brauereibesitzer Viktor Ritter Mautner von Markhof (1,5 Millionen). Viktor war der Enkel des Dynastiegründers Adolf Ignaz Mautner, der 1840 wie viele jüdische Kaufleute aus Böhmen in die Haupt- und Residenzstadt eingewandert war. Er übernahm die St. Marxer Brauerei und wurde durch seine Erfindung der weltweit verwendeten Presshefe so reich, dass er das vorerst gepachtete Unternehmen kaufen konnte. Der Familien- und Firmengründer, den der Kaiser infolge seiner Verdienste zum Ritter von Markhof erhoben hatte, starb 1889 in Wien.

Familienpatriarch Adolf Ignaz Mautner Markhof, Gemahlin Julie und ihre zehn Kinder

Sein Enkel Viktor Mautner von Markhof war eine in Wien überaus populäre Erscheinung. Weniger wegen seiner geschäftlichen Erfolge, sondern weil er einerseits vom Spielteufel besessen, aber auch ein großer Wohltäter war. Und das dürfte der Grund gewesen sein, warum der im Jahre 1910 noch auf ein Jahreseinkommen von 1,5 Millionen Kronen taxierte und über riesige Ländereien verfügende Industrielle drei Jahre später keinen Heller mehr besaß.

Viktor hatte die Familie ruiniert, aber gleichzeitig bekannt gemacht, denn Bierbrauer gab's viele, aber nur einen, der, ohne mit der Wimper zu zucken, in einer Nacht sein ganzes Hab und Gut am Spieltisch ließ.

Im Jahre 1913 waren also Hopfen und Malz verloren – aber nicht für alle Zeiten. Denn in dieser Situation sollte es sich als vorteilhaft erweisen, dass der Firmengründer Ignaz und seine Frau Julie der Welt nicht weniger als zehn Kinder und 59 Enkel hinterließen, von denen Georg Heinrich und Theodor sein kommerzielles Talent geerbt hatten. Sie konnten die nahende Familienkatastrophe vorhersehen und gründeten gerade rechtzeitig die Floridsdorfer Brauerei St. Georg als Konkurrenzunternehmen.

So wurde 1935 all das wieder zurückgekauft, was Viktor verloren hatte, mehr noch: Das Unternehmen war mittlerweile um die Produktion von Senf, Essig und anderen Feinkostwaren erweitert worden. Und in den neu geschaffenen Statuten wurde festgehalten, dass »Familienmitglieder, welche zu Spielern werden, aus dem Familienverband auszuschließen sind«. Eine weltweit einmalige Vertragsklausel, die in der Industriellendynastie heute noch ihre Gültigkeit hat.

Der Stahlindustrielle Krupp, der Kaffeeimporteur Meinl, der Schokoladeerzeuger Manner …

Geholfen hat die Klausel allerdings nichts, denn es gibt den Konzern als Brau AG und als Lebensmittelfabrik zwar immer noch, doch ist er nicht mehr im Besitz der Familie.

Auf Platz 30 der einkommensstärksten Österreicher befand sich 1910 mit einem Jahreseinkommen von knapp einer Million Kronen der Stahlindustrielle Arthur Krupp, gefolgt vom Kaffeeimporteur Julius Meinl I. und dem Schokoladenerzeuger Josef Manner. Sie verdienten jährlich zwischen 640 000 (Meinl) und 300 000 Kronen (Manner), umgerechnet also 3,2 bis 1,5 Millionen Euro.

Auch Meinls Aufstieg zum internationalen Großkonzern hatte etwa zur Mitte des 19. Jahrhunderts begonnen. Wie viele Erfolgreiche hatte Julius I. eine Marktlücke entdeckt: Als der 38-jährige aus Kraslice in Nordböhmen zuge-

In der Filiale Neustiftgasse 28 wurden 1891 die Kaffeemischungen von Julius Meinl I. geröstet.

wanderte Bäckersohn 1862 in der Wiener Köllnerhofgasse ein kleines Kolonialwarengeschäft eröffnete, mussten Cafétiers und Hausfrauen ihren Kaffee noch selber rösten, was ziemlich kompliziert war, da die grünen Bohnen bei der Zubereitung allzu oft verbrannten. Julius Meinl I. hatte die Idee, fertig gerösteten Kaffee anzubieten. Der Dienst am Kunden schlug dermaßen ein, dass die Firma rasch expandierte. Hatte es 1901 in Österreich-Ungarn sechzehn Filialen mit dem Schwerpunkt Kaffee, Tee und Spirituosen gegeben, so waren es acht Jahre später 48 und gegen Ende der Monarchie mehr als hundert.

Zu den Betuchten zählten auch die Warenhauskönige Gerngroß und Herzmansky sowie die Hoteliers Panhans und Sacher, weiters Ludwig Riedl, der Besitzer des Café de l'Europe am Stephansplatz (nebenbei auch Träger der meisten Orden in der Haupt- und Residenzstadt), oder Wilhelm Beetz, der Erfinder der öffentlichen Bedürfnisanstalten in Wien.

Warum aber verzichtete der Fiskus in der Monarchie ausgerechnet auf das Geld seiner reichsten Bürger?

Die Einkommenssteuer beträgt 1910 zwischen 0,5 und fünf Prozent

»Die Budgetpolitik in Österreich-Ungarn war so konzipiert, dass die Einkommenssteuer zwischen 0,5 und fünf Prozent betrug und somit nur einen sehr geringen Anteil an den Staatseinnahmen hatte«, erklärt Professor Sandgruber. »Drei Viertel des Steueraufkommens stammten aus indirekten Steuern, wobei die Abgaben auf Tabak, Zucker, Branntwein, Bier, Salz, auf Fleisch und Lotto den höchsten Ertrag brachten. Das führte zu der absurden Situation, dass der Baron Rothschild von seinen 25,5 Millionen alles in allem kaum zehn Prozent Steuern zahlte, ein Industriearbeiter von seinen armseligen tausend Kronen durch die Steuern auf Grundbedürfnisse aber mindestens 20 Prozent.« Die Monarchie wurde also in ihrer ganzen Pracht mehr von den Armen als von den Reichen finanziert.

Wobei die Reichen, einer Anekdote zufolge, dennoch sparsam sein konnten. Von Salomon Rothschild wird erzählt, er hätte in einem Pariser Nobelhotel das billigste Zimmer verlangt. Als der Portier entsetzt ausrief: »Aber Herr Baron, Ihr Sohn nimmt immer die Fürsten-Suite«, entgegnete der alte Rothschild: »Mein Sohn hat ja auch einen reichen Vater.«

Salomon Rothschild war der Ahnherr der Wiener Bankiers-Linie, sein Vater Meyer Amschel Rothschild hatte 1764 im Frankfurter Judenghetto eine kleine Wechselstube eröffnet, die dermaßen expandierte, dass er jeden seiner fünf Söhne in eine andere Stadt schickte, um Filialen zu gründen. 1821 ging sein zweitältester Sohn Salomon nach Wien und machte hier eine österreichische Niederlassung auf.

Da Juden damals in Österreich weder Haus noch Grund und Boden besitzen durften, mietete sich Salomon Rothschild im Hotel Zum Römischen Kaiser in der Renngasse ein, um von hier aus seine Bankgeschäfte zu tätigen. Rothschild gewährte allein dem Haus Habsburg Kredite in Höhe von 200 Millionen Gulden*, von deren Zinsen – als die Eigentumsgesetze dann liberaler wurden – er Schlösser und Ländereien erwarb, sodass er zum größten Grundbesitzer in der Monarchie wurde. Salomon Rothschild gründete die Österreichische Credit-anstalt, beteiligte sich am Kohlebergbau, im Baugewerbe und in der Schwerindustrie. Sein größter Coup war wohl die Errichtung der ersten mitteleuropäischen Eisenbahnlinie. Die Ablöse der bisherigen Pferdebahnen durch eine mehr als fünfhundert Kilometer lange Dampfeisenbahnstrecke, die von Wien bis Krakau führte, ermöglichte den schnelleren Personen- und Gütertransport und war eine der wichtigsten Grundvoraussetzungen für die moderne Industrialisierung.

Rothschilds größter Coup ist die Errichtung der ersten Eisenbahnlinie

* Entspricht im Jahre 2013 laut »Statistik Austria« einem Betrag von rund 3,4 Milliarden Euro.

Das Geheimnis des unvergleichlichen Aufstiegs der Rothschild-Dynastie liegt im Zusammenhalt der Familie. Da sie groß genug und die männlichen Mitglieder allesamt begabte Kaufleute waren, konnte das Bankhaus als reines Familienunternehmen geführt werden. In der Monarchie kursierte der Witz:

»Ein Schnorrer wendet sich an Rothschild. ›Herr Baron, ich schlage Ihnen ein Geschäft vor, an dem Sie mühelos eine halbe Million verdienen können.‹

›Das klingt interessant‹, meint der Bankier, ›sagen Sie mir, wie.‹

›Ich habe gehört, dass Sie Ihrem Fräulein Tochter eine Million als Mitgift geben wollen.‹

›Ja, das stimmt.‹

›Ich nehm sie für fünfhunderttausend!‹«

»Reich wie Rothschild« wird zum geflügelten Wort

Als am 6. Oktober 1848 Angehörige der Revolution in das mittlerweile im Familienbesitz befindliche Hotel Zum Römischen Kaiser eindrangen, verließ Salomon Rothschild Österreich – um nie wieder zurückzukehren. Nach seinem Sohn Anselm übernahm dessen Sohn Albert 1874 die österreichische Firmenleitung. Er war es, der die Dynastie in ihre Blüte führte – und der im Pariser Ritz nach dem billigsten Zimmer fragte. Unter Albert, der die Creditanstalt zur größten Bank Österreich-Ungarns ausbaute, wurde der Ausspruch »Reich wie Rothschild« zum geflügelten Wort. Die Familie hatte den größten Börsenkrach der Geschichte heil überstanden, sie stiftete Spitäler und andere soziale Einrichtungen und besaß allein in Österreich ein Dutzend mit wertvollsten Kunstwerken bestückte

Paläste. Aufsehen erregte Albert durch seine Affäre mit der Schauspielerin Helene Odilon, der Gemahlin des Volkslieblings Alexander Girardi.*

Baron Albert und seine Frau Bettina hatten sieben Kinder, von denen Louis zum künftigen Familienoberhaupt bestimmt wurde. Er sollte nach Albert Rothschilds Tod im Jahre 1911 zum letzten Chef der österreichischen Linie werden. Louis Rothschild wurde am 12. März 1938 von der Gestapo verhaftet und konnte das Land erst nach langwierigen Verhandlungen, in denen er faktisch enteignet wurde, verlassen. Teile seiner privaten Kunstsammlung – bestehend aus rund tausend erstrangigen Meisterwerken – gingen in Hitlers persönlichen Besitz über, der Rest wurde in Museen untergebracht. Und in das Palais Rothschild auf der Prinz-Eugen-Straße zog die von Adolf Eichmann geleitete *Zentralstelle für jüdische Auswanderung*.

Mit dem Tod von Louis im Jahre 1955 ist der österreichische Zweig der Rothschilds ausgestorben.

Herr Haunzwickl und der Lottohaupttreffer ...

Als »Bankier« bezeichnete sich übrigens auch der ebenfalls zu den im Jahre 1910 begütertsten Wienern zählende Franz Haunzwickl, der sein Vermögen in Wirklichkeit jedoch durch einen Lottohaupttreffer gemacht hatte. Neben (echten) Bankiers, Industriellen und Großgrundbesitzern findet man unter den tausend Bestverdienern der Jahrhundertwende auch prominente Künstler wie Franz Lehár (Platz 339), der über ein Einkommen von 193 000 Kronen (= 1 Million Euro) verfügte. Sieben Jahre davor hatte er

---

* Siehe Kapitel »Kriminalfall Girardi« ab Seite 206.

noch als armer Schlucker um die Hand seiner Jugendliebe Ferdinanda Weißenberger angehalten, doch deren Tante – die legendäre Hotelbesitzerin Anna Sacher – untersagte ihr die Beziehung »mit dem Hungerleider« Lehár, worauf die junge Frau einen Bauunternehmer heiraten musste. Kurz nach der Ablehnung durch Anna Sacher war »der Hungerleider« dank des Welterfolgs der *Lustigen Witwe* dann Multimillionär.

Zu den tausend bestverdienenden Österreichern zählten der Komponist Franz Lehár (Platz 339) und der Sänger Leo Slezak (Platz 720).

Zu den reichsten Künstlern zählten, laut der Studie von Professor Sandgruber, in den letzten Jahren der Monarchie auch der Operntenor Leo Slezak (Platz 720: 126 000 Kronen = 630 000 Euro) sowie Katharina Schratt (Platz 891: 102 000 Kronen = 510 000 Euro).

Die Schratt ganz sicher nicht infolge ihrer Schauspielkunst, da sie 1910 am Burgtheater bereits in Pension war. Sie verdankte ihr Einkommen vielmehr den Zuwendungen des Kaisers, der ihr neben hohen Geldbeträgen auch eine der wertvollsten Schmucksammlungen in Österreich-Ungarn und zwei Palais überließ. An Steuern zahlte auch sie den »Höchstsatz« von 5 Prozent.

Mit etwas mehr als 100 000 Kronen zählte Katharina Schratt allerdings zu den »ärmsten« unter den Reichsten, und dennoch war sie vermögender als mächtige Politiker, prominente Ärzte oder Rechtsanwälte. So bezog Richard Graf Bienerth-Schmerling, der amtierende k. u. k. Ministerpräsident, 1910 ein Jahressalär von 24 000 Kronen – also knapp ein Viertel der Einnahmen der Schratt –, das allerdings durch eine nicht allzu knapp bemessene Funktionszulage aufgebessert wurde. Ordentliche Universitätsprofessoren verdienten jährlich zwischen 6400 und 12 000 Kronen, ein Facharbeiter kam auf 1000 bis 1500 Kronen im Jahr und Dienstmädchen oder Bauernknechte mussten mit 300 Kronen ihr Auslangen finden.

Das Vorbild für den Grafen Danilo in der »Lustigen Witwe«

Und weil der Name Franz Lehár gefallen ist: Zu den reichsten Wienern zählte in jenen Tagen Berthold Popper von Podhragy, der allein in Galizien 33 000 Hektar Grund und Boden besaß. Außergewöhnlich ist das Leben seines Neffen Leopold Popper von Podhragy, der Franz Lehár zur Figur des Grafen Danilo inspirierte. Leopold wurde durch das Erbe seines Onkels Berthold und seines Vaters Alexander der größte Holzindustrielle der Monarchie und konnte das Vermögen um ein Vielfaches vermehren. In Poppers Besitz befanden sich ein Bankhaus, ein Granitwerk, Schlösser und Ringstraßenpalais mit wertvollen Kunstsammlungen, ein riesiger Besitz in Baden bei Wien sowie die 160 000 Quadratmeter großen Schafberggründe inklusive Schafbergbad.

Der spätere »Danilo« Leopold Popper von Podhragy war 1886 in Wien zur Welt gekommen und führte schon früh das Leben eines Bonvivants. Die Sommermonate verbrachte er bei seiner in Paris lebenden Mutter, aus deren Palais der Achtzehnjährige eines Tages ausbrach, um sich mit den Grisetten des nahe gelegenen Maxim die Nächte um die Ohren zu schlagen. Leopolds Mutter war die Opernsängerin Blanche Marchesa Castro de la Raya, zu deren Freundeskreis Franz Lehár gehörte. Sie erzählte dem Komponisten von den neuesten »Heldentaten« ihres Sohnes, und da Lehár und seine Librettisten Victor Léon und Leo Stein gerade an der *Lustigen Witwe* arbeiteten, stellten sie Baron Poppers Maxim-Besuche in den Mittelpunkt der Handlung. So wurde das Abenteuer des Wiener Lebemannes zur Geburtsstunde des Grafen Danilo.

Leopold Popper von Podhragy, das Vorbild für den Grafen Danilo, mit seiner weltberühmten Ehefrau Maria Jeritza auf dem Rücksitz ihres Automobils

1916 heiratete Leopold Popper die *Primadonna assoluta* Maria Jeritza. Die Ehe des Industriellen mit der berühmtesten Opernsängerin ihrer Zeit hielt knapp zwanzig Jahre – bis sie wegen ihres Engagements an die Metropolitan Opera ganz nach New York übersiedelte.

Nach dem »Anschluss« wurde Popper, der nach den Nürnberger Gesetzen als »Halbjude« galt, verhaftet, er konnte jedoch nach England flüchten, wo er eine österreichische Exilregierung ins Leben rief. Laut »Gauakt« der Nationalsozialisten »einer der reichsten Männer Wiens«, wurde sein gesamter Besitz als »Feindvermögen« eingezogen, wobei nach dem Krieg ein geringer Betrag restituiert wurde. Leopold Popper-Podhragy heiratete später noch einmal und war, als sein einziger Sohn Johannes 1964 geboren wurde, 78 Jahre alt. »Danilo« starb 1986 im Alter von einhundert Jahren.

Nikolaus Dumba lehnt es ab, in der Adelsstand erhoben zu werden

Mehr noch als Popper-Podhragy zählte der aus Mazedonien stammende Industrielle Nicolaus Dumba zu den bedeutenden Mäzenen des Fin de Siècle. Sein Palais am Parkring war Treffpunkt der Kunst- und Musikwelt, Dumbas Einsatz ist die Errichtung des Wiener Konzerthauses, des Musikvereinsgebäudes und des Künstlerhauses zu danken, die er als Organisator großer Spendenaktionen ermöglichte. Dumba unterstützte den Bau des Parlaments, der Votivkirche, des Rathauses und der Universität. In seinem Palais hingen Bilder von Klimt, Makart, Gauermann, Amerling, Kupelwieser, Defregger, Schwind und Rudolf von Alt.

Dumba war der einzige Patrizier, der die Erhebung in den Adelsstand ablehnte. Er begründete dies dem Kaiser

Was er an Steuern sparte, gab Nikolaus Dumba als Mäzen aus – hier sein von Gustav Klimt gestalteter Musiksalon am Wiener Parkring

gegenüber mit den Worten: »Lieber bin ich Euer Majestät erster Bürger als Sein letzter Aristokrat.«

Die Konsequenzen aus dem Minimalsteuersatz um 1910 waren dramatisch: Die Armut in der »guten, alten Zeit« war so groß, dass die Monarchie auch daran zerbrach. Danach änderte sich alles schlagartig: 1919 wurde der Steuerhöchstsatz von fünf auf 60 Prozent erhöht!

Anna Sacher, die in der Monarchie noch zu den reichsten Frauen zählte, musste in der Ersten Republik Konkurs anmelden. Jetzt hätte der einst von ihr als »Hungerleider« abgelehnte Franz Lehár, dessen Tantiemen immer noch reichlich flossen, das Sacher spielend retten können.

’s wird schöne Maderln geben

Die schönste Frau der Welt
Lisl Goldarbeiter, »Miss Universum« 1929

Sie war eines dieser »süßen Wiener Mädeln«, wie Schnitzler sie beschrieb. Entzückend anzusehen, ein bisschen schüchtern und natürlich unschuldig. Lisl Goldarbeiter hatte keine Ahnung von dem Reiz, der von ihr ausging, sehr wohl aber ihr Cousin, der sie zur Wahl der »Miss Österreich« einreichte. Und dann geschah das Wunder: Lisl wurde nicht nur zur schönsten Frau Österreichs, sondern der ganzen Welt gewählt. Sie war über Nacht eine Berühmtheit, der man viel Geld und eine Filmkarriere in Hollywood prophezeite. Inzwischen ist sie längst vergessen, doch ihre Geschichte ist es wert, erzählt zu werden.

Ihr Cousin meldet sie zur Schönheitskonkurrenz an

Ihr Vater hatte ein kleines Lederwarengeschäft in der Wiener Habsburgergasse, aber es waren eher ärmliche Verhältnisse, in die Elisabeth Goldarbeiter am 23. März 1909 hineingeboren wurde. Sie wohnte mit ihren Eltern im zweiten Bezirk, besuchte die Handelsschule und war gerade neunzehn, als ihr Cousin Moritz Tänzer ihre außergewöhnliche Attraktivität erkannte – und Lisl, ohne es ihr zu sagen, zur Teilnahme an einer der ersten Schönheitskonkurrenzen Österreichs anmeldete.

Sie gewann überlegen und wurde als regierende »Miss Österreich« automatisch zur Wahl der »Miss Europa« nach Paris geschickt. Dort schien die Karriere aber schon wieder beendet, da den Titel nicht sie, sondern die »Miss Ungarn«, Böske Simon, erlangte. Lisl wurde nur Zweite.

»Missen« wurden in jenen Tagen nicht von Agenturen betreut, die Organisation solcher Bewerbe war eher dem Zufall überlassen, und so wunderte sich Lisl, als sie nach ihrem enttäuschenden Abschneiden in Paris einen Brief aus Amerika erhielt, in dem ihr mitgeteilt wurde, dass nicht nur Ungarns »Miss Europa«, sondern alle »Missen« des Kontinents zur Wahl der schönsten Frau der Welt – der »Miss Universum« – geladen würden.

Der Bischof lehnt die Wahl als »unzüchtig und unanständig« ab

In dieser Situation hatte die Wienerin unglaubliches Glück. Die Konkurrenz fand in Galveston, einer kleinen Stadt in Texas, statt, deren Bischof die Wahl für »unzüchtig und unanständig« hielt und daher an alle »Missen« schrieb: »Ich höre, dass Sie ein Mädchen aus gutem Hause sind, und rate Ihnen, der Einladung zur Veranstaltung nicht Folge zu leisten. Denn dieser Wettkampf der körperlichen Vorzüge erscheint mir weder sittsam noch moralisch, und eine junge Dame von guter Erziehung sollte an ihm nicht teilnehmen.«

Lisl Goldarbeiter ließ sich durch diese Zeilen keineswegs abhalten, die ihr zugesandte Schiffskarte erster Klasse anzunehmen, und fuhr in die USA. Schließlich winkte der Siegerin eine Prämie von sagenhaften zweitausend Dollar. Allerdings schien die Ehrung in unerreichbarer Ferne, da man damit rechnete, dass entweder eine Amerikanerin oder die ungarische »Miss Europa«, die sie schon in Paris vom Stockerl gedrängt hatte, gewinnen würde. Doch es kam – einmal mehr – ganz anders. Denn was jetzt geschah, glich einem Wunder: Die streng katholische »Miss Ungarn« nahm sich den Brief des Bischofs zu Herzen und verzichtete darauf, in die USA zu reisen. Dadurch war Lisls schärfste Rivalin ausgeschieden. Und die »Missen« aus Amerika konnte sie glatt an die Wand spielen.

Viele Männer verlieben sich in Lisl, die sich für Wiens »Krawattenkönig« entscheidet

Lisl Goldarbeiter wurde im Juni 1929 zur schönsten Frau der Welt gekürt. Sie war die vierte »Miss Universum« und gleichzeitig die erste Nicht-Amerikanerin, die diesen Titel errungen hatte. Die zwanzigjährige Wienerin war über Nacht ein Star, sie bekam ihre Prämie, und der berühmte Regisseur King Vidor (*Krieg und Frieden*) bot ihr einen Hollywood-Vertrag an. Den sie aber ablehnte, »weil ich Sehnsucht nach meinem Wien habe«, wie sie die versammelte Presse wissen ließ. Bei ihrer Heimkehr wurde die österreichische »Miss Universum« am Westbahnhof von Tausenden jubelnden Wienern empfangen. Zahllose Männer verliebten sich in sie, darunter auch Franz Lehár, doch Lisl heiratete den Wiener Fabrikanten und »Krawattenkönig« Fritz Spielmann*, einen berüchtigten Playboy und Glücksspieler, der später sein gesamtes Vermögen verlor.

Das Schicksal der Lisl Goldarbeiter zeigt, wie nahe Schönheit und Glanz zur persönlichen Tragödie liegen können: Ihr Ruhm war schon ein wenig verblasst, als die Nazis 1938 in Österreich einmarschierten. Ihr jüdischer

---

* Zufällige Namensgleichheit mit dem Wiener Komponisten Fritz Spielmann (1906–1997).

Die Wienerin Lisl Goldarbeiter war nach ihrer Wahl zur »Miss Universum« im Jahre 1929 über Nacht ein Star.

Vater Izso Goldarbeiter wurde in das KZ Strasshof bei Gänserndorf deportiert und, als er dort »unerlaubterweise um ein Stück Brot bettelte«, von der Gestapo erschossen. Lisl hatte ihren Ehemann nach dem »Anschluss« angefleht, etwas zu unternehmen, um ihren Vater zu retten. Da Fritz Spielmann in ihren Augen zu wenig tat, trennte sie sich von ihm. Selbst als »Halbjüdin« verfolgt, flüchtete sie mit ihrer Mutter in die ungarische Stadt Szeged, wo sie bis an ihr Lebensende blieb.

In zweiter Ehe heiratet sie den Mann, dem sie ihren Ruhm zu danken hat

In Ungarn heiratete Lisl Spielmann geb. Goldarbeiter, mittlerweile vierzig Jahre alt, ein zweites Mal. Diesmal den Mann, dem sie ihren ganzen Ruhm zu danken hatte: ihren Cousin Moritz Tänzer, der sich schon in den Tagen der Jugend in die makellose Schönheit seiner Cousine verliebt hatte. Er blieb bis zu ihrem Tod im Dezember 1997 an ihrer Seite.

Der Skandal ohne Kleid
Josephine Baker in Wien

Kaum ein Theaterabend in dieser Stadt hat einen derartigen Wirbel hervorgerufen wie die Show der berühmtesten Nackttänzerin aller Zeiten. Als die »schwarze Venus« im März 1928, nur mit einem Bananenröckchen bekleidet, in Wien auftrat, musste ihr Gastspiel vorzeitig abgebrochen werden.

Wien war die erste Station einer Europatournee der Tänzerin, doch schon ihre Ankunft am Westbahnhof wurde zum Eklat. Mitglieder einer ultrarechten Studentengruppe wollten »das Auftreten farbiger Künstler verhindern« und mussten durch ein Polizeiaufgebot von den Fans der Baker getrennt werden. Doch das war nur der Auftakt zu weiteren Tumulten.

»Weibliche Nacktheit verkörpert die humanistischen Ideale«

Den nächsten gab's im Parlament, in dem der christlichsoziale Abgeordnete Anton Jerzabek gegen Josephine Bakers »pornografische Tanzvorführung« wetterte. Der Liberale Adalbert Graf Sternberg konterte, dass Jazz und Charleston Symbole der Freiheit seien und die weibliche Nacktheit die humanistischen Ideale verkörpere.

Nichtsdestotrotz riefen erboste Nazis noch vor der Premiere im Johann-Strauß-Theater auf der Wieden zu Massenprotesten gegen die »obszönen Schweinetänze« auf, hinter denen klarerweise »das internationale Finanzjudentum« steckte, welches mittels »Verpestung durch Negerblut die arische Rasse vernichten« wollte. In der dem Johann-Strauß-Theater benachbarten Paulanerkirche wurden drei Sondergottesdienste gelesen, in denen ein Jesuitenpater darauf hinwies, dass schon »der Besuch der Vorstellung Sünde« sei.

Dass Tanz und Theater ihr Leben sein würden, weiß Josephine sehr früh

Josephine Baker nahm den Wirbel zunächst gelassen hin, hatte sie doch in ihrer Kindheit weit Schlimmeres erlebt. Als uneheliche Tochter einer Wäscherin 1906 als Freda Josephine McDonald zur Welt gekommen und in bitterer Armut aufgewachsen, musste sie als Elfjährige mit ansehen, wie bei einem Pogrom in ihrer Heimatstadt St. Louis im US-Bundesstaat Missouri fast hundert vorwiegend schwarze Nachbarn regelrecht hingeschlachtet wurden. Ihre Mutter zwang sie mit dreizehn zur Ehe, die jedoch bereits nach wenigen Wochen in Brüche ging. Mit neunzehn heiratete sie den Schaffner Willie Baker, dessen Name sie behielt, obwohl auch diese Verbindung nur von kurzer Dauer war.

Dass Tanz und Theater ihr Leben sein würden, wusste Josephine damals schon. Nach ersten Engagements als Chorus-Girl in Philadelphia und New York gelangte sie sechzehnjährig über Berlin an die *Folies-Bergère*, das berühmte Varieté in Paris, in dem sie das Publikum im Sturm eroberte. Damit begann ihre Weltkarriere als Nackttänzerin. Sie zeigte, ganz Femme fatale und ohne jede Scham, ihre nackten Brüste, bewegte sich mit sprühender Erotik und genoss es, wenn ihr die Männer zu Füßen lagen.

Und das taten sie en masse. Josephine war vier Mal verheiratet, hatte zahllose Affären, auch mit berühmten Männern wie *Maigret*-Autor Georges Simenon und dem Pariser Stararchitekten Le Corbusier.

In Wien war man – anders als in Paris – 1928 noch lange nicht so weit, Josephines erotische Tanzbewegungen in spärlicher Bekleidung zu akzeptieren. Als die Proteste immer lauter wurden, sagte sie nach einigen Vorstellungen ihre weiteren Auftritte im Johann-Strauß-Theater ab. Die nun folgende Europatournee dauerte ein Jahr, sie fuhr über Prag nach Kopenhagen, München und Budapest, wo es ihr meist auch nicht viel besser erging. Als besonders perfide erwies sich der ungarische Innenminister, der die Baker zwang, vor ihrem Auftritt in kleinstem Kreis eine Probe ihrer »lasziven Darbietung« zu geben. Wobei der Herr Minister an der Zensurvorführung sicherheitshalber persönlich teilnahm.

Der Wirbel bei ihrem Wien-Besuch hält sie nicht davon ab, wiederzukommen

Josephine Baker verdiente viel, sie führte ein Luxusleben und liebte teure Kleider, was ihr den Vorwurf einbrachte, »die meistbekleidete Nackttänzerin« zu sein. Der Wirbel bei ihrem ersten Wien-Besuch konnte sie nicht davon abhalten, vier Jahre später wiederzukommen. Und so trat sie, gerade zum dritten Mal geschieden, im März 1932 ein weiteres Mal in Wien auf, diesmal im Ronacher und weitgehend skandalfrei. Es wurde nur bekannt, dass die Zimmermädchen in ihrem Nobelhotel an der Ringstraße einen halben Tag damit beschäftigt waren, Josephines Koffer auszupacken.

Die Baker hat niemals aufgehört zu tanzen. Zwar kündigte die Fünfzigjährige 1956 ihren Rückzug von der Bühne

Die »meistbekleidete Nackttänzerin der Welt«: Josephine Baker, deren erster Wien-Auftritt einen Skandal auslöste

an, um aber fünf Jahre später ihr Comeback zu feiern. 1973 erlebte sie an der New Yorker Carnegie Hall noch einmal einen Triumph.

Man wird Josephine Baker nicht gerecht, würde man sie als bloße Nackttänzerin abtun. Während des Zweiten Weltkriegs in der Résistance gegen die Nazis tätig, brachte sie es als Mitarbeiterin des französischen Geheimdienstes bis zum Leutnant. Sie setzte sich ihr Leben lang gegen jede Form von Rassismus ein und adoptierte im Alter zwölf Kinder verschiedenster Hautfarben, mit denen sie auf einem Schloss in Südfrankreich lebte. Nach dem Krieg heiratete sie zum vierten Mal – diesmal ihren Bandleader Jean Bouillon. Diese Ehe hielt immerhin zehn Jahre.

Am 8. April 1975 feierte sie mit einer großen Show in Paris ihr fünfzigjähriges Bühnenjubiläum, vier Tage später starb sie im Alter von 69 Jahren an den Folgen einer Gehirnblutung.

Eine Schauspielerin in Ekstase
Aufstieg und Fall der Hedy Lamarr

Man muss sich vorstellen, dass Kleider in jenen Tagen hochgeschlossen zu sein hatten und es schon als lasziv galt, wenn Frauen Röcke trugen, die einen Blick auf ihr Knie zuließen. Und genau in dieser Zeit kam ein Film in die Kinos, in dem ein knapp achtzehnjähriges Mädchen nackt einen Badesee durchschwimmt und diesem ebenso hüllenlos entsteigt. Es war der erste Skandal des jungen Tonfilms – und er machte die Wienerin Hedwig Kiesler, die sich später Hedy Lamarr nannte, über Nacht berühmt.

Erste Filmrollen mit Hans Moser und Heinz Rühmann

Sie war am 9. November 1914 als Tochter eines Bankdirektors und einer Konzertpianistin in Wien zur Welt gekommen, wo sie gutbürgerlich im Nobelbezirk Pötzleinsdorf aufwuchs. Von Max Reinhardt entdeckt und ans Theater in der Josefstadt geholt, erhielt sie dank ihrer vorübergehenden Tätigkeit als Scriptgirl erste Filmrollen, eine davon 1932 in *Man braucht kein Geld* mit Hans Moser und Heinz Rühmann. Niemand konnte damals ahnen, dass ihr Name ein Jahr später um die Welt gehen sollte. Es kam auch ganz anders, als sie selbst sich's gedacht hatte.

Und das lag an einem eher billig gemachten Film, in dem Hedwig Kiesler in einem See badete und als erste Frau der Kinogeschichte ihren blanken Busen zeigte. Zunächst löste die Uraufführung einen handfesten Skandal aus, denn Besitzer von Lichtspieltheatern, die den Film zeigten, wurden wegen des »Schmutz-und-Schund-Paragraphen« angeklagt (und später freigesprochen).

Die Welt geriet ob des Skandals in Ekstase – und das war auch der Titel des Films. Nicht genug damit, dass die junge Schönheit sich völlig entblößt zeigte, kam es auf der Leinwand auch zu einer Liebesszene, in der sie ihre sexuelle Begierde zeigte.

Dem Skandal folgt, was folgen musste: Hedy Lamarr erobert Hollywood. Doch vorher erlebt sie noch Teil eins ihrer persönlichen Tragödie, die der *Ekstase*-Filmhandlung nicht ganz unähnlich ist. Zunächst die wahre Geschichte: Ein Kinobesucher verliebt sich in Hedwig Kiesler und macht ihr einen Heiratsantrag. Er heißt Fritz Mandl, ist Präsident und Besitzer der Hirtenberger Patronenfabrik und in der Zwischenkriegszeit einer der reichsten Österreicher.* Die völlig unerfahrene Hedwig sagt Ja und erlebt einen krankhaft eifersüchtigen Ehemann, der sie in seinem Jagdschloss im niederösterreichischen Schwarzau wie eine Gefangene hält und ihr die weitere Ausübung ihres Berufs untersagt.

Hedwig Mandl erlebt einen krankhaft eifersüchtigen Ehemann

Und das ist die der Wahrheit nicht unähnliche Handlung des Films *Ekstase*: Eva, gespielt von Hedwig Kiesler, heiratet einen Mann, der reich, aber seelisch grausam ist, weshalb sie in ihr Elternhaus zurückkehrt. Sie reitet mit ihrem Pferd aus, entledigt sich an einem kleinen Badesee

---

* Fritz Mandl (1900–1977), Industrieller.

ihrer Kleider und schwimmt, wie Gott sie schuf. Wie's der Zufall (und Regisseur Gustav Machatý) wollen, läuft das Pferd mit ihrer Wäsche davon, wird aber von einem netten jungen Mann namens Adam aufgehalten. Adam gibt Eva ihre Hüllen zurück. Sie ist dankbar und verliebt sich in den Retter ihrer Gewänder. Danach kommt es zwischen Adam und Eva zu einer ekstatischen Liebesszene, wie man sie nie zuvor im Kino gesehen.

Zurück zur Wahrheit: Der reiche Patronenfabrikant Mandl kauft alle verfügbaren *Ekstase*-Kopien auf, weil nur er seine junge Frau hüllenlos sehen darf. Dies erfährt Italiens Diktator Benito Mussolini, der auf den Fabrikanten schlecht zu sprechen ist, weil Mandl ihm eine große Patronenlieferung zugesichert hat. Als die Munition statt zum »Duce« nach Rom zu Hitler nach Berlin gelangt – weil der »Führer« mehr gezahlt hat – schwört Mussolini Rache. Und

Mussolinis Rache: Nacktszene mit Hedy Lamarr, damals noch als Hedwig Kiesler, in dem Tonfilm »Ekstase«, 1933

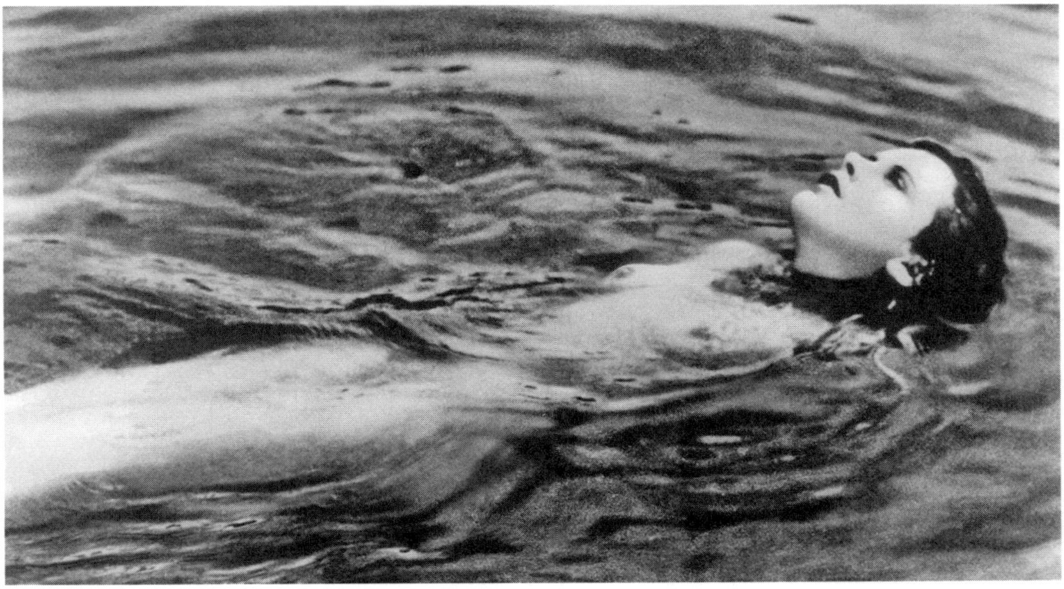

lässt in allen Kinos von Rom eine Woche lang *Ekstase* spielen.

In Nazi-Deutschland hat man den Film erst zwei Jahre nach den Uraufführungen in Wien und Prag zugelassen – und auch das nur in einer um die »heiklen« Szenen verkürzten Version, die unter dem unverdächtigeren Titel *Symphonie der Liebe* lief. Wobei Propagandaminister Goebbels entgangen sein muss, dass die Hauptdarstellerin Jüdin war, sonst wäre der Film sicher nicht in die deutschen Kinos gelangt.

In Hollywood wird ihr der Künstlername Hedy Lamarr zugewiesen

Hedwig Mandl geb. Kiesler verzweifelt indes in ihrer Ehe, bricht 1937 (genau wie Eva im *Ekstase*-Film) aus ihrem goldenen Käfig aus. Auf der Flucht in die USA lernt sie am Schiffsdeck den mächtigen MGM-Studioboss Louis B. Mayer kennen, der ihr einen Siebenjahresvertrag anbietet. Sie unterschreibt und erfährt in Hollywood, was perfekte Vermarktung im Showbusiness bedeutet. Vorerst wird ihr in Erinnerung an den verstorbenen Stummfilmstar Barbara LaMarr der Künstlername Hedy Lamarr zugewiesen. Filmmogul Mayer propagiert die Wienerin als »most beautiful girl in the world« und vertraut ihr in dem Film *Algiers* mit Charles Boyer die weibliche Hauptrolle an. Der Film wird ein Erfolg, zeigt aber auch, dass Hedy Lamarrs bezaubernde Erscheinung ihre begrenzten Ausdrucksmöglichkeiten nur bedingt zu verschleiern vermag.

Aber was soll's: Männer bewundern sie und Frauen wollen so aussehen wie sie. Hedy Lamarr geht auf Partys und hat zahllose Affären – unter anderem mit Orson Welles und Angehörigen des Kennedy-Clans. Sie verdient gut, lebt in einer Prachtvilla und genießt ihren Starruhm. Die zur Hollywood-Ikone hochstilisierte Wienerin dreht einen Film nach dem anderen und begreift sehr schnell, was zu geschehen hat, um sich in der Traumfabrik als Kultfigur zu etablieren. So lässt sie ihre Garderobe in den MGM-Studios dreimal tapezieren, weil der Farbton nicht zu ihrem Teint passt. So badet sie morgens zwei Stunden in flüssiger Milchschokolade, um ihrer Haut besondere Bräunung zu verpassen. Und so ist sie auch die erste Schauspielerin, die im amerikanischen Film ihr Gesicht in Großaufnahme zeigt, während sie einen Orgasmus erlebt.

Sie verführt James Stewart, Clark Gable, Spencer Tracy und Robert Taylor

Im entscheidenden Moment begeht sie jedoch den Fehler ihres Lebens. 1941 wird ihr das Angebot unterbreitet, die Rolle der Ilsa Laszlo in *Casablanca* zu spielen. Die bereits als exaltiert verschriene Schauspielerin lehnt ab (wie übrigens auch Ronald Reagan ablehnte, die Rolle des Nachtclubbesitzers Rick zu spielen – die dann Humphrey Bogart übernahm). Die Lamarr verhilft Ingrid Bergman, die den Part übernimmt, zu Weltruhm. Und hat ihrer Karriere mit der Absage einen nie wieder gutzumachenden Schaden verpasst. Zwar verführt sie in insgesamt 22 Filmen Größen wie James Stewart, Clark Gable, Spencer Tracy und Robert Taylor, kommt beim amerikanischen Kinopublikum aber ebenso schnell wieder aus der Mode, wie sie es erobert hat.

So großzügig die Traumfabrik sein mag, wenn sie jemanden braucht, so brutal kann sie andernfalls werden. Ein Sexsymbol darf nicht altern, also wird die 35-Jährige, als *Samson and Delilah* 1949 abgedreht ist, gefeuert. Hedy Lamarr ist Geschichte. Teil zwei der persönlichen Tragödie.

Schön, aber unglücklich: Die aus Wien stammende Hedy Lamarr wird in Hollywood zum Star und zur Erfinderin. Privat scheitert sie.

Doch die technisch begabte Schönheit hatte sich noch in ihrer Blütezeit einen »Zweitberuf« geschaffen. Im Patentamt der Vereinigten Staaten von Amerika ist unter der Nummer 2 292 387 eine »Funksteuerung für Torpedos« registriert, die sie gemeinsam mit dem Komponisten George Antheil entwickelt hatte. Die Geräte sollten gegen Hitler eingesetzt werden, erreichten aber im Zweiten Weltkrieg keine strategische Bedeutung. Allerdings wurde die Funksteuerung später als bahnbrechend erkannt, ermöglicht sie doch heute noch den störungsfreien Betrieb von Mobiltelefonen. Der ehemalige Filmstar lieferte damit auch die Basis zur Entwicklung von GPS-Systemen und ferngesteuerten Präzisionsbomben, wie sie im Irak-Krieg zum Einsatz kamen.

Hedy Lamarr hat nie einen Oscar erhalten, aber in ihren späten Jahren etliche Wissenschaftspreise amerikanischer Institutionen, so auch der U.S.-Air Force. Doch die Patentrechte waren, als ihre Erkenntnisse umgesetzt wurden, bereits abgelaufen und sie bekam keinen Cent. »Hätte sie die Lizenzgebühren kassiert«, rechnete man ihr vor, »dann wäre sie die reichste Frau der Welt geworden.«

Teil drei ihrer Lebenstragödie.

Auch im Privatleben scheiterte sie. Kaum eine ihrer sechs Ehen hielt länger als ein, zwei Jahre. »Ich habe viele Fehler gemacht«, bekannte sie später, »denn ich habe nicht nur die falschen Filme ausgewählt, sondern auch die falschen Männer.«

In Fernsehshows lässt Hedy Lamarr ihre Kinder zu Hause grüßen

Dazu kam, dass sie der Karriere zuliebe ihre Kinder vollkommen vernachlässigte. »Ich vermisste meine Mutter so sehr, dass ich mir Hedy-Lamarr-Puppen kaufte«, erzählte ihre Tochter Denise Loder-DeLuca. Und in alten Fernsehshows kann man sehen, wie die Schauspielerin ihre Kinder zu Hause grüßen lässt. »Lebendig« bekamen sie ihre Mutter fast nie zu Gesicht.

Doch die Lamarr sollte noch tiefer fallen. Als Schauspielerin nicht mehr gefragt, gründete sie eine Produktionsfirma, mit der sie pleiteging. Zuletzt musste sich die Frau, die mit ihren Filmen 30 Millionen Dollar verdient hatte, zweimal wegen Ladendiebstahls vor Gericht verantworten. Der Tragödie vierter Teil.

»Ich denke oft an meine Kindheit in Pötzleinsdorf«, sagte sie vor ihrem Tod, »ich denke an meinen ersten Geliebten, den Schauspieler Wolf Albach-Retty, und an die Blumen des Rathausparks. Es waren die schönsten Jahre meines Lebens.«

Zuletzt lebte sie, durch Faceliftings bis zur Unkenntlichkeit entstellt, in Florida. »Schönheit ist ein Fluch«, meinte sie und litt unter jeder Falte. Vereinsamt und tablettensüchtig, war sie sogar für enge Freunde nur noch telefonisch erreichbar, da man sie so in Erinnerung behalten sollte, wie man sie aus ihren Filmen kannte. Die einstige Diva starb am 19. Jänner 2000 im Alter von 85 Jahren in Florida. Allein, verarmt und vergessen.

Sie wollte einmal noch nach Wien kommen ...

Noch einmal nach Wien zu kommen, das war, so lange sie lebte, ihr großer Wunsch gewesen. Und sie ist heimgekehrt. Ihr Sohn verstreute, ihrem letzten Wunsch entsprechend, Hedy Lamarrs Asche im Wienerwald, ganz nahe von Pötzleinsdorf, dort, wo die kleine Hedwig Kiesler aufgewachsen war.

Ekstase hat das Leben der Hedy Lamarr bestimmt. Ihr in den USA lebender Sohn Anthony Loder behauptet, die legendäre Aktszene in dem Film sei gegen den Willen seiner Mutter entstanden, da sie ihren Badeanzug erst abgestreift hätte, als die Szene fertig gedreht war, und sie wusste nicht, dass die Kamera weiterlief. Ob freiwillig oder nicht: Hedy Lamarr hat mit einer einzigen Szene Filmgeschichte geschrieben.

Verbotene Liebschaften im Hause Österreich

Doch kein Sohn des Kaisers Diesmal ist Franz Joseph unschuldig

Richtig ist, dass Kaiser Franz Joseph, ehe er mit Katharina Schratt befreundet war, eine Geliebte namens Anna Nahowski hatte. Falsch ist, was man in vielen Publikationen zu diesem Thema lesen kann: dass dieser Beziehung eine Tochter und ein Sohn entsprungen seien. In seinem Buch über die Frauen an der Seite Kaiser Franz Josephs weist der Historiker Friedrich Weissensteiner* nach, dass jedenfalls der Sohn nicht des Kaisers Spross sein konnte.

Der Kaiser lernt Anna im Kammergarten von Schloss Schönbrunn kennen

Der 45-jährige Monarch, dessen Ehefrau Elisabeth ständig auf Reisen war, hatte die um dreißig Jahre jüngere Anna im Mai 1875 bei einem Spaziergang im öffentlich zugänglichen Kammergarten von Schloss Schönbrunn kennengelernt und mehrmals wiedergetroffen. Es sollte bald zu Zärtlichkeiten kommen und drei Jahre später zu einer Affäre, die Anna so detailreich in ihren Tagebüchern schildert, dass an der Echtheit der Aufzeichnungen und damit der Beziehung kein Zweifel bestehen kann.

---

* Friedrich Weissensteiner, »Ich sehne mich sehr nach dir. Frauen im Leben Kaiser Franz Josephs«, 2012.

Lange Beziehung mit Kaiser Franz Joseph: Anna Nahowski im Alter von 22 Jahren

Anna war während der vierzehn Jahre dauernden Bekanntschaft mit dem Kaiser zwei Mal verheiratet, der erste Mann hieß Johann Heuduk und war Seidenfabrikant, der zweite, Franz Nahowski, war Beamter der k.k. Südbahngesellschaft – und wurde wie durch ein Wunder »auf Befehl von ganz oben« immer wieder nach Galizien und in andere entfernte Kronländer der österreichisch-ungarischen Monarchie geschickt. Von den vier Kindern, die Anna zur Welt brachte, wären zwei vom Kaiser:

- Helene – eine kluge und musikalische Persönlichkeit, die später die Frau und wichtigste Muse des Komponisten Alban Berg wurde.

- Und Franz, ein talentierter Maler, der jedoch psychisch gestört war und mehrere Jahre in geschlossenen Anstalten zubringen musste.

So jedenfalls steht's unwidersprochen in Biografien und Geschichtsbüchern.

Bis Friedrich Weissensteiner die Tagebücher der Anna Nahowski genau durchleuchtete. Und herausfand, dass des Kaisers Vaterschaft im Fall des angeblichen Sohnes nicht möglich ist. Während nämlich Tochter Helene am 29. Juli

Vermutlich des Kaisers Tochter: Helene Nahowski, die spätere Frau des Komponisten Alban Berg

1885 in einer Zeit zur Welt kam, da die Beziehung zwischen Kaiser und Anna aufrecht war, wurde Sohn Franz am 10. Dezember 1889 geboren.

Der Kaiser hatte Anna Nahowski laut ihren Tagebuchaufzeichnungen aber zum letzten Mal am 29. Dezember 1888, also fast ein Jahr vor der Geburt des Kindes, in ihrer Hietzinger Villa (die ihr Franz Joseph im Mai 1880 geschenkt hatte) besucht. Somit besteht kein Zweifel, dass in diesem

Fall nicht der Kaiser, sondern Annas zweiter Ehemann Franz Nahowski der Vater des Kindes war. Bei Helene ist es – da Annas Mann in dieser Zeit oft monatelang nicht in Wien war – mit hoher Wahrscheinlichkeit der Kaiser.

Doch dass sie vom Kaiser »nur« ein Kind hatte, ändert nichts an der Tatsache, dass das Ende der Beziehung würdelos war und so gar nicht zu der Vorstellung passt, die man im Allgemeinen von der aristokratischen Erscheinung Franz Josephs hat. Zunächst erfolgen seine Besuche nur noch sporadisch, worauf Anna den Kaiser zur Rede stellt. Der Monarch begründet sein immer seltener werdendes Erscheinen damit, »langsam älter« zu werden – vergisst aber hinzuzufügen, dass er gerade zu diesem Zeitpunkt drauf und dran ist, in der Schauspielerin Katharina Schratt eine neue Gefährtin zu finden.

Nicht der Kaiser, sondern ein Beamter teilt Anna mit, dass es »aus« ist

Kurze Zeit später kommt das definitive Ende. Am 14. März 1889 – nur wenige Wochen nach der Tragödie von Mayerling – bittet Friedrich Freiherr von Mayr, der Generaldirektor des Kaiserlichen Familienfonds, die Nahowski in sein Büro in der Hofburg. Nicht der Kaiser teilt ihr mit, dass es »aus« sei, sondern ein Beamter. Anna ist verbittert, will den langjährigen Geliebten sprechen, wird aber nicht vorgelassen. Sie sollte ihm nie wieder begegnen.

Der Beamte überreichte Anna Nahowski 200 000 Gulden* als »Abschiedsgeschenk«, worauf sie den Erhalt des Geldes bestätigen und schriftlich hinzufügen musste: »Ferner schwöre ich, dass ich über die Begegnung mit Seiner Majestät jederzeit schweigen werde.«

* Entspricht im Jahre 2013 laut »Statistik Austria« einem Betrag von rund 2,4 Millionen Euro.

Er kann nicht der Sohn des Kaisers gewesen sein: Franz Nahowski mit seiner Mutter

Anna Nahowski hat nie aufgehört, den Kaiser zu lieben. Sie trauerte ihm zeitlebens nach und machte damit ihrem zweiten Mann Franz Nahowski das Leben zur Hölle. In ihrem Schlafzimmer hing bis zu ihrem Tod ein gerahmtes Bild Franz Josephs mit Trauerflor. Sie hatte es nicht verkraftet, nicht mehr die Mätresse des Kaisers zu sein, sondern nur noch eine einfache Bürgersfrau.

Anna hat sämtliche Begegnungen mit dem Kaiser feinsäuberlich notiert

Zum Unterschied von anderen kaiserlichen Affären hat Anna Nahowski in all den Jahren, in denen sie mit dem Monarchen liiert war, sämtliche Begegnungen feinsäuberlich in ihren Tagebüchern aufgelistet, in denen Details genannt werden, die ein sicherer Hinweis für diese Beziehung sind.

Anna Nahowski starb 1931 im Alter von 71 Jahren und überließ die Tagebücher ihrer Tochter Helene, die diese nach ihrem Tod im Jahre 1976 der *Alban-Berg-Stiftung* vermachte. Die Tagebücher befinden sich in der Nationalbibliothek.

Ohne jeden Hinweis darauf, wer der Vater welchen Kindes ist.

»Schöner Gigolo, armer Gigolo«
Der Erzherzog und die leichten Mädchen

Das Haus Habsburg hat manch schrillen Vogel hervorgebracht, der schrillste aber war zweifellos Erzherzog Leopold Salvator, der vorwiegend mit Prostituierten liiert und verheiratet war, eine Greißlerei betrieb und in seinen späteren Jahren im Kabarett auftrat. Ich wurde auf neue Details seines Lebens aufmerksam, als die Österreichische Nationalbibliothek im Frühjahr 2011 den Nachlass des skurrilen Aristokraten kaufte.

Er nennt sich nach seinem Ausscheiden aus dem Kaiserhaus Leopold Wölfling

In die Geschichte ist der Erzherzog unter seinem »bürgerlichen« Namen Leopold Wölfling eingegangen. So nannte er sich, nachdem er das Kaiserhaus wegen seines Lebenswandels hatte verlassen müssen.

Dabei hat alles ganz standesgemäß begonnen: Leopold kam 1868 in Salzburg als Sohn des Großherzogs Ferdinand IV. von Österreich-Toskana und dessen zweiter Frau Alice zur Welt – er war somit ein Halbbruder der Erzherzogin Maria Antonia, die dem Kronprinzen Rudolf einen Sohn geschenkt haben soll.*

* Siehe Kapitel »Ist Herr Pachmann ein Habsburger?« ab Seite 186.

Zunächst schien auch alles seinen, der hohen Herkunft entsprechenden Weg zu gehen. Der ebenso elegante wie gut aussehende Erzherzog Leopold Salvator startete seine Karriere bei der Marine und verliebte sich in die spanische Prinzessin Elvira von Bourbon, durfte sie aber nicht heiraten, weil die Ehe den Habsburgern keinerlei Vorteile gebracht hätte – mit den Bourbonen war man bereits verwandt, seine eigene Mutter war eine geborene Bourbon-Parma. Leopold Salvator erschien dennoch, ganz in der Tradition des Hauses Habsburg, beim Kaiser, um die Erlaubnis seiner Verheiratung einzuholen. »Kaiser Franz Joseph teilte mir trocken mit, dass er seine Zustimmung aus politischen Gründen versagen müsse«, schreibt der Erzherzog in seinen Erinnerungen. »Auf meine Frage, welche Gründe dies seien, bekam ich kurz und abweisend zur Antwort, dass die Staatsraison eine nochmalige Verbindung mit dem bourbonischen Prätendentenhause nicht erlaube.«

Das Heiratsverbot verursacht den ersten Riss in seinem Leben

Daraufhin kam alles ganz anders, als man es von einem Erzherzog erwartet hätte. Das Heiratsverbot verursachte den ersten Riss in seinem Leben. Zum zweiten Riss kam es auf hoher See. Als Marine-Leutnant begleitete Leopold an Bord der *Kaiserin Elisabeth* den späteren Thronfolger Franz Ferdinand, der 1892 auf Weltreise ging, um sich von seiner Lungenkrankheit zu erholen.* Dabei kam es zum Eklat, als aufflog, dass Leopold seine als Kadett verkleidete Geliebte auf das Schiff geschmuggelt hatte.

Leopold musste daraufhin die Marine verlassen und kam im Rang eines Hauptmannes in das unbedeutende

---

* Siehe Kapitel »Franz Ferdinand auf Weltreise« ab Seite 254.

Infanterieregiment Nr. 8 in Brünn. Dort wurde seine Vorliebe für Straßendirnen bekannt, zumal eine ein Kind von ihm erwartete. Im Sommer 1896 schickte der Erzherzog an eine seiner Geliebten einen Brief, doch da diese mittlerweile in einem anderen Etablissement tätig war, ging deren Kollegin Wilhelmine Adamovic zu Leopold, um ihm sein Schreiben zurückzugeben. »Er war sehr freundlich mit mir«, hielt Wilhelmine die Begegnung in ihren Memoiren fest, »und von der Minute ab, wo ich in sein liebes Gesicht sah, fühlte ich mich als die Seine. Nach einigen Tagen gehörte ich ihm ganz.«

Wilhelmine ist offiziell als Kaffeehauskellnerin gemeldet ...

Bald sprach sich Leopolds zwanghafte Leidenschaft für leichte Mädchen bis zum Kaiser nach Wien herum, worauf er als Major zum Infanterieregiment Nr. 45 nach Przemyšl strafversetzt wurde. Wilhelmine, die offiziell als Kaffeehauskellnerin gemeldet war, in Wahrheit aber auf ganz andere Weise ihren Lebensunterhalt verdiente, begleitete den Erzherzog dorthin. So lange er sich in weit entfernten galizischen Garnisonen mit Dirnen vergnügte, drückte man bei Hof beide Augen zu. Als er dann aber mit der polizeibekannten Frau, die bereits mehrmals wegen illegaler Prostitution in Haft gewesen war, nach Wien übersiedelte und mit ihr eine Villa in der Sternwartestraße bezog, war der Bogen überspannt. Kaiser Franz Joseph ließ seinen Cousin in eine Nervenheilanstalt einweisen und dessen Geliebte mit 100 000 Kronen* abfertigen – unter der Bedingung, dass sie den Erzherzog nie wiedersehen würde.

* Entspricht im Jahre 2013 laut »Statistik Austria« einer Summe von rund 600 000 Euro.

»Nach einigen Minuten gehörte ich ihm ganz«: die Prostituierte Wilhelmine Adamovic und ihr Mann, Leopold Salvator, hier noch als Erzherzog

Wilhelmine Adamovic nahm das Geld und fuhr mit dem nächsten Zug nach Zürich – um doch wieder Leopold zu treffen, der mittlerweile aus der Klinik entlassen worden war. Dem blieb nun nichts anderes übrig, als den Kaiser zu bitten, »Stellung und Rang als Erzherzog ablegen und den Namen Wölfling annehmen zu dürfen«. Franz Joseph akzeptierte erleichtert und Leopold konnte Wilhelmine im Juli 1903 in der Schweiz heiraten.

Die Ehe hielt nur zwei Jahre. Danach wurde die junge Frau in die geschlossene Anstalt am Steinhof eingeliefert, weil sie Familienangehörige ihrer Schwester mit einem scharfen Messer attackiert hatte. Der ehemalige Erzherzog vermählte sich indes bald wieder. Allerdings ohne es sich gesellschaftlich verbessert zu haben, denn seine zweite Frau Maria Ritter kam ebenfalls vom Straßenstrich. Und Leopold blieb, als nach vier Jahren auch diese Ehe in Brüche ging, dem »Milieu« treu. Kurz nach der Trennung langte bei der Münchner Polizei ein Schreiben ein, in dem Herr Wölfling ansuchte, »die Prostituierte Maria Schweikhardt aus der Aufsicht zu entlassen«, weil er selbst für sie sorgen wollte.

Mittlerweile hatte das ungewöhnliche Leben des Habsburgers derartiges Aufsehen erregt, dass sogar internationale Blätter bis hin zur *New York Times* über ihn berichteten. Gleichzeitig geriet Herr Wölfling, da er durch den Austritt aus dem Kaiserhaus seine Apanage verloren hatte, immer mehr in finanzielle Bedrängnis.

Es ist eine Attraktion, dass ein Erzherzog den Käse aufschneidet

Während der Verstoßene, solange die Donaumonarchie existierte, österreichischen Boden nicht betreten durfte, konnte er 1921 nach Wien zurückkehren, um in der Prager Straße 51 in Kaisermühlen eine Greißlerei zu eröffnen. Für die Kundschaft im Gemeindebau war es natürlich eine Attraktion, von einem ehemaligen Erzherzog den Käse aufgeschnitten zu bekommen, doch er war auch hier vom Pech verfolgt und musste Konkurs anmelden. Beruflich scheint er in den nun folgenden Jahren als Bankbeamter, Schauspieler, Regieassistent, Versicherungsmakler, Auto- und Würstelverkäufer auf.

In seinem von der Nationalbibliothek erworbenen Nachlass finden sich nebst anderer Korrespondenz etliche Bettelbriefe – mit abschlägigen Antworten von Bundeskanzler Ignaz Seipel und einer ganzen Reihe von Aristokraten. Ein Unbekannter schickte Wölfling 1930 einen Brief, dem 250 Schilling beilagen, »in der Hoffnung, Sie vor dem Ärgsten bewahren zu können«.

Leopold Wölfling, der ehemalige Erzherzog Leopold Salvator, eröffnete 1921 in Wien-Kaisermühlen eine Greißlerei.

Das Erbe des ehemaligen Erzherzogs enthält auch Fotos, Dokumente und einige Füllfedern Leopolds, der zuletzt wohl nicht viel mehr besessen hat. Die Habseligkeiten stammen von Aloisia Wölfling, die er 1922 adoptiert hatte, die tatsächlich auch seine leibliche Tochter aus einer Beziehung in Brünn gewesen sein dürfte. Aloisia starb 1966, der Nachlass gelangte Jahrzehnte später über ein deutsches Auktionshaus an die Österreichische Nationalbibliothek.

In den »wilden Zwanzigerjahren« versuchte Leopold Wölfling sein Glück in der pulsierenden Stadt Berlin, wo er schließlich als Eintänzer im noblen Hotel Adlon landete. Er gehörte damit selbst ein wenig dem Berufsstand an, dem er sich sein halbes Leben lang zugehörig fühlte.

Seine neueste Tätigkeit sprach sich bis nach Wien herum, wo der bekannte Textautor Julius Brammer – einer der Librettisten der Operette *Gräfin Mariza* – ihn als Vorbild für den bald populären Schlager *Schöner Gigolo, armer Gigolo* erwählte:

Schöner Gigolo, armer Gigolo,
Denke nicht mehr an die Zeiten,
Wo du als Husar,
Goldverschnürt sogar,
Konntest durch die Straßen reiten.
Uniform passee,
Mädchen sagt Adieu,
Schöne Welt, du gingst in Fransen.
Wenn das Herz dir auch bricht,
Mach ein lachendes Gesicht!
Man zahlt, und du musst tanzen.

Beim dritten Mal heiratet Leopold Wölfling endlich »bürgerlich«

In Berlin heiratete Leopold Wölfling ein drittes Mal, diesmal »bürgerlich«, die um 24 Jahre jüngere Clara Gröger. In seiner finanziellen Not nützte er jetzt seine zweifelhafte Popularität zur Veröffentlichung seiner Memoiren, weiters trat er in Kabaretts auf, wo er zum Gaudium des Publikums einen kauzigen Erzherzog, also sich selbst, mimte. Zuletzt schloss er sich noch den Nationalsozialisten an, ehe er 1935 im Alter von 67 Jahren verarmt starb. Als der schrillste aller Habsburger.

Die Prinzessin auf der Flucht
Luise, der König und ihre Liebhaber

Ferdinand lebt mit Familie in der Erzbischöflichen Residenz in Salzburg

Erzherzog Ferdinand IV. war in seinem Leben wirklich nicht vom Glück verfolgt. Der 1835 in Florenz geborene Habsburger durfte zwar den Titel Großherzog von Toskana führen, konnte das Amt aber nie ausüben, da sich die Toskana im März 1860 dem neu geschaffenen Königreich Italien angeschlossen hatte. Ferdinand lebte fortan in Salzburg, wo Kaiser Franz Joseph ihm und seiner Familie gnadenhalber einen Teil der ehemals Erzbischöflichen Residenz zur Verfügung stellte.

Doch die wirklichen Schicksalsschläge kamen erst: Ferdinands erste Frau Maria Anna von Sachsen starb nach nur dreijähriger Ehe. Aus dieser Verbindung stammte die Erzherzogin Maria Antonia, die dem Kronprinzen Rudolf einen Sohn geschenkt haben soll* und nur 25-jährig, zum großen Kummer ihres Vaters, an Lungentuberkulose starb.

Der Lebensweg des aus Ferdinands zweiter Ehe stammenden, fast ausschließlich mit Prostituierten verkehrenden Sohnes Leopold Salvator** war auch nicht gerade dazu

---

* Siehe Kapitel »Ist Herr Pachmann ein Habsburger?« ab Seite 186.

** Siehe Kapitel »Schöner Gigolo, armer Gigolo« ab Seite 167.

angetan, seinen Vater glücklich zu machen. Und um nichts erfreulicher waren die Eskapaden von Ferdinands 1870 in Salzburg ebenfalls in seiner zweiten Ehe mit Alice von Bourbon-Parma geborenen Tochter Erzherzogin Luise.

Luise erhielt ihren ersten Heiratsantrag im Frühsommer 1891 von Prinz Ferdinand, dem späteren König von Bulgarien, der uns durch sein G'spusi mit Katharina Schratt* bekannt ist. Doch Luise sagte – sehr zum Missfallen ihres macht- und mittellosen Vaters – Nein, weil sie zu diesem Zeitpunkt bereits ein Auge auf den Prinzen Friedrich August von Sachsen geworfen hatte, der kurz danach tatsächlich um ihre Hand anhielt. »Ich glaube nicht«, sagte Luise, »dass es einen Mann mit edlerem und besserem Herzen wie ihn auf der Welt gibt.« Im selben Jahr noch wurde in der Wiener Hofburgkapelle geheiratet.

Wenn sie mit der Straßenbahn fährt, muss die Prinzessin in den Stubenarrest

Die Ehe schien sich anfangs gut zu entwickeln, Luise schenkte Friedrich August sechs Kinder – von denen eines früh starb. Die Habsburgerin erfreute sich in der sächsischen Bevölkerung großer Beliebtheit, nur wollte die in Salzburg liberal erzogene Prinzessin die ebenso strengen wie grotesken »Erziehungsmaßnahmen« der Dresdner Hofkamarilla nicht akzeptieren. Vor allem, dass man sie immer wieder zu strafweisem Stubenarrest verdonnerte. Wenn sie etwa mit einem ihrer Kinder einen nicht angemeldeten Ausflug unternahm, wenn sie im Badekostüm an einen öffentlichen Strand ging, wenn sie das Atelier eines Malers besuchte oder gegen jedes Zeremoniell mit der Straßenbahn oder gar mit dem Fahrrad fuhr – dann war jedes Mal

* Siehe Kapitel »Aber die Schratt darf's nicht wissen« ab Seite 30.

die Konsequenz: stundenlanger Stubenarrest! Hilfe von ihrem schwachen Mann konnte sie dabei nicht erwarten. »Wie oft stand ich an meinem Fenster«, schreibt Luise in ihren Memoiren*, »und sah den nach Hause eilenden glücklichen Menschen nach, die ich so sehr beneidete, durften sie doch als menschliche Wesen leben, und mir schien alles verboten zu sein, außer zu leiden!«

»Es ist ein Unglück, dass du in unsere Familie gekommen bist«

Noch schlimmer wurde die Situation, als ihr in der Bevölkerung ungeliebter Schwiegervater im Jahre 1902 als Georg I. König von Sachsen wurde. Es gab ständig Streit zwischen dem »intoleranten wie bigotten, geistig beschränkten und ehrgeizigen Fanatiker im reinsten Sinne des Wortes« und der freiheitsliebenden Luise, der er einmal die Worte an den Kopf warf: »Es ist ein Unglück, dass du in unsere Familie gekommen bist, da du niemals eine der Unseren sein wirst.«

In die nur zweijährige Regentschaft König Georgs fiel der Beginn einer romantischen Beziehung der nunmehrigen Kronprinzessin Luise mit André Giron, dem aus Belgien stammenden Französischlehrer ihrer Kinder, dem sie sich in ihrer Verzweiflung anvertraute und der Verständnis für ihre Situation zeigte. Da sie bei Hof ständig überwacht wurde, dauerte es nicht lange, bis die Affäre aufflog – was den »Spionen« nicht sehr schwer gefallen sein dürfte, da sie und ihr Liebhaber einander Briefe schrieben, die sie in einer Blumenvase im Salon versteckten.

Giron wurde natürlich sofort aus seinen Diensten am Hof entlassen. Luise war zu diesem Zeitpunkt, im Dezem-

---

* Luise von Österreich-Toskana, »Mein Lebensweg«, 1911.

ber 1902, gerade wieder schwanger – doch niemand wusste so recht, wer der Vater des Kindes war. Jedenfalls rief der frömmlerische König seine Schwiegertochter zu sich, um ihre bevorstehende Einweisung in eine geschlossene Anstalt anzukündigen: »Luise, deine Ansichten und die Verachtung, die du für die Traditionen unseres Hofes hast, überzeugen mich immer mehr, dass du das Ideal einer Königin von Sachsen, wie ich sie mir träume, nicht erfüllen kannst. Ich bedaure nur, dass deine lächerlichen modernen Ideen mir nicht erlauben, dich für Lebenszeit einzusperren ... Du hast deine Bestimmung erfüllt, um unsere Dynastie fortzupflanzen. Ich will dir nur sagen, dass du geistesgestört bist und dass die bourbonisch-habsburgischen Exzentrizitäten sich in dir so entwickelt haben, dass sie der Grund deines geistig abnormen Zustandes geworden sind.«

Luise brennt bei Nacht und Nebel durch, um nach Salzburg zu fahren

Als sie unmittelbar danach auch noch von ihrer Kammerfrau erfuhr, dass diese sie nicht mehr mit ihren Kindern allein lassen dürfte, wusste Luise, dass sie Dresden so schnell wie möglich verlassen musste. Sie brannte bei Nacht und Nebel durch und ließ ihre Eltern wissen, dass sie zu ihnen nach Salzburg kommen wollte.

Doch Großherzog Ferdinand IV. und Prinzessin Alice zeigten kein Verständnis für die Lage ihrer Tochter und telegrafierten ihr: »Wir haben noch andere Kinder, können uns nicht mit Dir abgeben.« Nur ihr Bruder Leopold Salvator – der so gern mit Prostituierten verkehrte – reagierte naheliegenderweise wesentlich verständnisvoller. Da auch er wie so oft gerade in privaten Kalamitäten steckte, beschlossen die Geschwister, gemeinsam nach Zürich zu

Flüchtete wegen einer Liebesaffäre mit dem Sprachlehrer ihrer Kinder bei Nacht und Nebel: Kronprinzessin Luise geborene Habsburg

flüchten, wo Leopolds Geliebte Wilhelmine Adamovic bereits seiner harrte.

Doch der Kontakt zwischen Dirne und Kronprinzessin konnte nicht gut gehen. »Leopolds Braut war so ungeschickt und zum Verzweifeln taktlos, dass sie meinen nervösen Zustand nur noch verschlimmerte«, notierte Luise. »Ich bin überzeugt, das arme Geschöpf meinte es wirklich gut; aber wenn sie mich als Prinzessin behandelte, war sie lächerlich, und wenn sie mich wie ihresgleichen behandelte, noch lächerlicher.«

Bald gesellte sich auch Luises Geliebter André Giron zu der bizarren Gruppe und es dauerte nicht lange, bis die Presse auf die prominenten Ausreißer aufmerksam wurde. Die mehr als peinlichen Schlagzeilen erschienen nicht nur in Österreich-Ungarn und Sachsen, sondern auch in den

USA, und für eine Pariser Illustrierte ließ sich die Kronprinzessin mit ihrem Französischlehrer sogar im Negligé fotografieren. Die Situation war dermaßen absurd, dass der sensible André Giron Hals über Kopf nach Brüssel abreiste und seine schwangere Geliebte mit ihrem Bruder und seiner Prostituiertenfreundin zurückließ.

Luise, die nichts anderes als das Leben einer verwöhnten Prinzessin gekannt hatte, begann daran zu verzweifeln, dass sie in einem billigen Hotel wohnen musste und keine Bediensteten um sich hatte, wie sie in ihren Erinnerungen schreibt: »Geistig und körperlich völlig erschöpft, warf ich mich auf mein Bett und weinte bitterlich. Hier hatte ich keine Kammerfrau, die mir alles herzurichten gewohnt war, kein seidenes Hausgewand, damit ich nur hineinzuschlüpfen, keine Kristall- und Silberflaschen voll duftender Essenzen, um meinen schmerzenden Kopf zu kühlen. Der Gegensatz des Hotelzimmers mit meinen eigenen Räumen in Dresden, die, mit aller Bequemlichkeit eingerichtet, den Inbegriff der Wohnlichkeit in sich schlossen, ließ mich bei der Erinnerung ein heftiges Missbehagen empfinden.«

Es ist zu spät, es gibt kein Zurück mehr

Doch es war zu spät, es gab kein Zurück mehr, auch wenn Kronprinz Friedrich August einen Versuch startete, seine Frau mit einem Brief zur Rückkehr zu bewegen. Das Schreiben wurde unter Mithilfe der bei Hof reichlich vorhandenen Intriganten gar nicht zugestellt. Es half Luise auch nicht, dass die Zeitungen in Sachsen nun dem Königshaus die Schuld an ihrer Flucht gaben, weil man sie dort schlecht behandelt hatte.

Die Ehe des Kronprinzenpaares wurde am 11. Februar 1903 wegen Ehebruchs und alleinigem Verschulden der

Gemahlin geschieden, sie verlor damit sowohl ihre Zugehörigkeit zum Haus Sachsen wie auch die zum Haus Habsburg. Der Papst lehnte die Scheidung jedoch ab, sodass sie aus Sicht der katholischen Kirche weiterhin die Frau des Kronprinzen von Sachsen war, jedoch in offiziellen Dokumenten den Namen einer Gräfin von Montignoso trug.

Das größte Problem für die ehemalige Erzherzogin und Kronprinzessin war es, über keinerlei Einnahmen zu verfügen. Niemand weiß, wer ihren dreiwöchigen Erholungsaufenthalt nach all den Aufregungen in einer Schweizer Klinik finanzierte; Kaiser Franz Joseph sicher nicht, denn der hatte bereits jeden Kontakt mit ihr abgebrochen und sie mit diesen Worten des Familienverbands verwiesen: »Luise ist tot, und ich will ihren Namen nie mehr nennen hören.« Zwar waren ihre Eltern nun bereit, sich mit ihr zu versöhnen, allerdings nur unter der Bedingung, dass sie jeglichen Kontakt mit André Giron abbrechen würde. Als Luise dies akzeptierte, fiel sich die Familie in Lindau am Bodensee – wo der toskanische Zweig der Habsburger eine Villa besaß – erleichtert in die Arme. Dort brachte Luise dann auch am 4. Mai 1903 ihre Tochter Anna Monika Pia zur Welt.

»Luise ist tot, und ich will ihren Namen nie mehr nennen hören«

Als Friedrich August im Oktober 1904, nach dem Tod seines Vaters, König wurde, gewährte er seiner Ex-Frau eine monatliche Apanage, die ihr nun endlich eine standesgemäße Lebensführung erlaubte. Sie mietete sich in einer großen Villa in Fiesole ein und konnte mehrere Dienstboten anstellen.

Ihre jüngste Tochter war noch keine zwei Jahre alt, da reiste die nunmehrige Gräfin von Montignoso nach Dresden, mit dem Ziel, in den Königspalast einzudringen, um ihre anderen fünf Kinder besuchen zu können. Sie wurde jedoch von der Polizei zurückgewiesen und aufgefordert, die Stadt zu verlassen. In Dresden sprach sich ihre Anwesenheit schnell herum und viele Menschen kamen, um ihrer verhinderten Königin zuzujubeln. Der öffentliche Skandal nahm solche Formen an, dass der Komiker Karl Valentin die Affäre in seinem Münchner Kabarett zu einem Couplet mit dem Titel *Luise und Giron* verarbeitete.

Anna Monika Pia wird offiziell als Tochter des Königs anerkannt

Kaum war der gescheiterte Versuch, ihre Kinder zu sehen, überstanden, versuchte König Friedrich August III. mit allen Mitteln die Herausgabe Anna Monika Pias zu erwirken, nachdem er sich – soweit es die damaligen Möglichkeiten zuließen – vom sächsischen Hofarzt Dr. Leopold aufgrund der hellen Haar- und Augenfarbe und des sonstigen Aussehens als Vater des Kindes zuordnen ließ. Obwohl der Mediziner ein beeidetes Gutachten ablehnte, wurde Anna Monika Pia jetzt offiziell als Tochter des Königs anerkannt, wodurch es ihr ermöglicht werden sollte, gemeinsam mit ihren Geschwistern am Dresdner Hof aufzuwachsen. Als Argument wurde angeführt, dass die Moral des Kindes in der Umgebung seiner Mutter gefährdet sei.

Der König sandte Rechtsanwälte, Diplomaten und Kinderfrauen zu Luise, die sich jedoch mit ihrer kleinen Tochter in ihrer Villa verbarrikadierte und somit jeglichen Entführungsversuch verhinderte.

Im Zuge eines weiteren Rechtsstreits vom Oberlandesgerichtshof in Leipzig mit dem Titel Herzogin von Sachsen versehen, gab Luise im September 1907 plötzlich bekannt, den um zwölf Jahre jüngeren Musiker Enrico Toselli geheiratet zu haben. Damit fütterte sie die internationale Presse nach all den Skandalen der vergangenen Jahre mit neuen Schlagzeilen.

Das Königshaus griff mittlerweile zu immer härteren Maßnahmen, um die Herausgabe von Tochter Anna Monika Pia zu erwirken. Luise wurde mitgeteilt, dass sie ihre Apanage in Höhe von 30 000 Reichsmark in Zukunft nur dann erhalten würde, wenn sie das Kind an den Hof nach Dresden ausliefern würde. Das war ein Argument, dem sich die Herzogin nicht entziehen konnte. Sie gab auf – angeblich, um dem Kind ein besseres Leben zu ermöglichen, in Wahrheit aber wohl auch, um den aristokratischen Lebensstil mit dem neuen Mann an ihrer Seite nicht zu gefährden.

Mit siebzehn Jahren komponiert er die populäre »Toselli Serenade«

Enrico Toselli war 1883 in Florenz als Sohn einer wohlhabenden Familie zur Welt gekommen. Er erhielt von klein auf Klavierunterricht und wurde bald als Wunderkind gefeiert. Im Alter von siebzehn Jahren komponierte er die heute noch populäre *Toselli Serenade.** Der gefeierte Musiker war vor seiner Ehe um die Welt gereist und hatte zahlreiche Konzerte gegeben – als deren Höhepunkt immer die *Toselli Serenade* verlangt wurde.

Sobald er mit Luise zusammen war, war die steile Karriere schon wieder beendet. »Sie wird jedem zum Verhängnis, der sich ihr nähert«, beschreibt er Luise in seinen Memoiren, »aber sich selbst steht sie am meisten im Wege.«

Das ungleiche Paar war einander im Dezember 1906 bei einem Empfang in Florenz vorgestellt worden. »Noch sehe

* YouTube: Toselli Serenade.

»Sie wird jedem zum Verhängnis, der sich ihr nähert«: Kronprinzessin Luise und ihr zweiter Mann, der weltberühmte Komponist Enrico Toselli

ich Luise von Toskana langsam dahinschreiten«, erinnerte er sich. »Bei Gott, sie war verführerisch lieblich. Das unsagbar süße und reine Lächeln auf ihren Lippen entzückte mich sofort.« Es sollte nicht lange dauern, da hauchte die 36-jährige Prinzessin, die bereits sieben Kinder zur Welt gebracht hatte, dem 23-jährigen, gut aussehenden Musiker zu: »Ich will dir ein treu liebend Weib sein, die Gefährtin deines Lebens. Meine Liebe ist von stolzer Art, sie ist tief und unwandelbar, und mein Glaube an dich stark und unerschütterlich.«

Sogar die »New York Times« berichtet vom Urlaub der ungewöhnlichen Familie

Herzogin Luise konnte es gar nicht schnell genug gehen: Die Hochzeit fand 1907 in London statt, im darauffolgenden Mai kam Sohn Carlo Emanuele Toselli zur Welt. Wie sehr sich die Öffentlichkeit in jenen Tagen auf Luise und ihren Musiker stürzte, zeigt ein Bericht der *New York Times*, der wenige Wochen nach der Geburt des kleinen Carlo den Urlaub der ungewöhnlichen Familie in einem kleinen Badeort in der Nähe von Rimini schildert: »Die Badegäste umringen das Paar im Wasser und liegen im Sand so eng bei ihnen wie eine Leibwache. Sie spionieren auch ständig um das Haus herum, sodass sich das Ehepaar Toselli schon gezwungen sah, die Polizei zu rufen. Aber Verwarnungen sind zwecklos: eine Königin ist dazu geschaffen, bestaunt zu werden, und der Strand ist für alle frei zugänglich.«

Luise war ständig auf der Flucht vor der Presse, sie mietete Villen in verschiedenen italienischen Städten, verließ sie wieder, kehrte zurück, bezog eine andere und wieder eine andere. Dem ruhebedürftigen Künstler Toselli war das alles zu viel, auch weil er merkte, dass seine Konzerte fast nur noch infolge der Beziehung zu seiner skandalträchtigen Frau und nicht seines virtuosen Genies wegen besucht wurden. Er war auch nicht mehr in der Lage, große Musik zu schaffen, und so war es kein Wunder, dass auch diese Ehe scheiterte und 1912 geschieden wurde. Der Sohn blieb beim Vater, der noch einmal heiratete und 1926 im Alter von nur 42 Jahren starb.

Luise, der der Rummel um ihre Person zu viel wurde, nahm nun den Namen Antoinette Maria Comtesse d'Ysette an und ließ sich in Brüssel nieder, wo sie in dem um zwölf Jahre jüngeren Ingenieur Fernand Vanderstraeten einen neuen Weggefährten fand. Ihre sieben Kinder hat sie nur ein Mal wiedergesehen.

Nach des Königs Tod versiegen die Zahlungen

Friedrich August von Sachsen überwies die Apanage an seine Ex-Frau auch nach seinem Rücktritt als König im Jahre 1918 weiter, die Zahlungen versiegten erst nach seinem Tod im Jahre 1932.

Die letzten Jahre ihres Lebens verbrachte Luise in bitterer Armut in Brüssel. Sie war auf Almosen angewiesen, konnte im Winter ihr Haus nicht heizen und brachte sich als Blumenverkäuferin und durch Hilfsarbeiten über die Runden.

Die einstige Erzherzogin von Österreich-Toskana und Kronprinzessin von Sachsen starb am 23. März 1947 nach einem wahrhaft aufsehenerregenden Leben im Alter von 76 Jahren.

Ist Herr Pachmann ein Habsburger? Ein Sohn für Kronprinz Rudolf

Seit er denken kann, ist der Wiener Ingenieur Rainer Pachmann überzeugt davon, ein direkter Nachkomme des Kronprinzen Rudolf zu sein. Kein Wunder, drei österreichische Gerichte haben seine Herkunft bestätigt, Zeitungsartikel in aller Welt und ganze Bücher wurden zum »Fall Pachmann« geschrieben – immer mit dem Hinweis, dass seine Familie dem früheren Kaiserhaus entstammte. Doch erst in unseren Tagen besteht die Möglichkeit, der wahren Herkunft durch DNA-Vergleiche auf die Spur zu kommen. Rainer Pachmann und sein Bruder Franz Stephan Salvator haben sich der genetischen Verwandtschaftsanalyse gestellt und so ein neues Kapitel in der Genealogie des Hauses Habsburg aufgeschlagen.

Es gibt nur wenige junge Frauen aus »ebenbürtigen« katholischen Familien

Ihre Geschichte reicht zurück bis ins Jahr 1878, als Kaiser Franz Joseph und seine Frau Elisabeth für ihren damals zwanzigjährigen, noch hoffnungsfrohen Sohn Kronprinz Rudolf eine passende Braut suchten. Sie war bald gefunden, da es ohnehin nur wenige junge Frauen aus »ebenbürtigen«, katholischen Fürstenfamilien gab, die in Betracht kamen. Die Auserwählte hieß Erzherzogin Maria Antonia, stammte aus der Toskana-Linie des Hauses Habsburg und war somit eine Cousine des Thronfolgers – ein Verwandtschaftsverhältnis, das in jenen Tagen kein Hindernis darstellte. Ganz im Gegenteil, man war froh, eine hübsche, gleichaltrige Prinzessin gefunden zu haben, die Rudolf noch dazu auf Anhieb gefiel.

Doch bald stellte sich heraus, dass Maria Antonia als Heiratskandidatin nicht infrage kam. Untersuchungen durch kaiserliche Hofärzte brachten zutage, dass die Braut ein Lungenleiden hatte, das ihre Lebenserwartung stark einschränkte. Vor allem war damit zu rechnen, dass sie ihrer wichtigsten Aufgabe nicht nachkommen könnte: den Habsburgern einen gesunden Stammhalter zu schenken. Der Kronprinz wurde informiert – und die Angelegenheit schien damit erledigt. Das Kaiserhaus ging neuerlich auf Brautschau.

Kronprinz Rudolf verliebt sich in die dunkelhaarige Erzherzogin

Man hatte aber nicht mit dem Eigensinn des als Freigeist bekannten Rudolf gerechnet. Der hatte sich nämlich mittlerweile in die dunkelhaarige Erzherzogin verliebt. Und es war nicht schwer für ihn, diese Liebe – wenn auch heimlich – auszuleben: Maria Antonia wurde als Äbtissin im Theresianischen Damenstift in Prag untergebracht, wobei niemand bedachte, dass Rudolf zeitgleich als Brigadier des Infanterieregiments Nr. 36 am Prager Hradschin, nur wenige Schritte von dem Nonnenkloster entfernt, stationiert war. Er traf seine verhinderte Braut regelmäßig und ging mit ihr eine Liebesbeziehung ein. Auch für ihre häufigen Wien-Aufenthalte hatten sich die beiden ein »Liebesnest« eingerichtet – und zwar in der Breite Gasse, wo der Kronprinz inkognito eine Wohnung gemietet hatte.

In dem 1966 erschienenen Buch *Um Recht und Nachfolge im Hause Habsburg* von Hermann Altenberg (ein Pseudonym des Schriftstellers Otto Kittel) ist der »Fall Pachmann« minuziös dokumentiert. Hier ist nachzulesen, dass Rudolf und Maria Antonia am 1. Jänner 1880 in der Gardekirche am Wiener Rennweg ohne Wissen des Kaisers eine geheime Ehe eingingen, die vom Burgkaplan und späteren Wiener Weihbischof Godfried Marschall getraut wurde.

Doch aus dieser geheimen Heirat – wie sie in adeligen Kreisen durchaus üblich war und volle Rechtsgültigkeit hatte – sollte sich ein gewaltiges Problem ergeben. Das Kaiserhaus hatte inzwischen eine andere Braut für Rudolf gefunden: Stephanie, die weit weniger attraktive Tochter des Königs von Belgien. Die Trauung fand knapp eineinhalb Jahre nach der ersten, am 10. Mai 1881, diesmal ganz offiziell und mit großem Pomp in der Wiener Hofkapelle statt. Das Peinliche an der Affäre: Der Kronprinz machte sich mit dieser zweiten Ehe der Bigamie schuldig.

Der Kronprinz macht sich der Bigamie schuldig

Nicht genug damit: Seine »erste Frau« Maria Antonia brachte am 7. März 1883 in der Villa Felicia in Cannes, wohin sie sich des für sie günstigeren Klimas wegen begeben hatte, einen Sohn namens Carl Rudolf zur Welt. Da sie mit Kronprinz Rudolf rechtsgültig verheiratet war, hatte das Kind Anspruch auf den Namen Habsburg-Lothringen. Knapp sechs Monate später, am 2. September 1883, wurde Stephanies und des Kronprinzen einzige Tochter Elisabeth geboren.

Maria Antonia von Toskana starb fünf Wochen nach der Geburt Carl Rudolfs, am 13. April 1883, in Cannes an den Folgen ihres Lungenleidens, das während der Schwan-

Hatten Maria Antonia und Kronprinz Rudolf einen gemeinsamen Sohn?

gerschaft in ein akutes Stadium getreten war. Ihr Leichnam wurde nach Wien überführt und in der Kapuzinergruft bestattet (in der Maria Antonia heute noch ruht).

Nun stellte sich die Frage, wo ihr Sohn, der kleine Carl Rudolf, aufwachsen sollte. Nur nicht bei Hof, denn weder die geheime Ehe noch die Existenz des aus dieser Beziehung stammenden Kronprinzen-Nachwuchses durften bekannt werden. Also suchte die eilends ins Vertrauen gezogene Kaiserin Elisabeth einen würdigen Platz für ihren Enkel. Sie fand ihn beim Ehepaar Heinrich und Marie Pachmann, die im ersten Stock des Hauses Haidmannsgasse 4 im damaligen Wiener Vorort Fünfhaus – unweit von Schönbrunn gelegen – wohnten. Praktischerweise lebte Elisabeths Kammerdiener Johann Werth mit seiner Familie im Erdgeschoss desselben Hauses.

Der k.u.k. Rittmeister Heinrich Pachmann und seine Frau Marie, die über einen tadellosen Leumund verfügten und auf deren Verschwiegenheit man sich verlassen konnte, nahmen das Kind auf und gaben ihm ihren Namen. Der Säugling erregte in der Nachbarschaft insofern keinen Verdacht, als Marie Pachmann fast gleichzeitig einen Sohn namens Robert zur Welt gebracht hatte, der wenige Tage nach seiner Geburt verstorben und auf dem Baumgartner Friedhof beerdigt worden war. Das »kaiserliche Kind« wuchs somit widerrechtlich unter dem Namen des toten Sohnes, als Robert Pachmann, auf. Seinen Zieheltern zahlte der Kaiserhof eine einmalige Apanage in Höhe von 30 000 Gulden* in bar, später wurden monatliche Alimentationszahlungen durch Boten überbracht.

Ein Kammerdiener und ein Graf kümmern sich um Carl Rudolf

Abgesehen von der Familie Pachmann, die auch noch zwei eigene Kinder hatte, kümmerte sich Johann Werth, der im Haus wohnende Kammerdiener Elisabeths, um den Spross aus kaiserlichem Geblüt. Nicht genug damit, bezog auch Graf Anton Alberti von Enno, ein enger Vertrauter Kronprinz Rudolfs, im dritten Stock des Hauses Haidmannsgassse 4 eine Wohnung. Er war es, der durch einen Hinweis des Kammerdieners Werth das Ehepaar Pachmann als Zieheltern entdeckt hatte, nun erhielt er den Auftrag, für eine standesgemäße Erziehung des kleinen Robert recte Carl Rudolf zu sorgen.

Doch alles kam ganz anders: Nach Rudolfs Tod in Mayerling tauchten in der Haidmannsgasse keine Geld-

* Entspricht im Jahre 2013 laut »Statistik Austria« einem Betrag von rund 360 000 Euro.

boten mehr auf. Es wurde zwar weiterhin für Carl Rudolf gesorgt, aber doch in wesentlich bescheidenerem Umfang als vorgesehen – vor allem ab dem Jahr 1900, in dem sein Ziehvater Heinrich Pachmann an den Folgen eines Leberleidens starb und die Familie sich einschränken musste.

Das Jahr 1907 schien eine erfreuliche Wende zu bringen: Graf Alberti von Enno klärte Kaiser Franz Joseph im Rahmen einer Sonderaudienz über sämtliche Einzelheiten der geheim gehaltenen Ehe Kronprinz Rudolfs mit Maria Antonia und über den aus dieser Ehe stammenden Sohn auf. Der Kaiser beauftragte den Grafen Enno, die nötigen Schritte zur Anerkennung seines Enkels einzuleiten. Überdies stellte Franz Joseph bei dieser Audienz fest, dass unter den gegebenen Umständen die Ehe des Thronfolgers mit Erzherzogin Maria Antonia gültig wäre, während die später geschlossene mit Stephanie nicht zu Recht bestanden hätte.

Der Kaiser bekommt keine Informationen mehr über seinen Enkelsohn

Der Kaiser dürfte mit diesem Schritt gehofft haben, seinen ungeliebten Thronfolger, Erzherzog Franz Ferdinand, als künftigen Monarchen verhindern zu können. Doch Graf Enno kam dem Auftrag des Kaisers nicht nach. Er heiratete kurze Zeit später die vermögende Gräfin Lónyay, durch die er in ungleich bessere finanzielle Verhältnisse geriet.* Seine frisch angetraute Frau stand freilich in einem Naheverhältnis zu Franz Ferdinand und dessen Gemahlin Sophie. Der Thronfolger hatte wohl durch den Grafen

* Durch diese Heirat wurde Graf Enno pikanterweise zum Schwager der Witwe des Kronprinzen Rudolf, die im März 1900 den Grafen (und späteren Fürsten) Elemér Lónyay geheiratet hatte.

vom Plan des Kaisers erfahren und ihn durch seinen Einfluss auf Enno durchkreuzt. Der alternde Kaiser bekam keine weiteren Informationen mehr über seinen Enkelsohn, der Graf zog aus seiner Wohnung in der Haidmannsgasse aus und kümmerte sich auch nicht mehr um den ihm anvertrauten Carl Rudolf.

Dieser war gerade 35 Jahre alt, als die österreichisch-ungarische Monarchie zerbrach. Er begann nun seiner Herkunft nachzuspüren – sehr zum Unbehagen der Familie Habsburg übrigens, die damals ihre Rückkehr auf den Thron noch nicht ganz abgeschrieben hatte. Da Carl Rudolf infolge der Geheimehe ein legitimer Sohn Kronprinz Rudolfs war, hätte die Krone, wie er meinte, nicht an Kaiser Karl gehen dürfen, sondern an ihn als direkten Nachkommen des Thronfolgers und als Enkelsohn Kaiser Franz Josephs.

Carl Rudolf Pachmann wird von allen Instanzen abgewiesen

Carl Rudolf Pachmann, der nun ein Antiquitätengeschäft führte, prozessierte sowohl in der Ersten als auch in den ersten Jahren der Zweiten Republik um seine Anerkennung als Habsburger, wurde aber von allen Instanzen abgewiesen. Er heiratete Amalie Sramek, die ihm 1924 den Sohn Theodor Rudolf Salvator Pachmann schenkte. Und auch dieser begann, nach absolviertem Jusstudium, der Familiengeschichte nachzugehen.

Und bekam, im Gegensatz zu seinem mittlerweile verstorbenen Vater, am 11. September 1965 bei einer Verhandlung im Landesgericht für Zivilrechtssachen Wien vom Vorsitzenden Oberlandesgerichtsrat Dr. Mühl zum ersten Mal recht: Theodor Rudolf Pachmann war somit ein Habsburger.

Wiener Gericht hat entschieden:
Pachmann ist Habsburger!
Enkel des Kronprinzen Rudolf — Name wird geändert

Der Gegen-„Kaiser"
Er ist ein ehrenwerter Mann, der Dr. Theodor Rudolf Salvator Pachmann, und kann sicherlich nichts dafür, daß irgendeinem Schlaukopf

Pachmann wird Habsburger Nr. 1

ÖSTERREICH
HABSBURG
No a Kaiser?
Niemand nennt ihn „Majestät", „Durchlaucht" oder auch nur

„Neues Österreich" / Danzinger
PACHMANN HÄLT HOF
Hof hielt gestern Franz-Joseph-Urenkel Theodor Rudolf Salvator Pachmann beim Bücher-Herzog in der Mariahilferpassage. Wie bei allen Höfen riß auch hier sofort die Günstlingswirtschaft ein: Die Journalisten durften den Erlauchten nämlich nach Herzenslust ausfragen, während das übrige Volk murrend vor dem Geschäftsportal ausharrte, bis es – nach geraume

Interview mit dem neuen Habsburger
Keine persönlichen Besitzansprüche — „Otto ist eine tragische Gestalt"
„Lebe weiter wie bisher" — Vor einer Änderung des habsburgischen Hausrechts?

Zuwachs für die Familie Habsburg

Familie Habsburg bekam neues Mitglied
Gericht bestätigt einem Dr. Pachmann: „Sie sind ein Enkel Kronprinz Rudolfs!"

Habsburger-Sensation: Pachmann Rudolfs Enkel

Fall „Dr. Rudolf Pachmann":
Der neue Mann im Hause Habsburg
Sensationelles Urteil eines Wiener Zivilgerichtes: Dr. Pachmann ist ein Enkel des Kronprinzen Rudolfs und der Erzherzogin Antonia von Toscana — Nach dem Tod der Mutter einer Bürgerfamilie unterschoben

Schon nach den Gerichtsurteilen in den Jahren 1965 und 1966 sorgte der Fall Pachmann im In- und im Ausland für Schlagzeilen.

Im Jahre 1907 wurde der Kaiser in allen Details über seine Existenz aufgeklärt: Der »Kronprinzen-Sohn« Robert – eigentlich Carl Rudolf – Pachmann in jungen Jahren

Der »Fall Pachmann« sorgte nun für weltweites Aufsehen. Plötzlich war ein neuer Habsburger da, Dr. Theodor Pachmann wurde im Wiener Justizplast ganz offiziell als Enkel Kronprinz Rudolfs – und somit als Urenkel Kaiser Franz Josephs – anerkannt. »Pachmann ist Habsburger« und »Familie Habsburg bekam neues Mitglied« lauteten die Schlagzeilen. In Kommentaren wurde Otto von Habsburg das Recht abgesprochen, weiterhin als Oberhaupt des einstigen Kaiserhauses aufzutreten, da nicht er, sondern Herr Pachmann der Hauptlinie nach Franz Joseph entstamme: »Pachmann wird Habsburger Nr. 1«, war einem weiteren Zeitungstitel zu entnehmen.

Grundlage für den Richterspruch war die Aussage von Carl Rudolfs Ziehmutter Marie Pachmann, die am 5. März 1925 vor dem Wiener Notar Viktor Schwarz eidesstattlich

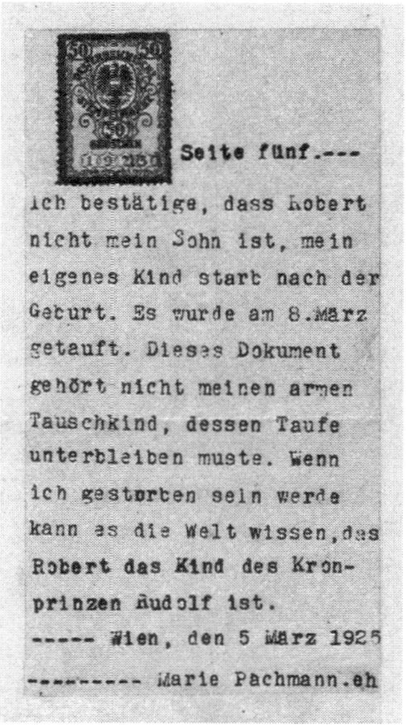
Seite fünf.---
ich bestätige, dass Robert
nicht mein Sohn ist, mein
eigenes Kind starb nach der
Geburt. Es wurde am 8.März
getauft. Dieses Dokument
gehört nicht meinen armen
Tauschkind, dessen Taufe
unterbleiben muste. Wenn
ich gestorben sein werde
kann es die Welt wissen,das
Robert das Kind des Kron-
prinzen Rudolf ist.
----- Wien, den 5 März 1925
--------- Marie Pachmann.eh

Notariell beglaubigte Aussage der Marie Pachmann vom 5. März 1925

erklärt hatte, »dass Robert das Kind des Kronprinzen Rudolf ist«. Marie Pachmann starb im Jahre 1931.

Ein Jahr nach dem Richterspruch von 1965, mit dem Theodor Pachmann die Führung seines bisherigen Familiennamens Pachmann untersagt wurde, folgte ein zweiter Bescheid des Landesgerichts Wien, der es ihm ermöglicht hätte, den Namen Habsburg-Lothringen zu führen (wovon er übrigens nie Gebrauch machte). Auch dieses Urteil löste ein riesiges Medienecho aus: Weltweit wurde Pachmann als »neuer Erzherzog« und »Oberhaupt des Hauses Habsburg« gefeiert.

Am 20. Juli 1976 kam es schließlich im Bezirksgericht Salzburg zu einem weiteren, noch deutlicheren Urteilsspruch, in dem Landesgerichtsrat Dr. Rudolf Metzner »zu Recht erkannte, dass Dr. Theodor Pachmann der Urenkel

Theodor Pachmann ließ sich mehrmals klagen, um recht zu bekommen: Im Urteil des Bezirksgerichts Salzburg vom 20. Juli 1976 »wird festgestellt, dass er der Urenkel des Kaisers Franz Joseph I. von Österreich und des Großherzogs Ferdinand IV. von Toskana ist«.

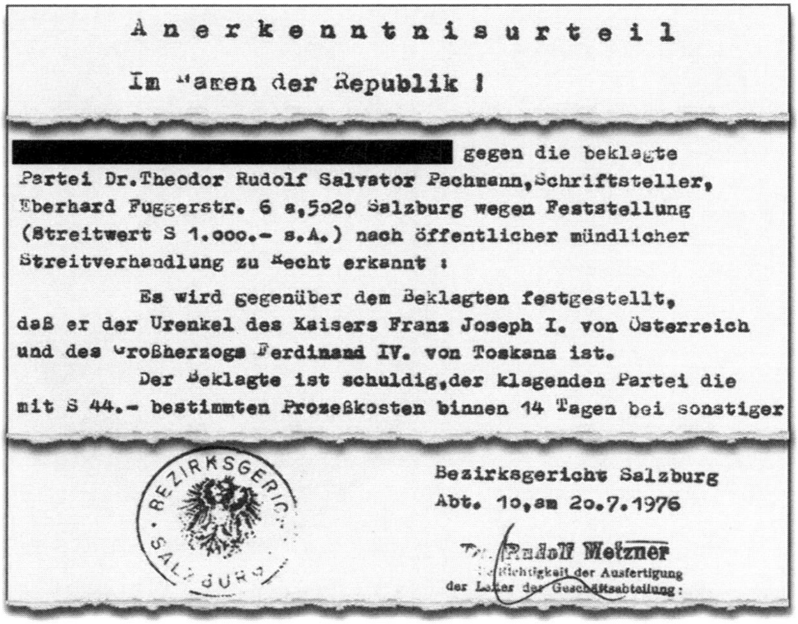

A n e r k e n n t n i s u r t e i l

Im Namen der Republik !

[redacted] gegen die beklagte Partei Dr.Theodor Rudolf Salvator Pachmann,Schriftsteller, Eberhard Fuggerstr. 6 a,5o2o Salzburg wegen Feststellung (Streitwert S 1.ooo.- s.A.) nach öffentlicher mündlicher Streitverhandlung zu Recht erkannt :

Es wird gegenüber dem Beklagten festgestellt, daß er der Urenkel des Kaisers Franz Joseph I. von Österreich und des Großherzogs Ferdinand IV. von Toskana ist.

Der Beklagte ist schuldig,der klagenden Partei die mit S 44.- bestimmten Prozeßkosten binnen 14 Tagen bei sonstiger

Bezirksgericht Salzburg
Abt. 1o,am 2o.7.1976

Dr. Rudolf Wetzner
Für die Richtigkeit der Ausfertigung
der Leiter der Geschäftsabteilung:

des Kaisers Franz Joseph I. von Österreich und des Großherzogs Ferdinand IV. von Toskana* ist«.

Theodor Pachmann starb 1993 in der sicheren, weil drei Mal gerichtlich bestätigten Annahme, ein Spross des Hauses Habsburg zu sein.

Als die erwähnten Gerichtsbescheide ergingen, gab es die Möglichkeit der DNA-Analyse noch nicht.

Rainer Pachmann und sein Halbbruder Franz Stephan Salvator Hübsch sind die Söhne des Theodor Rudolf Pachmann. Hübsch wandte sich im Frühjahr 2013 an mich, weil er endlich wissen wollte, was von dem nie bewiesenen, aber durch Gerichtsurteile bestätigten Ver-

---

* Großherzog Ferdinand IV. (1835–1908) war der Vater der Erzherzogin Maria Antonia.

wandtschaftsverhältnis zu halten sei. Da Rainer Pachmann ebenso an der Klärung interessiert war, bat ich die beiden Halbbrüder, sich einer DNA-Untersuchung zu stellen, und ließ relevante Merkmale ihrer Y-Chromosomen mit denen eines Mitglieds der Familie Habsburg vergleichen.

Gleichzeitig ersuchte ich Georg Hohenberg*, den Enkel des in Sarajewo getöteten Thronfolgers Franz Ferdinand – der natürlich mit Kaiser Franz Joseph und Kronprinz Rudolf blutsverwandt ist –, um das Einverständnis, seine DNA-Daten mit denen der Herren Pachmann und Hübsch vergleichen zu dürfen.

Hohenberg, dessen DNA bei der Sachverständigen für forensische Molekularbiologie Dr. Christa Nussbaumer aufliegt, war einverstanden, worauf diese bei den Halbbrüdern Mundhöhlenabstriche vornahm.

Das Ergebnis ist eindeutig: »Eine Verwandtschaft väterlicherseits zwischen den Herren Pachmann und Hübsch einerseits und Herrn Dr. Georg Hohenberg andererseits kann ausgeschlossen werden.«

Es sieht also ganz danach aus, als hätten die Gerichte, die Theodor Rudolf Pachmann, den Vater der Herren Rainer Pachmann und Franz Hübsch, als Nachfahren des Kronprinzen Rudolf anerkannt hatten, Fehlurteile gesprochen.

Natürlich waren die Brüder Rainer Pachmann und Franz Stephan Salvator Hübsch enttäuscht, dass ihr DNA-Ver-

---

* Siehe Kapitel »Die Tragödie meiner Großeltern in Sarajewo« ab Seite 260.

gleich mit einem Mitglied der Familie Habsburg negativ ausfiel. Denn es liegen – wie sie meinen – zu viele Indizien vor, die ihre Herkunft nach Kronprinz Rudolf und Kaiser Franz Joseph belegen.

Carl Rudolf Pachmann erinnert sich an ein Treffen mit dem Kronprinzen

Abgesehen von den Gerichtsurteilen und der notariell beglaubigten Aussage der Marie Pachmann ist noch anzuführen:

- Dass Carl Rudolf Pachmann im Gespräch mit Otto Kittel seine Erinnerungen an ein Treffen mit Kronprinz Rudolf hinterließ. Er war damals, im Herbst 1888, fünf Jahre alt, als er vom Grafen Enno und dem Kammerdiener Werth zu seinem angeblichen Vater durch einen Seiteneingang ins Schloss Schönbrunn gebracht wurde. Der Thronfolger hätte ihn bei dieser Zusammenkunft auf den Arm genommen, gestreichelt, einige Worte an ihn gerichtet und mit Geschenken überrascht, darunter ein Exemplar des von ihm, dem Thronfolger, verfassten Buchs *Orientreise*, das er mit der Widmung »Meinem Sohne« versehen hatte. Zu einem geplanten zweiten Treffen kam es nicht mehr, da Rudolf kurze Zeit später, am 30. Jänner 1889, in Mayerling ums Leben kam.
- Aufhorchen ließ ein Interview, das der angesehene Historiker und Autor der ersten profunden Kronprinz-Rudolf-Biografie, Oskar Mitis*, am 8. August 1948 der Zeitschrift *Nachrichtenwoche* gab. Er erklärte darin, »dass die Geheimehe Kronprinz Rudolfs mit Maria Antonia von Toskana Tatsache ist und dass die Unterschiebung

* Oskar Mitis (1874–1955), ab 1900 im Haus-, Hof- und Staatsarchiv, dessen Leiter er von 1919 bis 1925 war, Autor des 1928 erschienenen Standardwerks »Das Leben des Kronprinzen Rudolf«.

des Kronprinzensohnes bei der Familie Pachmann stattgefunden hat«.

Informationen in der »Kronprinz-Rudolf-Mappe«

- In der »Kronprinz-Rudolf-Akte« des Haus-, Hof- und Staatsarchivs findet sich darüber hinaus die umfangreiche Korrespondenz, die Oskar Mitis mit Historikerkollegen in Sachen Pachmann führte. Er bedauert darin mehrmals, dass zum Zeitpunkt, als er seine Rudolf-Biografie schrieb, die Geheimehe mit Maria Antonia noch nicht bekannt gewesen sei. Und am 27. April 1953 erklärte er dem Historiker Hermann Zerzawy, als dieser ein neues Buch über Kronprinz Rudolf plante, schriftlich: »Ich fühle mich verpflichtet, Sie auf die Notwendigkeit aufmerksam zu machen, dass das neue Buch folgende neue Abschnitte umfassen müsste: 1) Die geheime Ehe von 1880 und 2) Die Familie Pachmann ...«
- Allerdings, meinte Mitis, »würde Pachmann, da der Kaiser gar nicht um seine Zustimmung angegangen worden war, in Österreich niemals als Thronfolgerkandidat in Betracht kommen, wohl aber in Ungarn«. Der jeweilige Nachfahre der Familie Pachmann wäre demnach zu keiner Zeit als Oberhaupt des Hauses Habsburg anzusehen gewesen. Daran ändert auch nichts, dass Kaiser Franz Joseph im Jahre 1907 den Grafen Enno beauftragt haben soll, »die nötigen Schritte zur Anerkennung meines Enkels einzuleiten«. Entscheidend sei, dass dieser Auftrag nie befolgt wurde.
- Des Weiteren gab Heinrich und Marie Pachmanns Tochter Ida Bily geb. Pachmann, die im Haushalt ihrer leiblichen Eltern mit Carl Rudolf aufgewachsen war, 1964 am Landesgericht für Zivilrechtssachen in Wien zu

Protokoll, dass Carl Rudolf »nicht der Sohn meiner Eltern gewesen ist. Ihr eigenes Kind starb vielmehr nach der Geburt.« Ida Bily selbst war es, die Theodor Pachmann – auf dessen Wunsch – mittels einer Klage verbieten wollte, weiterhin den Namen Pachmann zu tragen. Diesem Wunsch wurde vom Gericht entsprochen, und das diesbezügliche Urteil war der Auftakt zu den erfolgreichen weiteren Prozessen des Theodor Pachmann, der nach dem gerichtlichen Verbot skurrilerweise den Namen »Dr. Theodor Rudolf Salvator vulgo Pachmann« führte.

Maria Antonias handschriftlich erstelltes Testament

- Bemerkenswert ist darüber hinaus das am 12. August 1882 von Maria Antonia eigenhändig erstellte Testament, in dem sich ein Passus findet, demzufolge eine enge Jugendfreundin der Erzherzogin mit einem außergewöhnlich hohen Betrag bedacht werden sollte: »Baronin Laurence von Müller erhält die Summe von 120 000 Gulden* österreichischer Währung zu dem ihr allein bekannten Zwecke. Ich wünsche und verlange ausdrücklich, sie mit keinerlei Fragen zu behelligen, um zu erfahren, für was für einen Zweck ich ihr das Geld hinterlasse. Dies ist mein ganz privatester Gedanke und Wille, und ich wurde zu diesem Entschluss von gar keinem Menschen beeinflusst.«

Ebenso erstaunlich wie dieser Absatz im Testament ist die Tatsache, dass er nachträglich gestrichen wurde, also zum Zeitpunkt ihres Todes keinerlei Gültigkeit hatte. Für wen

* Entspricht im Jahre 2013 laut »Statistik Austria« einem Betrag von rund 1,45 Millionen Euro.

Vier Generationen, die laut mehreren Gerichtsurteilen einer Dynastie angehören: Kronprinz Rudolf, Carl Rudolf, Theodor Rudolf und Rainer Rudolf Pachmann (von links)

das Geld bestimmt war und wer den Letzten Willen der Erzherzogin rückgängig gemacht hat, wird wohl niemand mehr beantworten können. Das Originaltestament Maria Antonias befindet sich im Österreichischen Haus-, Hof- und Staatsarchiv.

Sowohl Theodor als auch sein Vater Carl Rudolf, der der Sohn Kronprinz Rudolfs mit der Erzherzogin Maria Antonia von Toskana gewesen sein soll, haben ihr ganzes Leben um die Anerkennung gekämpft, sich als Angehörige des Hauses Habsburg bezeichnen zu dürfen. »So weit werde ich nicht gehen«, sagt ihr in Wien lebender Nachfahre Rainer Pachmann. »Mein Vater und mein Großvater haben sich durch diese Prozesse kaputt gemacht. Beide haben ihr Leben in den Dienst der Klärung ihrer Familiengeschichte gestellt. Mein Vater hat eigentlich deshalb Rechtswissenschaften studiert, um die Sache vor Gericht erfolgreich beenden zu können. Beide waren ursprünglich wohlhabend – ich vermute, dass ihr Vermögen aus einer Apanage des Kaiserhauses stammte –, haben aber, um die Gerichtsverfahren finanzieren zu können, alles verloren.«

Rainer Pachmann will sich im Gegensatz zu seinen Ahnen nicht in die Causa verrennen und doch – wie auch sein Halbbruder Franz Stephan Salvator Hübsch – seiner wahren Abstammung weiter auf den Grund gehen.

Was sind die Konsequenzen des negativen Vergleichs der DNA-Daten Georg Hohenbergs mit denen Rainer Pachmanns und Franz Hübschs? »Mein Vater und mein Großvater«, meint Rainer Pachmann, »haben sich diese Geschichte nicht ausgedacht, es weisen zu viele Indizien darauf hin, dass es die Liebesbeziehung zwischen Kronprinz Rudolf und Maria Antonia von Toskana tatsächlich gab.«

»Erst wenn es einen DNA-Vergleich mit Kronprinz Rudolf gibt.«

Es wäre natürlich möglich, dass Carl Rudolf Pachmann aus dieser Beziehung stammt – aber die Vaterschaft in einer der späteren Generationen zweifelhaft ist. Franz Stephan Salvator Hübsch ist aufgrund der Dokumente, der Zeugenaussagen und der Gerichtsurteile »überzeugt, ein Urenkel des Kronprinzen Rudolf zu sein«. Ebenso wie Rainer Pachmann, der ein Ergebnis erst dann anerkennen will, »wenn es einen DNA-Vergleich zwischen Kronprinz Rudolf und mir gibt«.

Den zu erzielen wird nicht ganz einfach sein, da die Kapuziner, in deren Gruft der Thronfolger begraben ist, solche Untersuchungen bisher nie zuließen.

Stammbaum der Familien Habsburg und Pachmann* (Auszug)

Kaiser Franz Joseph ∞ **Kaiserin Elisabeth**
1830–1916 1837–1898

Maria Antonia ∞ **Kronprinz Rudolf** ∞ **Stephanie**
1858–1883 1858–1889 1864–1945

Amalie Sramek ∞ **Carl Rudolf Pachmann**
† 1955 1883–1961

Elisabeth
1883–1963
∞ **1. Otto Windisch-Graetz**
1873–1952
∞ **2. Leopold Petznek**
1881–1956

Hildegard Wedam ∞ **Theodor Rudolf Pachmann** ♥ **Maria Hübsch**
1921–2007 1924–1993 1923–2001

Rainer Pachmann
* 1950

Franz Stephan Salvator Hübsch
* 1962

* Laut Beschlüssen des Landesgerichts Wien (1965, 1966) und des Bezirksgerichts Salzburg (1976)

Populärer geht's nicht

Kriminalfall Girardi
Ein Volksschauspieler erlebt die Hölle auf Erden

Alexander Girardi, so wird erzählt, hätte einmal den alten Kaiser bei einem Spaziergang durch Bad Ischl begleitet, da drehten sich die Leute um und fragten: »Wer ist denn der alte Herr neben dem Girardi?« Ganz so wird's wohl nicht gewesen sein, aber die Episode deutet darauf hin, wie populär der Volksschauspieler war. Eine Verbindung in ganz anderer Form gab's zum alten Kaiser allerdings wirklich: Durch Franz Josephs Intervention wurde der Volksschauspieler davor bewahrt, ins Irrenhaus gesperrt zu werden.

Kurzum: Österreich ist im Girardi-Fieber

Jeder Wiener, der etwas auf sich hielt, trug einen Girardihut, stützte sich auf einen Girardistock, sprach und bewegte sich wie Girardi. Johann Strauß hatte Melodien für ihn geschrieben, kurzum: Österreich war im Girardi-Fieber. Am 5. Dezember 1850 in Graz als Sohn eines aus Cortina d'Ampezzo eingewanderten Schlossermeisters geboren, musste der junge »Xandl« vorerst gegen seinen Willen das Schlosserhandwerk erlernen. Erst nach dem Tod des Vaters konnte er zum Theater gehen. Und er brachte es zum beliebtesten Schauspieler seiner Zeit, feierte Triumphe in den von ihm kreierten Rollen als Frosch in der *Fledermaus* und als Zsupan im *Zigeunerbaron*. Er war in seiner Glanzzeit so populär, dass er den wohl kuriosesten Vertrag der Theatergeschichte abschließen konnte. Da er mit der Eigentümerin und Direktorin des Theaters an der Wien verfeindet war, lautete eine Passage seines Kontrakts: »Wenn Herr Girardi die Bühne betritt, hat Fräulein von Schönerer* dieselbe augenblicklich zu verlassen.«

Die Schauspielerin Helene Odilon betört Wiens Männerwelt

Während seine Karriere keinen besseren Verlauf hätte nehmen können, entwickelte sich sein Privatleben ganz anders – nämlich zur Katastrophe. Von Millionen geliebt, bewundert, verehrt, erlebte Girardi just auf dem Höhepunkt seiner Popularität die Hölle auf Erden. Schuld an der Tragödie, die im Leben und nicht auf einer Bühne zur Aufführung kam, war die Liebe zu der ebenso berühmten wie schönen Helene Odilon. Die Schauspielerin des Deutschen Volkstheaters galt als verführerischste Frau ihrer Zeit, mit ihrem schmiegsamen Körper und der ihr eigenen sinnlichen Sprechweise betörte sie Wiens Männerwelt. Und »sie hatte den gesunden Appetit eines jungen Raubtieres«, wie ein Chronist sie beschrieb.

Ausgerechnet diesem »Raubtier« war Alexander Girardi, der ehemalige Schlosserbub, mit Haut und Haaren verfallen. Am 14. Mai 1893 wurde Hochzeit gefeiert, doch schon nach wenigen Monaten kam, was kommen musste: Treu blieb Helene Odilon selbst als Ehefrau nur ihrem Ruf, »Wiens gefährlichste Frau« zu sein. Und Girardi, der sich auch als Volksliebling sein schlichtes Gemüt bewahrt hatte,

---

* Alexandrine von Schönerer (1850–1919) war die Schwester des Politikers Georg Ritter von Schönerer.

wurde krank vor Eifersucht. Zwischen der 27-jährigen Herzensbrecherin und ihrem 43-jährigen Ehemann kam es zu erbitterten Szenen.

Konkreten Anlass für die Tragödie gab Helene Odilons Flirt mit dem Wiener Bankier Albert Baron Rothschild.* In den ersten Dezembertagen des Jahres 1893 verließ sie seinetwegen die eheliche Wohnung in der Nibelungengasse, um sich im Hotel Sacher einzuquartieren.

Professor Wagner-Jauregg erklärt, dass Girardi »irrsinnig« sei

Was bisher immer noch als ganz »normale« Ehekrise anzusehen war, wurde jetzt zu einer Affäre, die bald ganz Österreich in Atem hielt. Denn um ihren Mann »loszuwerden«, ersann die Odilon einen teuflischen Plan, der um ein Haar aufgegangen wäre. Die Schauspielerin ließ den berühmten Psychiater Professor Julius Wagner-Jauregg ins Sacher kommen und beauftragte ihn, den Geisteszustand ihres Ehemannes zu untersuchen. Der spätere Nobelpreisträger setzte sich vorerst mit Girardis Hausarzt Dr. Joseph Hoffmann in Verbindung und ging gemeinsam mit ihm zur Wohnung des »Patienten«, den sie dort jedoch nicht antrafen.

Und dann passierte das Unfassbare: Ohne den Schauspieler je persönlich gesehen, geschweige denn untersucht zu haben, stellte Wagner-Jauregg die Diagnose, dass Girardi »vom Cocainwahn befallen, irrsinnig und gemeingefährlich« sei, und beantragte bei der Polizeidirektion dessen Einweisung in die Wiener Irrenanstalt Svetlin. Später rechtfertigte sich Wagner-Jauregg damit, er hätte sich »auf Dr. Hoffmanns Aussagen verlassen«. Jedenfalls beauftragte

---

* Siehe Kapitel »Von Rothschild bis Lehár« ab Seite 128.

Alexander Girardi ging an der Liebe zu Helene Odilon, der »verführerischsten Frau ihrer Zeit«, beinahe zugrunde.

Polizeipräsident Franz Ritter von Stejskal mittels Fahndungsbefehl sämtliche Dienststellen, »den Schauspieler Alexander Girardi, wo immer er angetroffen werde, als gemeingefährlich festzunehmen«.

Kurzfristig nahm die Tragödie jetzt komödiantische Züge an: Als der Ambulanzwagen mit zwei Wärtern vor Girardis Haus vorfuhr, trat gerade der Nachbar des Schauspielers – ein hochrangiger Staatsbeamter – auf die Straße. Wie so viele Wiener war auch er mit Strohhut und elegantem Stock à la Girardi gekleidet. Worauf der gute Mann von den beiden Wärtern in den Krankenwagen gezerrt und ins Privatsanatorium Svetlin eingeliefert wurde.

Die Einzige, die ihm helfen kann, ist Katharina Schratt

Girardi, von Freunden rechtzeitig gewarnt, befand sich zu diesem Zeitpunkt bereits auf der Flucht. Er wusste: Die Einzige, die ihm helfen konnte, war seine Kollegin Katharina Schratt – mit der er in Jugendtagen kurzzeitig verlobt gewesen war.*

Die Burgschauspielerin und Vertraute des Kaisers erklärte sich bereit, Franz Joseph ehestmöglich zu informieren, und ließ Girardi, um ihn vor seinen Verfolgern zu schützen, in ihrem Gartenhaus in der Gloriettegasse übernachten. Am nächsten Morgen begrüßte Katharina Schratt den Kaiser mit den Worten: »Majestät, in Ihrem Staat geht es schön zu« und erzählte ihm von der Verfolgung Girardis.

Da der gewissenhafte Monarch den umjubelten Theaterstar nicht voreilig »freisprechen« wollte, ordnete er die Einberufung einer ärztlichen Kommission an. »Wenn die

---

* Siehe Kapitel »Kathi ich lieb dich zum Sterben« ab Seite 18.

konstatiert, dass er gesund ist, lass ich die polizeiliche Verfügung sofort aufheben«, sagte der Kaiser, »früher nicht«.

Tags darauf wurde Girardi von einem Ärztekonsilium unter dem Vorsitz des Psychiaters Regierungsrat Dr. Hinterstoisser untersucht und für »völlig normal« befunden.

Bald war der große Komödiant auch von Helene Odilon »geheilt«, die Ehe wurde am 16. Jänner 1896 geschieden. Girardi heiratete später noch einmal und verbrachte mit seiner zweiten Frau Leonie – der Adoptivtochter des Klavierfabrikanten Bösendorfer – zwanzig glückliche Jahre.

Der Girardi-Krimi hatte einen Sturm der Entrüstung ausgelöst. Wie war es möglich, dass ein Mann ohne ärztliche Untersuchung für geisteskrank erklärt werden konnte? Und wie schützt sich ein Betroffener, der nicht das Glück hat, über einen Draht zum Kaiser zu verfügen?

Ein »Fall Girardi« kann sich in dieser Form nicht wiederholen

Die scharfen Presse-Attacken auf die geltenden »Vorschriften des Irrenwesens« waren von Erfolg gekrönt: Franz Joseph verfügte mittels kaiserlicher Verordnung eine völlige Neuregelung des Entmündigungsverfahrens, die als *Lex Girardi* Justizgeschichte schrieb. Seit damals – und so blieb es bis zum heutigen Tage – ist ein Gerichtsbeschluss notwendig, ehe eine Person in eine Anstalt für Geisteskranke eingeliefert werden kann. Ein »Fall Girardi« könnte sich in dieser Form nicht wiederholen.

Helene Odilon wurde nach Bekanntwerden des Skandals gemieden, die Verbindung mit Baron Rothschild ging bald in die Brüche. Die ehemals beliebte Schauspielerin verbrachte ihre späten Jahre in Armut, Girardi aber wurde durch die Affäre noch populärer.

Am 15. Februar 1918 erfüllte sich sein lebenslanger Traum, als er in der Rolle des Fortunatus Wurzel in Raimunds *Der Bauer als Millionär* zum ersten Mal auf der Bühne des Burgtheaters stand. Doch er konnte die späte Ehrung nicht lange genießen. Nach wenigen Vorstellungen wurde der schwer zuckerkranke Schauspieler ins Spital eingewiesen, wo ihm das linke Bein amputiert werden musste. Er starb am 20. April 1918.

Felix Salten schrieb in seinem Nachruf: »Es wird ein Wein sein und wir wer'n nimmer sein, 's wird schöne Maderln geben und wir wer'n nimmer leben – niemand hat das so gesungen. Niemand, den wir noch hören können, wird das wieder so singen wie er.«

Die düstere Prophezeiung sollte sich bewahrheiten

Nach seinem Ableben munkelte man hinter vorgehaltener Hand: Der Johann Strauß ist tot, der alte Kaiser ist tot – und jetzt ist der Girardi g'storben. Da wird's die Monarchie a nimmer lang geben.

Ein halbes Jahr später sollte sich diese düstere Prophezeiung bewahrheiten.

Der Hans-Moser-Skandal
War der Schauspieler ein Nazi-Mitläufer?

Kaum hat sich der Vorhang gehoben, betritt Hans Moser das Himmelreich. Er wird dort von lieblicher Schrammelmusik empfangen, doch damit ist's auch schon vorbei mit der wienerischen Idylle. Denn der Chef des Himmels, der liebe Gott sozusagen, ist – bitte festhalten: Adolf Hitler! Der Schriftsteller Franzobel hat ein Stück über Hans Moser geschrieben, das im Februar 2010 im Wiener Theater in der Josefstadt seine Uraufführung feierte. Es zeigt den großen Nuschler als Feigling und Mitläufer der Nazis. War er das?

»Hans Moser war nach Hans Albers der meistbeschäftigte Schauspieler«

Zunächst die Fakten: Wahr ist, dass Mosers Filmkarriere in der Zeit des Nationalsozialismus ihren Höhepunkt erreichte. Wahr ist aber auch, dass Moser kein Nazi war und einmal die Widerstandsbewegung besuchte, der Paul Hörbiger angehörte.

Frage daher an den Autor des Stücks: Ist es legitim, aus einem Künstler posthum einen Nazi zu machen?

»Hans Moser war nach Hans Albers der meistbeschäftigte Schauspieler dieser Zeit«, erklärt Franzobel. »Ich sehe ihn nicht als Nazi, aber als Urbild des Österreichers, als einen sich durchlavierenden, nicht wirklich schuldig gemacht habenden und trotzdem ein bisschen anarchistisch gegen das System agierenden Menschen.«

Als Hans Moser – dargestellt von Erwin Steinhauer – im Stück hochbetagt in den Himmel kommt und erkennt, dass Hitler der liebe Gott ist, sagt er wörtlich zu diesem: »Sie hier im Himmel? Jesus Maria. Heil Hitler, mein ich. Na, von Politik versteh ich nichts, aber gegen die Nazis hab ich nie was gehabt … Im Grund war ich sogar sehr dafür … Ich wär ja auch sofort in die Partei eingetreten, aber wegen meiner jüdischen Frau hab ich nicht dürfen.«

Moser ist nicht bereit, sich von seiner jüdischen Frau scheiden zu lassen

Im Gegensatz zu dieser Szene gibt es keinen realen Hinweis darauf, dass Hans Moser jemals Mitglied der NSDAP werden wollte. Warum wird ihm das unterstellt?

Franzobel geht es »um die Frage: Wie weit passt sich einer an, wie weit übernimmt man Dinge, die von einem gefordert werden, um der Zeit zu entsprechen und nicht die Karriere zu gefährden.«

Während Schauspieler wie Werner Krauß, Erik Frey und Emil Jannings den Nationalsozialisten tatsächlich nahestanden oder Propagandafilme drehten, traf das auf Hans Moser ganz sicher nicht zu. Abgesehen davon war er – anders als etwa Heinz Rühmann – nicht bereit, sich von seiner jüdischen Frau scheiden zu lassen.

»Gerade weil er mit einer Jüdin verheiratet war«, erwidert Franzobel, »kann niemand sagen, er hätte von den Schatten des Regimes nichts gewusst, weil er das ja am eigenen Leib erfahren hat. Insofern war er, wie viele Leute damals, ein Zerrissener. Zerrissen zwischen Karriere und privatem Elend.«

Als sie noch gemeinsam reisen konnten: Hans Moser und Ehefrau Blanca

Ich konfrontierte Mosers Nichte mit dem Inhalt des Stücks, und diese war entsetzt. »Dass mein Onkel als Mitläufer der Nazis dargestellt wird, hat er sich nicht verdient«, sagt Frau Lotte Kirchdorfer, die letzte lebende Zeugin jener Zeit, um die es in dem Moser-Stück geht. »Mein Onkel hat die Nationalsozialisten gehasst: aus seiner inneren Einstellung heraus, aber auch, weil er durch sie jahrelang von seiner Frau getrennt war.«

»Mein Onkel dachte daran, mit seiner Frau aus Wien wegzugehen«

Es ist nur eine der Ungeheuerlichkeiten der Nazizeit, dass Blanca Moser von dem Regime verfolgt wurde, das die Filme ihres Mannes produzierte. »Mein Onkel dachte 1938 ernsthaft daran, mit seiner Frau aus Wien wegzugehen«, erinnert sich Frau Kirchdorfer. »Sie wollten nach Argentinien, weil dort ihre Tochter lebte. In Buenos Aires gab es ein deutschsprachiges Theater, an dem er hätte spielen können. Aber dann ist er doch hier geblieben, weil er meinte, dass seine wienerische Art in Argentinien nicht ankommen würde. Und natürlich auch, weil er beim Film viel mehr verdient hat.«

Sehr viel mehr sogar. Er spielte in den Jahren zwischen 1938 und 1945 in 27 Filmen und bekam die Höchstgage von zweitausend Reichsmark pro Drehtag. Dennoch, meint Lotte Kirchdorfer, sei der Ausdruck Mitläufer, als der er in dem Stück gezeigt wird, für ihn unpassend.

Der Historiker Oliver Rathkolb gibt ihr recht: »Ein Mitläufer war jemand, der zu seinem persönlichen Vorteil Mitglied der NSDAP wurde, etwa um eine Wohnung oder einen Posten zu erhalten. Das trifft auf Hans Moser nicht zu. Richtig ist aber, dass er als Schauspieler von der nationalsozialistischen Propaganda funktionalisiert wurde. Und

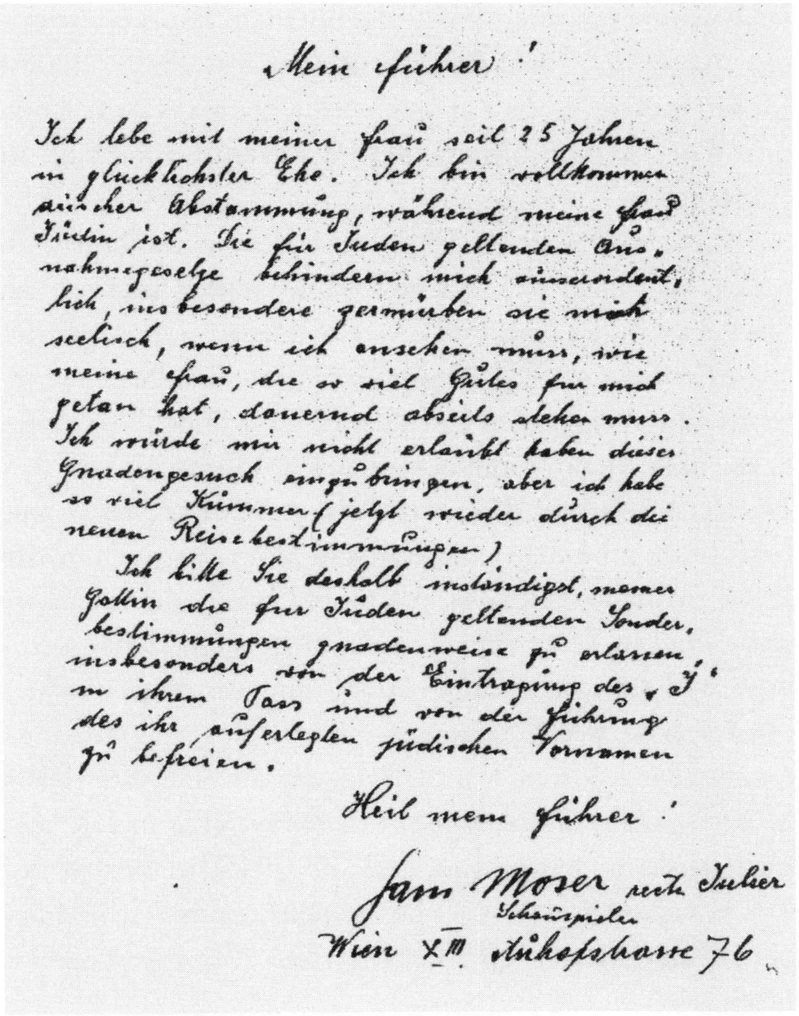

Mein Führer!

Ich lebe mit meiner Frau seit 25 Jahren in glücklichster Ehe. Ich bin vollkommen arischer Abstammung, während meine Frau Jüdin ist. Die für Juden geltenden Ausnahmegesetze behindern mich außerordentlich, insbesondere zermürben sie mich seelisch, wenn ich ansehen muss, wie meine Frau, die so viel Gutes für mich getan hat, dauernd abseits stehen muss. Ich würde mir nicht erlaubt haben dieses Gnadengesuch einzubringen, aber ich habe so viel Kummer (jetzt wieder durch die neuen Reisebestimmungen).

Ich bitte Sie deshalb inständigst, meiner Gattin die für Juden geltenden Sonderbestimmungen gnadenweise zu erlassen, insbesonders von der Eintragung des „J" in ihrem Pass und von der Führung des ihr auferlegten jüdischen Vornamen zu befreien.

Heil mein Führer!

Hans Moser recte Julier
Schauspieler
Wien XIII. Auhofstrasse 76

»Ich bitte Sie deshalb inständigst, meiner Gattin die für Juden geltenden Sonderbestimmungen gnadenweise zu erlassen«: Hans Mosers Brief an Hitler

dass seine Unterhaltungsfilme die Bevölkerung vom Krieg ablenken sollten.«

In dem Stück wird schließlich jener Brief zitiert, in dem Moser am 24. Oktober 1938 Adolf Hitler »inständigst bittet, meiner Gattin die für Juden geltenden Sonderbestimmungen gnadenweise zu erlassen«. Der Brief ist –

auch wenn er mit den Worten »Heil mein Führer« endet – ein Aufschrei, der im Übrigen nichts half: Blanca Moser musste Wien verlassen und blieb bis zum Ende des Krieges, von ihrem Mann getrennt, im Exil in Budapest.

Die Nichte beschreibt Hans Moser als »liebevoll und gutmütig, aber Held war er keiner. Er war voller Ängste – um das Leben seiner Frau und um sein eigenes.« Die Angst um seine Frau war es auch, die ihn dazu trieb, den Brief an Hitler zu schreiben. Onkel Hans hat mit uns über alles gesprochen, aber diesen Brief hat er nie erwähnt. Als ich den Brief erstmals sah, dachte ich mir, du armer Mann, was hast du da schreiben müssen. Man kann das nur mit der Liebe zu Blanca erklären. Als mein Onkel erkannte, dass seine Frau in Wien ihres Lebens nicht mehr sicher war – auch weil sie von Nachbarn ›als Jüdin‹ angezeigt wurde – brachte er sie nach Budapest.«

Professor Rathkolb sieht Moser als »gespaltene Persönlichkeit«

Lotte Kirchdorfers Mutter Sera war die Schwester Hans Mosers. »Da er das Alleinsein in seiner Villa in Hietzing nicht aushielt, hat er von 1939 bis 1945 bei uns in der Trautsongasse gewohnt. Er bezog mein Zimmer, ich schlief bei meiner Mutter im Ehebett, mein Vater war an der Front.«

Professor Rathkolb sieht Moser als »gespaltene Persönlichkeit. Wir wissen zu wenig, wie er mit dem inneren Zwiespalt – hier seine Frau, dort das Regime, das sie verfolgte – fertig wurde. Es ist aber bewundernswert, wie er zu seiner Frau stand und sich im Gegensatz zu anderen, die in einer ähnlichen Situation waren, nicht von ihr scheiden ließ.«

Doch selbst Blanca Moser geb. Hirschler kommt in dem Stück nicht ungeschoren davon. Sie, die Jüdin, tanzt mit Hitler, trinkt mit ihm Champagner, lässt sich von ihm verführen, um ihrem Mann eine Rolle zu verschaffen. Wie zu erwarten, reagierten viele Menschen im Publikum empört, dass im Himmel die Nazis herrschen.

»Warum diese Provokation«, fragte ich Franzobel, »wollen Sie mit dem Moser-Stück einen Skandal provozieren – ähnlich wie Elfriede Jelinek, die in ihrem Stück *Burgtheater* die Mitglieder der Familie Hörbiger pauschal als Nazis darstellte?«

»Nein«, sagte der Dichter, »ich will keinen Skandal. Mir geht es um ein Verständnis der Figur Moser und um ein Verständnis des Österreichers in der Nazizeit.«

Blanca managt ihren Mann und erweist sich als wertvolle Stütze

Wahr ist, dass Hans Moser und Blanca Hirschler einander 1910 kennengelernt hatten, als er – wie zwei ihrer Brüder – am deutschsprachigen Theater in Teplitz-Schönau in der böhmischen Provinz engagiert war. Sie heirateten ein Jahr später, 1913 kam Tochter Grete zur Welt.

Blanca begann ihren völlig unbekannten Mann zu managen und erwies sich, bis sie 1939 flüchten musste, als wertvolle Stütze seiner Karriere. »Sie hätte die Zeit des Nationalsozialismus ohne ihn nicht überlebt«, ist Lotte Kirchdorfer überzeugt. Alle drei Brüder Blancas fielen dem Holocaust zum Opfer.

Und dann sagt die Nichte noch: »Mein Onkel hat sich innerhalb der Familie immer vehement gegen dieses Regime ausgesprochen. Ich erinnere mich, wie eines Tages meine Klavierlehrerin in unserer Wohnung ›Heil Hitler‹ rief. Er war empört, dass so jemand zu uns kam.«

»Er hat sich immer vehement gegen dieses Regime ausgesprochen«: Nichte Lotte Kirchdorfer zwischen ihrem Onkel Hans Moser (links) und ihrem Vater am Strand von Rimini, 1938

Moser sei trotz seiner Karriere, die in der Nazizeit ihren Höhepunkt erreichte, »zutiefst unglücklich gewesen«, meint Lotte Kirchdorfer. »Er hat seiner Frau, die er über alles liebte, jeden Tag – wirklich jeden Tag! – einen Brief nach Budapest geschrieben und sie dort so oft wie möglich besucht. Und er hat in diesen Jahren mehr getrunken, als es ihm gut tat.«

Moser setzte seine Karriere als Volksschauspieler nach dem Krieg fort, er starb 1964, seine Frau überlebte ihn um zehn Jahre.

In den Augen von Herbert Föttinger, dem Direktor des Theaters in der Josefstadt (in dem eine Büste an Hans Moser erinnert), sei »das Stück keineswegs als Abrechnung mit Hans Moser gedacht. Die Aufführung nimmt nichts von Hans Mosers Größe, man könnte es ebenso *Müller* statt *Moser* nennen.«

Das jedenfalls wäre Hans Moser – wenn es ihn in dem beschriebenen Theaterhimmel wirklich geben sollte – vermutlich wesentlich lieber gewesen.

»I hab g'hört, Sie haben a Stück über mich g'schrieben«
Satirisches Zwischenspiel

Kaum hatte das Stück *Moser* im Theater in der Josefstadt Premiere gefeiert, rief der Volksschauspieler den Dichter an, und es kam zu einem Telefongespräch zwischen Himmel und Erde, dessen Zeuge ich dank moderner Abhörmethoden geworden bin.

Franzobels Handy läutet, er hebt ab.

FRANZOBEL: Hallo?

HANS MOSER: Kann ich bitte Herrn Zobel sprechen.

FRANZOBEL: Hier spricht Franzobel.

MOSER: Sag ich ja, Herrn Franz Zobel.

FRANZOBEL: Nein, Franzobel ist eine Einheit, das ist mein Künstlername.

MOSER: Aha, interessant. Ich heiß ja in Wirklichkeit auch nicht Moser, sondern Julier.

FRANZOBEL: Sind Sie's wirklich? Hans Moser persönlich?

MOSER: No natürlich, glauben S', mir haben an Stimmenimitator da heroben im Himmel?

FRANZOBEL: Was kann ich für Sie tun?

MOSER: Tun? Tun? Nix solln S' tun, in Ruh solln S' mich lassen. Ich hab g'hört, Sie haben a Stück über mich g'schrieben, in dem ich eine Art Nazi sein soll ... Hallo, hören Sie mich? Des is do a Glumpert, diese alten Fernsprech-Apparate da heroben ... Hallo?

FRANZOBEL: Ja, ich verstehe Sie sehr gut, Herr Moser. Aber Sie sind in meinem Stück kein Nazi, sondern ein Mitläufer.

MOSER: Wie bitte, a Mitläufer? No, das wär ja noch schöner, wie käm ich denn dazu? Es war doch ganz anders. Meine Blanca war Jüdin, hat nach Budapest flüchten müssen, wir waren jahrelang voneinander getrennt. Da nennen Sie mich Mitläufer?

FRANZOBEL: Genau das ist der Punkt, Herr Moser. Denn obwohl gerade Sie durch diese Situation über die Verbrechen der Nationalsozialisten Bescheid wissen mussten, haben Sie hier seelenruhig weitergearbeitet, 27 Filme gedreht und beim Heurigen »Wenn der Herrgott net will, nutzt es gar nix« gesungen.

MOSER: Ja, was hätt' ich denn tun sollen, lieber Herr?

FRANZOBEL: Ins Ausland geh'n!

MOSER: Das sagt sich so leicht, wo hätt' ich denn hin soll'n?

FRANZOBEL: New York, London, Paris, Buenos Aires, was weiß denn ich!

MOSER: Gar nix wissen Sie, junger Mann! Soll der Moser vielleicht in an Film »Parlez vous« nuscheln oder »Thank you, Sir«? Nein, bittschön, des geht net. Oder wie hätt' ich denn als Dienstmann sagen sollen: »Auf gebaut kommt's net an«? Ich weiß gar net, was das auf Spanisch heißt.

FRANZOBEL: »En de modo construido no depende« ... oder so.

MOSER: »En de modo ...«, na, so kann i net reden, ich brauch das wienerische Dings, ... dieses ... Idiom.

FRANZOBEL: Und das viele Geld, das Sie in der Nazizeit verdient haben!

MOSER: Sicher, man hatte sein Auskommen. Aber dass Sie mich deswegen in Ihrem Stückl so dastehen lassen, als ob ich die Nazis unterstützt hätte, das is ungeheuerlich.

FRANZOBEL: Herr Moser, Sie müssen Verständnis für die Situation eines jungen Dichters haben, der auf dringender Suche nach einem Stoff ist, der Aufsehen erregt. Das Stück ist ja nicht gegen Sie gerichtet, ich verehre Sie als Schauspieler.

MOSER: A schöne Verehrung is des, wenn Sie mich da verunglimpfen.

FRANZOBEL: Nehmen S' das nicht persönlich, mein Stück ist eine Fiktion, die im Himmel spielt.

MOSER: Im Himmel? Das trifft sich gut, ich bin schon seit fufzig Jahr da heroben, da kenn ich mich aus, da können S' mir nix vormachen. Und wer ist ... tschuldigen S' schon die Frage: Wer ist in Ihrem Stück der liebe Gott?

FRANZOBEL: Tja, also Gott, wie soll ich das sagen ... der liebe Gott ist ... Adolf Hitler.

MOSER: Wie bitte, ich versteh Sie nicht! Wissen Sie, die Verbindung ist sehr schlecht bei so einem Interurbangespräch zwischen Himmel und Erde. Wer ist der liebe Gott?

FRANZOBEL: Hitler!

MOSER: Sie werden's net glauben. Wissen S', was i jetzt verstanden hab: Hitler!

FRANZOBEL: Stimmt!

MOSER: Ujegerl. Hören Sie, junger Mann, ich hab in mein Leben in vielen Theaterstück'ln g'spielt, aber Hitler als lieber Gott – so was hab i no net g'hört, mei Lebtag net.

FRANZOBEL: Das ist die Freiheit der Kunst, Herr Moser.

MOSER: Da könnten Sie ja meine jüdische Frau gleich mit dem Hitler Champagner trinken und Tango tanzen lassen! Und vielleicht lässt sie sich dann noch von ihm verführen, damit ich im Himmel a gute Rolle krieg.

»Ich versteh Sie nicht, die Verbindung ist sehr schlecht bei so einem Interurbangespräch zwischen Himmel und Erde«: Hans Moser meldet sich zu Wort

FRANZOBEL: Genau diese Szene kommt in dem Stück auch vor! Champagner, Tango, Verführung … Aber Sie dürfen das nicht so ernst nehmen, Herr Moser.

MOSER: Net ernst nehmen? Warum haben S' net noch die »Reblaus« umgedichtet, auf: »I muss im früheren Leben a Nazi g'wesen sein«?

FRANZOBEL: Gute Idee, kommt aber leider zu spät.

MOSER: Ihr Stück ist eine Frechheit!

FRANZOBEL: Na ja, ein bisserl ein Sympathisant waren Sie aber schon. Immerhin haben Sie einen Brief an den »Führer« geschrieben, der mit »Heil Hitler« unterzeichnet ist.

MOSER *(empört)*: Aber doch nur, um meine Frau zu retten!

FRANZOBEL: Sie sollten sich nicht so aufregen, Herr Moser.

MOSER: Net aufregen? Sie verschaffen mir a üble Nachred, die sich g'waschen hat, und ich soll mi net aufregen? I glaub, i versteh die Welt nimmer mehr *(er versucht sich zu beruhigen)*. Aber was ich Sie noch fragen wollt: Wie sind denn die Kritiken zu unserm Stück?

FRANZOBEL *(beleidigt)*: Ungerecht, ganz gemein. Ich hab mein Bestes gegeben, und dann beschreibt der *Standard* mein Werk als »daunenweiches Volksschauspiel«. Für die *Kronen Zeitung* ist es »bedeutungslos und zum Gähnen langweilig«, in der *Presse* hält man es für einen »verspäteten Faschingsscherz«. Und laut *Kurier* ist es ein »Mitleid erregend schlechtes Stück«.

MOSER: Da tun S' ma jetzt aber richtig leid, Herr Zobel. War's wenigstens ein ordentlicher Skandal?

FRANZOBEL: Nicht einmal das. Bei der Premiere gab's nur einen einzigen, ganz leisen Buhruf, und der stand im Verdacht, dass er von mir kam.

MOSER: Das muss schlimm für Sie sein: Ein Skandalautor ohne Skandal. Na ja, das Publikum ist halt auch nicht mehr das, was es früher einmal war.

FRANZOBEL: Das waren noch Zeiten, wie Sie Theater gespielt haben, Herr Moser, aber die kommen nimmer mehr.

MOSER: Nein, die sind endgültig vorbei.

Witwe Qualtinger
Erinnerungen an »Quasi«

Da stand der gewichtige Mann plötzlich vor ihr. Die Begegnung sollte das Leben der Schauspielerin Vera Borek dramatisch verändern. Denn sie wurde die Frau des Genies Helmut Qualtinger. »Sie können ruhig Witwe Qualtinger schreiben, ich bin stolz darauf«, sagt sie. Stolz darauf, siebzehn Jahre lang an der Seite eines Ausnahmekünstlers gelebt zu haben. Mit allen Sonnen- und Schattenseiten.

Beim Abschied sagt Qualtinger: »Na, rufen S' mich halt einmal an«

Man schreibt das Jahr 1969. »Er war 41, ich war 29 damals, als wir uns in der Kantine des Hamburger Thaliatheaters zum ersten Mal sahen. Er gastierte dort, und ich kannte natürlich alle seine Liedtexte auswendig. Seit Tagen hatte ich bemerkt, dass er mich beobachtete. Da schubste mich eine Kollegin zu ihm hin und wir kamen ins Gespräch. Beim Abschied sagte er: ›Na, rufen S' mich halt einmal an.‹« Damit schien der Kontakt schon wieder beendet, »denn meine Erziehung hätte es nicht zugelassen, dass ich ihn anrufe«.

Drei Tage später rief er an. Und lud Vera Borek zu einem Fest ein, das ihm zu Ehren in Hamburg gegeben wurde. Von diesem Tag an waren sie ein Paar. Die damals schon

»So schwierig, wie die Leute denken, war er gar nicht«: Vera Borek und Helmut Qualtinger

angesehene Schauspielerin Vera Borek und das Wiener Enfant terrible Helmut Qualtinger.

Enfant terrible?

»Er galt als ungeheuer schwierig. Aber so schwierig, wie die Leute glauben, war er gar nicht«, erzählte sie. Es war also wieder einmal ganz anders, als man dachte. »Uns verband eine große Liebe. Er war unbestechlich und wahrhaftig und auch als Mensch einzigartig.«

Ist dieser Qualtinger überhaupt je erwachsen geworden, fragte ich Vera Borek. »Aber natürlich, sonst hätte er das alles nicht leisten können, was er in seinem Leben geleistet hat. Er war sogar sehr erwachsen.«

Wie sind dann seine berühmten *Practical Jokes* zu erklären, mit denen »Quasi« halb Wien narrte? Wenn er etwa im Unterrichtsministerium den Antrag stellte, den Buchstaben »U« aus dem Sprachschatz entfernen zu lassen, weil er »unsittlich, unseriös und unschön« sei? Oder wenn er mit verstellter Stimme im russischen Tonfall als »sowjetischer Offizier« den Außenminister Figl in den Wiener Stadtpark bestellte (und der auch prompt hinkam)?

»Das war vor meiner Zeit«, erklärte sie. »Aber ich habe seine Scherze auch zu Hause miterlebt. Wenn ich traurig war und er mich aufmuntern wollte.«

Was hat er da gemacht?

»Er spielte dann auch das Knacksen in der Leitung«

»Wir heirateten 1981, unsere Ehe sollte sich als eine sehr große Lebensaufgabe für mich gestalten, es war schon zeitlich schwer zu bewältigen, weil ich nicht nur Theater gespielt habe, sondern auch seine Frau, seine Chauffeuse, seine Sekretärin war. Nur eines konnte ich nicht: Ihn am Telefon mit jemandem verbinden, da musste ich immer lachen.« Also hat er dann selbst mit einer Frauenstimme, die er schnell improvisierte, angerufen und etwa einen Theaterdirektor folgendermaßen verlangt: »Hier spricht die Assistentin von Herrn Qualtinger«, sagte er. »Kann ich den Intendanten Soundso sprechen? Ich verbinde.« Er spielte dann auch das Knacksen in der Leitung, bis er sich endlich als Qualtinger meldete. Das waren so unsere privaten *Practical Jokes*. Danach ging's mir wieder besser.«

Vera Borek war 1940 in Breslau als Tochter einer Opernsängerin und eines Lederwaren-Großhändlers zur Welt gekommen und im Alter von sechs Jahren nach Wien übersiedelt, doch ihre Schauspielausbildung absolvierte sie in Hannover. Danach hatte sie Engagements an verschiedenen deutschen Bühnen, ehe sie am Hamburger Thaliatheater war, an dem sie »Quasi« kennenlernte.

»Er ist alles in allem eher ernst und nachdenklich gewesen, wie jeder intelligente Mensch. Kasperl war er jedenfalls keiner.«

Helmut Qualtinger nannte Vera Borek einmal »die Ansprache meines Lebens«. Das lag wohl daran, meinte sie, »dass wir im selben Beruf tätig waren, dadurch hatten wir uns viel zu sagen und haben entdeckt, dass das große Vorteile hat«.

Sehr schwer waren die letzten zehn Jahre – bis zu seinem Tod am 29. September 1986. »Er war krank, Alkoholismus ist eine Krankheit. Aber er hat tapfer dagegen angekämpft, wir waren bei Ärzten, in Sanatorien und Spitälern. Sonst wäre er vielleicht noch früher gestorben.«

Erstaunlich, wie viel der Mann in den Jahren seines Krankseins arbeitet

Was Vera Borek kränkt, ist die Tatsache, dass er von manchen seiner Weggefährten »immer nur auf den Alkohol reduziert wurde. Er war nicht immer betrunken, sonst hätte er sich ja auch all die Texte nicht merken können. Er hatte Phasen, in denen es ihm besser ging – und andere Phasen leider auch.« Erstaunlich, wie viel der Mann in den Jahren seines Krankseins noch gearbeitet hat. Vom Kabarett hatte er sich bereits Anfang der 1960er-Jahre losgesagt. Mit der Begründung: »Die österreichische Wirklichkeit ist eine Parodie geworden. Und eine Parodie kann man nicht parodieren.«

1961 schuf er gemeinsam mit Carl Merz seinen Geniestreich, den *Herrn Karl*; Qualtinger schrieb Satiren, führte Regie, spielte Theater. »Zuletzt sollte er noch als Falstaff am Volkstheater auftreten, »den Text konnte er schon, ich hab ihn immer abgehört. Doch es kam nicht mehr dazu.«

»Eine Parodie kann man nicht parodieren«: Helmut Qualtinger als »Herr Karl«

Vera Borek ist überzeugt, dass ihr Mann nach dem Erfolg seines letzten Films *Der Name der Rose* eine internationale Kinokarriere vor sich gehabt hätte. »Die Rolle als Bösewicht in einem James-Bond-Film hat er abgelehnt, weil ihm das nicht gefiel. Aber es kamen auch andere Angebote.«

Es sollte nicht mehr sein. »Das Sterben war furchtbar. Er verließ das Spital, hatte große Hoffnung. Dann stellte sich eine Gelbsucht ein, die ihn dahinraffte. Im Alter von 58 Jahren. Fast drei Jahrzehnte danach denkt sie manchmal daran, wie er heute, mit mehr als achtzig Jahren, aussehen würde. »Ich sehe dann seinen Vater vor mir, der war so in dem Alter. Er war ein anderer Typ, viel schlanker, aber so kann ich ihn mir doch ein bisschen vorstellen.«

Ihr Blick schweift in die Ferne. »Er fehlt mir sehr.«

Es wurde nicht nur getanzt

Der Wiener Kongress
Eine Richtigstellung

Sie zählen zu den meistzitierten Worten der österreichischen Geschichte. »Der Kongress tanzt, aber es geht nichts weiter.« Die so gern gebrauchten Worte stammen aus dem Mund des Fürsten Charles de Ligne, eines österreichischen Diplomaten mit belgisch-niederländischen Wurzeln. Aber so populär der Satz auch sein mag, entspricht er doch nur sehr bedingt der Wahrheit. Es stimmt, dass zwischen 18. September 1814 und 9. Juni 1815 gern und ausgiebig gefeiert wurde. Aber in dem dreiviertel Jahr, in dem der Kongress tagte, ist auch sehr viel weitergegangen, mehr noch: In Wien wurde die Geschichte Europas neu geschrieben.

Die Siegermächte treffen zusammen, um über eine Neuordnung Europas zu verhandeln

Die historische Dimension des Treffens beginnt schon damit, dass es einen sehr triftigen Grund gab, den Kongress einzuberufen: Napoleon saß entmachtet auf der Insel Elba, nachdem er die Völkerschlacht bei Leipzig verloren hatte. Durch die von ihm so zahlreich geführten Kriege waren die europäischen Grenzen total verschoben, jetzt trafen die Siegermächte in Wien zusammen, um nach dem offensichtlichen Ende der napoleonischen Zeit über eine »Neuordnung Europas« zu verhandeln. Und diese Neuord-

Fürst Charles de Ligne schuf den Satz vom tanzenden Kongress, an dem nichts gearbeitet würde, und stiftete damit viel Verwirrung.

nung konnte ganz sicher nicht nur im Walzerschritt erreicht werden.

Der österreichische Außenminister Klemens Metternich begrüßte Staatsmänner, Politiker und hochrangige Diplomaten aus zweihundert Staaten und Regionen, die in prächtigen Equipagen nach Wien kamen – auch, um sich zu amüsieren. Aber sicher nicht nur. Neben dem österreichischen Kaiser Franz nahmen an den Gesprächen der russische Zar Alexander I., die Monarchen von Preußen, Bayern, Württemberg und Dänemark teil, die ob ihrer langen Abwesenheit während des Kongresses in der eigenen Heimat gerne als »Könige auf Urlaub« bezeichnet wurden. In Wien weilten auch Englands Herzog von Wellington und der französische Außenminister Talleyrand, dessen Verhandlungsgeschick es ermöglichte, sein wieder von den

Bourbonen regiertes Land nicht als Kriegsverlierer, sondern als gleichberechtigtes Land teilnehmen zu lassen. Und auch das war nicht im Ballsaal zu erreichen.

Weil aber 232 Tage lang praktisch nur hinter verschlossenen Türen verhandelt wurde und die Ergebnisse nach außen hin kaum bekannt wurden, konzentrierten sich die Wiener auf den hierzulande so beliebten Tratsch. Als sich etwa der 34-jährige Zar Alexander – obwohl mit Gattin Elisabeth Alexejewna nach Wien gekommen – in die Fürstin Katharina Bagration verliebte, war das zwar *die* Romanze des Kongresses, aber bei Weitem nicht die einzige. Denn die Dame war auch dem Fürsten Metternich zugetan.

Metternich beglückt die Bagration und auch die Herzogin von Sagan

Und doch ließen sich die beiden wichtigsten Gesprächspartner im Außenministerium am Wiener Ballhausplatz durch ihre privaten Leidenschaften keineswegs stören, hatten sie doch politisch – und darum ging es ja tatsächlich – ganz andere Sorgen. Metternich kämpfte um Österreichs Vormachtstellung in Mitteleuropa, während es Zar Alexander darum ging, dem russischen Reich möglichst ganz Polen einzuverleiben. Da die kongressbegeisterten Wiener jedoch über den Verlauf der politischen Verhandlungen wenig bis gar nichts erfuhren, stellten sie vor den wichtigsten Adelspalästen Wachtposten auf, um wenigstens die Liebesaffären der Fürsten und Könige in möglichst allen Details bereden zu können. So wurde registriert, dass Metternich nicht nur in den Armen der Bagration, sondern auch in denen der bildschönen Herzogin von Sagan Erholung vom anstrengenden Kongressalltag fand.

Selbst der Fürst de Ligne hat seinen Satz vom »tanzenden Kongress« damit erklärt, »dass nichts anderes durchsickert als der Schweiß der tanzenden Herren«. Heute weiß man hingegen, dass es in den nicht weniger schweißtreibenden Verhandlungen zu handfesten Auseinandersetzungen über die Aufteilung des Kontinents kam. Zunächst konnten sich die Staatenlenker in so wenigen Punkten einigen, dass die in Wien tagenden »befreundeten Nationen« einander im Jänner 1815 mit Krieg drohten!

Ausgerechnet Erzfeind Napoleon sorgte dafür, dass es dazu nicht kam. Denn er kehrte, für alle Kongressteilnehmer völlig überraschend, während der Wiener Verhandlungen auf Frankreichs Thron zurück. Damit hatten die untereinander total zerstrittenen Verbündeten wieder einen gewichtigen Grund zusammenzuhalten – gegen den Korsen, dessen zweite Herrschaft ohnehin nur hundert Tage dauern sollte. Napoleon Bonaparte musste danach neuerlich ins Exil, diesmal nach St. Helena – und für immer.

Ein rundes Loch für den gewaltigen Bauch des Königs

Aber das interessierte die Wiener ohnehin weniger als die Neuigkeiten, die von Redouten, Theaterpremieren, Praterfesten, Militärparaden, Konzerten, Jagden und Karussellen erzählt wurden. Das Hauptinteresse galt den Bällen am kaiserlichen Hof, dem angeblich jeder Grund zum Feiern recht war. Wobei sich geradezu als »Idealfall« der 28. Jänner 1815 entpuppte, an dem – wie's der Zufall wollte – mehrere Anlässe zusammenfielen: Der König von Dänemark feierte seinen Geburts- und die Königin von Bayern, der Herzog von Sachsen-Weimar und der Großherzog von Baden ihren Namenstag. Wie immer war auch bei diesem Fest vor dem goldenen Sessel des Königs Friedrich von Württemberg ein rundes Loch in den Tisch gesägt worden, um Platz für dessen gewaltigen Bauch zu schaffen.

Die aufwendig gestalteten Feste in der Hofburg – insgesamt soll der Kongress rund 30 Millionen Gulden* gekostet haben – waren natürlich von den strengen Vorschriften der Etikette beherrscht. Rang und Ansehen der Gäste bestimmten die Sitzordnung an den langen Tafeln, und so hatte der russische Zar bei offiziellen Festen neben Maria Ludovica, der Frau des österreichischen Kaisers, Platz zu nehmen. Leider war dabei vom Obersthofmeister nicht bedacht worden, dass sowohl der Zar als auch die Kaiserin auf je einem Ohr taub waren. Nun saßen die beiden unglücklicherweise genau so, dass sie nicht hören konnten, was ihr kaiserlicher Gesprächspartner sagte. Ein »Umsetzen« war aus protokollarischen Gründen ausgeschlossen. Boshafte Wiener stellten eine Konversation zwischen Zar und Kaiserin so dar:

Ein »Umsetzen« ist aus protokollarischen Gründen ausgeschlossen

»Wie schmeckt's Eurer Majestät?«

»Schrecklich müde.«

»Das freut mich.«

Aber auf dem anderen Ohr verstand Zar Alexander sehr gut. Und so gelang es ihm, in den Verhandlungen zwar nicht ganz Polen, aber doch weite Teile – das sogenannte »Kongresspolen« – einzukassieren. Weiters sicherte er sich Finnland und Bessarabien, wodurch das Zarenreich auch eine Ausweitung Richtung Westen erfuhr. Österreich bekam Galizien – ohne Krakau – zurück, weiters wurden

* Entspricht laut »Statistik Austria« im Jahre 2013 einer Summe von rund 500 Millionen Euro.

dem Kaiserreich die Toskana, die Bukowina, Salzburg und das Innviertel zugesprochen sowie Venetien und die Lombardei, womit Kaiser Franz und Metternich die Vorrangstellung in Italien sicherten. Im Gegenzug mussten sie auf Österreichs ehemalige Besitzungen am Oberrhein und auf die Vereinigten Niederlande verzichten, die auf Betreiben Englands dem (bis heute regierenden) Haus Oranien-Nassau zugesprochen wurden.

Er genoss die amourösen Begleitumstände des Wiener Kongresses, führte ihn aber auch zum diplomatischen Erfolg: Österreichs Außenminister und späterer Staatskanzler Wenzel Fürst Metternich

Das wichtigste Ergebnis war die Wiederherstellung des Gleichgewichts der Großmächte, praktisch wurde der Status quo der Zeit vor Napoleon und der Französischen Revolution erzielt – und das auszuverhandeln war keine Kleinigkeit. Preußen erhielt den größeren Teil Sachsens und die Schweiz die »immerwährende Neutralität«. Nicht zufrieden war Norwegen, das sich von Dänemark losgesagt hatte, jetzt aber die Vereinigung mit Schweden hinnehmen musste. Und Dänemark ging als einzige Siegermacht leer aus, es wurde um keinen Quadratmeter größer. Als sich der Zar am Ende des Kongresses vom dänischen König mit den Worten »Sire, Sie nehmen alle Herzen mit sich« verabschiedete, konterte dieser: »Die Herzen vielleicht, aber keine einzige Seele.«

Zukunftsweisend war der in Wien erreichte Beschluss, fortan die Sklaverei abzulehnen und nach Jahrzehnten der Koalitionskriege eine neue Ordnung zu schaffen, mit der zwischenstaatliche Gewalt vermieden werden sollte. Immerhin blieben Europas Großmächte bis zum Krimkrieg der 1850er-Jahre von militärischen Auseinandersetzungen verschont.

Fauteuils, Kästen und ein Doppelbett mit Hirschhautmatratze

Und doch war für die Wiener viel interessanter, dass 1814/15 die berühmtesten Tänzerinnen ihrer Zeit an der Donau weilten: Aimée Petite, Aumer und Emilie Bigottini. Keine Frage, dass alle drei im »Kongress-Wien« bedeutende Verehrer fanden: die Aimée den Fürsten Kaunitz, die Aumer den Fürsten Trauttmansdorff und die Bigottini den Grafen Pálffy. Letzterer war dem Gaststar der Komischen Oper Paris so ergeben, dass er der Tänzerin ein ganzes Hotelappartement aufwendig einrichten ließ. Zwei pferdebespannte Möbelwagen lieferten Fauteuils, Kästen sowie ein Doppelbett mit Hirschhautmatratze.

Als die Affären der Balletteusen bekannt wurden, ließ der Kaiser die drei Aristokraten durch seinen Obersthofmeister ermahnen. Für Pálffy hatte die Liaison auf Hirschleder noch weiterreichende Folgen: Emilie reiste »mit einem Sohn, zu dem sich Franz Graf Pálffy bekannte«, wieder ab. Er überließ der Mutter seines Kindes 100 000 Gulden und eine jährliche Apanage.

Noch größeres Aufsehen sollte das Duell zweier Aristokraten erregen. Auch hier war der Grund – ein Liebesabenteuer: Die Frau des Fürsten R. war berühmt für ihr penetrant riechendes Parfum, ein Gemisch aus Rosenwasser und Bisam. Als der Fürst im Zuge des Kongressgeschehens das Palais des Grafen M. besuchte, erkannte er dort deutlich den ihm so vertrauten Duft seiner Gemahlin. Trotz des eindeutigen Falles leugnete der schnell zur Rede gestellte Graf die Anwesenheit der Fürstin auf das Entschiedenste. Am nächsten Morgen traten die beiden Herren einander im Zweikampf gegenüber. Fürst und Graf kamen mit leichten Verletzungen davon, die Ertappte musste die Kongressstadt verlassen.

Das gefährlichste Stückchen Fleisch am Menschenkörper

Es versteht sich von selbst, dass die so zahlreich bekannt gewordenen Ausschweifungen zu heftigen Protesten aus Kirchenkreisen führten. Wobei der Dichter und Kanzelprediger Zacharias Werner mit einer Messe bei den Franziskanern den Vogel abschoss. Am 8. Dezember 1814 hielt er seine berühmte Rede über »das gefährlichste Stückchen Fleisch« am Menschenkörper. Nachdem er an Deutlichkeit nichts ausgelassen hatte, fragte er sein entsetztes Publikum: »Soll ich es euch zeigen?«

Die Damen waren einer Ohnmacht nahe, die Herren warteten fassungslos, wozu der Prediger fähig wäre – als er donnernd verkündete: »Meine Damen und Herren, sehen Sie hier die Ursache unserer Sünden!«

Und dann streckte er die Zunge heraus.

Eine Woche danach schloss »der rosarote Prinz« Charles de Ligne im Alter von achtzig Jahren für immer seine Augen. Der eifrige Genießer vieler Festivitäten, der die Konferenz der Mächtigen mit dem beliebten Wort vom tanzenden Kongress versehen hatte, wäre nicht er selbst gewesen, hätte er nicht noch auf seinem Totenbett eine Pointe geliefert: »Ich will dem Kongress ein besonderes Schauspiel bieten«, sagte er vor seinem Tod, »nämlich das Leichenbegräbnis eines österreichischen Feldmarschalls.«

Monarchen, Militärs, Diplomaten und weitere Prominenz folgten seinem Sarg. Wien hatte, was dieser Stadt so wichtig ist, »a schöne Leich«.

Was von ihm bleibt, ist eine berühmt gewordene Falschmeldung

Was von ihm blieb, ist die für die Nachwelt erhalten gebliebene Falschmeldung, dass beim Wiener Kongress nur getanzt, aber nicht gearbeitet wurde.

Wo die Prominenz einst residierte

Von Grillparzer bis Hörbiger
Schmökern in alten Adressbüchern

Es ist eine wahre Fundgrube. In *Lehmann's Adressbuch* stehen die Namen und Adressen aller Hauptmieter, Haus- und Wohnungseigentümer, die zwischen 1859 und 1942 in Wien gelebt haben. Das Interessante ist, dass sich darin auch berühmte Persönlichkeiten von Grillparzer über Nestroy bis Johann Strauß und Hans Moser finden. Während die Prominenz von heute über Geheimnummern verfügt und somit nicht im Telefonbuch aufscheint, gab es früher so gut wie keine »Geheimadressen«.

Hofrat Franz Grillparzer wohnte in der Spiegelgasse, Direktor Johann Nestroy in der Leopoldstadt, ganz in der Nähe des von ihm geleiteten Theaters.

Jeder Bürger, der in Wien seinen ordentlichen Wohnsitz hatte, stand im Adressbuch. Es ist ein Abenteuer, in den alten *Lehmann*-Bänden zu schmökern. Schon in der ersten Ausgabe, erschienen im Jahre 1859, finden sich die Herren »Grillparzer Franz, k. k. pens. Hofrath«, wohnhaft »St(adt) Spiegelgasse 1097«, sowie »Nestroy, Johann«, der in der

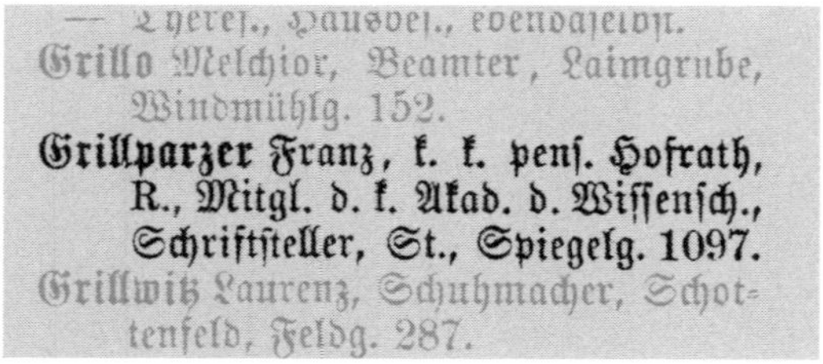
— Theres., Hausbes., ebendaselbst.
Grillo Melchior, Beamter, Laimgrube, Windmühlg. 152.
Grillparzer Franz, k. k. pens. Hofrath, R., Mitgl. d. k. Akad. d. Wissensch., Schriftsteller, St., Spiegelg. 1097.
Grillwitz Laurenz, Schuhmacher, Schottenfeld, Feldg. 287.

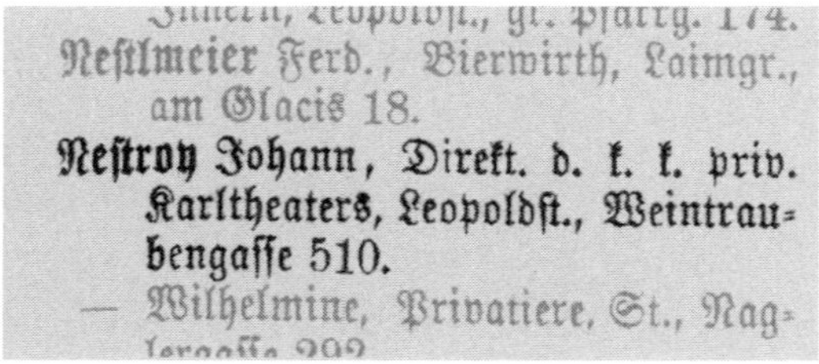
Innern, Leopoldst., gr. Pfarrg. 174.
Nestlmeier Ferd., Bierwirth, Laimgr., am Glacis 18.
Nestroy Johann, Direkt. d. k. k. priv. Karltheaters, Leopoldst., Weintraubengasse 510.
— Wilhelmine, Privatiere, St., Naglergasse 292

Hinter jeder Fassade lebten Menschen, deren Namen in »Lehmann's Adressbuch« angeführt wurden: Die Mariahilfer Straße in Wien um 1900

»Leopoldst(adt), Weintraubengasse 510« wohnte. Die Gassen, das wissen kundige Wiener, gibt es immer noch, die Hausnummern-Ordnung wurde mittlerweile – ab den 1860er-Jahren – geändert.

Die Herausgabe eines Adressbuchs war Mitte des 19. Jahrhunderts notwendig geworden, da Wien mit dem Bau der Ringstraße und der Eingemeindung der Vororte seinen dörflichen Charakter verloren hatte und die Bevölkerung sich nicht mehr zurechtfand. Konnte man bis dahin noch Passanten fragen, wo eine bestimmte Person wohnte, so war es durch das rasante Wachstum der Stadt mit dem Überblick vorbei. Wien war ohnehin spät dran, in Berlin wurden bereits seit 1818 kontinuierlich Adressbücher aufgelegt, und auch Leipzig, Dresden, Köln, Hamburg und München waren Wien vorangegangen.

Es war der Journalist Adolf Lehmann, der die Idee hatte, Wiens ersten *Allgemeinen Wohnungs-Anzeiger* herauszugeben. Er selbst erzählte später die Geschichte, wie es zu dieser Einrichtung gekommen war. Lehmann, der bereits aus seinem Geburts- und Heimatort Breslau Adressbücher kannte, stellte nach seiner Übersiedelung in die Haupt- und Residenzstadt fest, dass solche hier fehlten. Er ging zum Wiener Polizeipräsidenten Ignaz Freiherr von Czapka, um diesem sein Ansinnen vorzutragen. Als dieser mit typischer Beamtenmentalität, »Des wird in Wien net gehen«, reagierte, wollte Herr Lehmann die Amtsstube wieder verlassen. Doch da rief ihm Czapka nach: »Sie scheinen von dem Wunsche, Ihre Idee auszuführen nicht sonderlich durchdrungen, wenn Sie so schnell aufgeben.«

Rund 600 000 Adressen müssen erforscht werden

Lehmann machte eine Kehrtwendung und legte dem Polizeipräsidenten seine Pläne dar. Nachdem er dessen Sanctus hatte, rief der Journalist ein Redaktionsteam ins Leben, das über Meldeämter, Polizei, Volkszählungs-Listen und durch Befragung von Hausmeistern rund 600 000 Adressen erforschte, deren Bewohner dann in eine alphabetische Ordnung gebracht wurden.

Im Adressbuch des Jahres 1873 findet man die Komponisten Johannes Brahms (Karlsgasse 4), Anton Bruckner (Währinger Straße 41) und den berühmten Chirurgen Theodor Billroth (Liechtensteinstraße 13).

Billroth Christ. Theod., M. u. Chir. Dr., Prof. a. d. Univ., Vorst. d. Operat.-Inst., k. k. Hof.-R., corresp. Mitgl. d. kais. Akad. d. Wissensch., Bes. d. k. preuß. eis. Krz. 2 Cl., Cmdr. d. grßh. badischen Zähringer-Löwen-O. II. Cl., R. d. Leopold-O., Bes. d. k. bayer. Verd.-Krz. pro 1870/71 u. d. grßh. badischen Erinnerungskrz. pro 1870/71, IX. Liechtensteinstr. 13. (5—6.)

Brahms Johann, Tonkünstler, Direktor des Conservatoriums der Ges. der Musikfreunde des österr. Kaiserstaates, IV. Karlsg. 4.

Bruckner Adolf, Agent, Eßlingg. 16.
— Alb., Viktualienhdlr., Ndlfsb. Dadlerg. 20.
— Aloisia, Modistin, VII. Kircheng. 36.
— Amalia, VII, Neustiftg. 8.
— Anna, VIII. Josefstädterstr. 3.
— Anna, Ottk. Langeg. 68.
— Anton, k. k. Hoforganist, Prof. d. Contrapunktes am Conservatorium, Mitgl. der Hof-Musikkapelle, IX. Währingerstr. 41.
— Anton, Fiaker, Ndlfsb. Arnsteing. 12.
— Anton, Gartenpächter, II. Freudenau 69.
— Christian, VI. Laimgrubeng. 3.

Aber auch abseits großer Namen ist der *Lehmann* ein Spiegel seiner Zeit, der die Vertreter längst vergessener Berufe wie Hof-Zuschrotter, Bierversilberer und Drahtzieher zum Vorschein bringt. Um im *Lehmann* eingetragen zu werden, musste man »Haushaltsvorstand« sein, weshalb man fast keine Frauen findet. Zu den wenigen emanzipierten Ausnahmen zählen des Kaisers Freundin Katharina Schratt, die mit der Adresse ihres Stadtpalais am Kärntner Ring 15 aufscheint, weiters Wiens berühmteste Tänzerin Fanni Elßler, wohnhaft in der Seilerstätte, und die Grande Dame des Wiener Kultursalons, Berta Zuckerkandl, in deren Wohnung im vierten Stock des Hauses, in dem sich heute das Café Landtmann befindet, die Großen der Wiener »Ringstraßenzeit« ein- und ausgingen.

Aber auch Männer wurden aus dem *Lehmann* verbannt: »Gewerbegehilfen, Taglöhner und Dienstboten« waren von der Eintragung ausgeschlossen – wohl weil sie kaum

Die Adressen der Herren »Billroth Christ. Theod., Dr. Prof.« sowie »Brahms Johann, Tonkünstler, Direktor« und »Bruckner Anton, k. k. Hoforganist, Prof.«

Nur wenige Frauen sind in den Wiener Adressbüchern genannt, zu den Ausnahmen zählen Fanni Elßler und Berta Zuckerkandl.

— Lambert, Handlungsges., V. Garteng. 21.
Elßler Fanni, Seilerstätte 19.
— Hermine, Lobkowitzplatz 1.

Zuckerkandl Berta, Hofrat- u. Prof. Ww., Schriftstellerin, I. Oppolzergasse 6 T
— Fritz, Dr. Chemiker. I. Gonzagag. 21.

über eigene Wohnungen verfügten. Wie auch Untermieter und »Bettgeher«* keine Chance hatten, wodurch fast ein Viertel der Wiener Bevölkerung in den Adressbüchern nicht vorkam. Andererseits weiß man von einem Prominenten, der sich gegen seinen Eintrag wehrte: Der Kulturkritiker, Satiriker und *Fackel*-Herausgeber Karl Kraus verlangte angesichts eines »Bergs von Briefen und Drucksorten«, den er nach dreimonatiger Abwesenheit vorfand, »aus dem *Lehmann* gestrichen zu werden«. Er ist der einzige uns bekannte Prominente, der es doch zu einer »Geheimadresse« gebracht hat.

feld, Herrngasse 401.
Metternich-Winneburg Klemens Loth., Fürst, wirkl. k. k. geh. R. u. Kämmer., Grand von Spanien, Großkreuz, Komthur u. R. v. h. O., Landstr., Rennwegg. 544.

Auch die Adresse des fürstlichen Palais Metternich schien im »Lehmann« auf.

Dabei hatten viele Wiener in den ersten *Lehmann*-Jahren skeptisch reagiert. Man muss bedenken, dass die Zeit des Metternich'schen Spitzelsystems erst seit wenigen Jahren Geschichte war und die Bewohner der Stadt nicht ganz zu Unrecht hinter dem Unternehmen *Lehmann* den Staat und die Behörden witterten. Während der Staatskanzler Metternich – um sich vor dem eigenen und auch vor fremden Geheimdiensten zu schützen – noch über mehrere »Geheimadressen« verfügte, an die er sich als bekannter

* Personen, die ein Bett für wenige Stunden am Tag mieteten, während der jeweilige Wohnungsinhaber oder Hauptmieter die Schlafstelle nicht benötigte.

Schwerenöter sowohl *Lettres d'amour* als auch diplomatische Depeschen schicken ließ, war der Name seines Sohnes, wie der jedes anderen Bürgers, in *Lehmann's Adressbuch* aufzufinden.

Natürlich wurden (und werden) die Daten von Adress- und Telefonbüchern durch Polizei, Finanzbehörden, Post, Geheimdienste und große Firmen für ihre Zwecke genutzt. Doch je länger die gefürchteten Metternich-Zeiten vorbei waren, desto beliebter wurde der *Lehmann* bei den Bürgern.

Wahrscheinlich auch – und für Österreich sehr typisch – weil neben Name und Beruf sämtliche Titel und Orden aufgezählt wurden. Bei Johann Strauß Sohn etwa war die

„L'Urbaine", II. Praterstr. 16.
— Heinrich, II. Hermineng. 4, nF Brüder Strauß. Woll- u. Zwirnhdl., Fischerstiege 2.
— Jakob Hermann, Hdl.-Agent, Realitäten-Vermittl., VI. Mariahilferstr. 111.
— **Johann, vorm. k.u.k. Hofballmusik-Dir., ✠, Offiz. d. it. KrO. u. d. pers. SLO., R. d. pr. roth. AO. 4., d. pr. KrO. 4., d. fr. ELeg., d. it. MLO., d. bad. ZLO. 1., d. span. Js. O. u. d. herz. sachs. Ern. HO. 1., Inh. d. r. Verd. M. a. Al. N. Bande u. d. sachs. Ern. Verd. M., IV. Igelg. 4.**
— Johann, Giselastr. 6.

Johann Strauß Sohn samt zahlreicher in- und ausländischer Titel und Orden

Liste der Auszeichnungen so lang, dass man seine Anschrift, Igelgasse (heute Johann-Strauß-Gasse) Nr. 4, leicht übersehen konnte. Fehlte nur noch der Titel »Walzerkönig«.

Die längste Liste an Medaillen und Titeln nahm jedoch der Kaffeehausbesitzer Riedl für sich in Anspruch, die laut Karl Kraus so lang war, »dass selbst der Stephansturm zu ihm hinaufschauen muss«. In der Ausgabe Nr. 14 der *Fackel* des Jahres 1913 resümierte Kraus: »Man lese den *Lehmann!* Wer nur möbliert wohnt, kommt nicht hinein, aber er gibt Ehre, wem Ehre gebührt. Er ist nicht nur pünktlich, er ist verlässlich. Er gibt Auskunft über Wien. Die Adressen mögen nicht stimmen. Aber wahrlich, er ist kein Adressbuch – Adressbücher gibt's viele – er ist eine Kulturgeschichte.«

Der Ausdruck *Lehmann* wurde zum Synonym für das Wiener Adressbuch, das sich durch den Verkauf der jährlich neu erscheinenden Auflagen und durch Firmeninserate im Branchenverzeichnis finanzierte. Das Adressbuch musste ständig redigiert und erweitert werden, stieg doch die Einwohnerzahl Wiens zwischen 1859 und 1910 von 600 000 auf mehr als zwei Millionen. In seiner Glanzzeit brachte es *der Lehmann* auf viertausend Seiten, die in drei Bänden zusammengefasst waren.

In seiner Glanzzeit bringt es der »Lehmann« auf viertausend Seiten

Im März 1938 übernahm ein nationalsozialistischer Verlag das Adressbuch, gleichzeitig tauchten an Tausenden Anschriften »arisierter« Wohnungen neue Eigentümer und Mieter auf. Während des Krieges wurde die Herausgabe des Adressbuchs eingestellt, die vorerst letzte Ausgabe erschien im Jahre 1942 – und enthielt die Namen der wohl prominentesten Filmschauspieler dieser Zeit: Hans Moser recte Julier sowie der Brüder Paul und Attila Hörbiger inklusive Paula Wessely. Die Freude der Stars über den Eintrag hielt sich in Grenzen, zumal – wann immer sie nach Hause kamen – Fans ihre Villen belagerten und um Autogramme baten.

Im Jahre 1948 wurde die Herausgabe als *Herold*

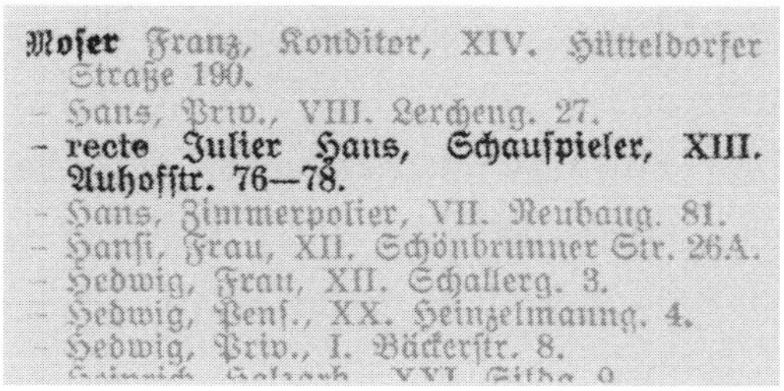
Moser Franz, Konditor, XIV. Hütteldorfer Straße 190.
– Hans, Priv., VIII. Lercheng. 27.
– recte Julier Hans, Schauspieler, XIII. Auhofstr. 76—78.
– Hans, Zimmerpolier, VII. Neubaug. 81.
– Hansi, Frau, XII. Schönbrunner Str. 26A.
– Hedwig, Frau, XII. Schallerg. 3.
– Hedwig, Pens., XX. Heinzelmanng. 4.
– Hedwig, Priv., I. Bäckerstr. 8.

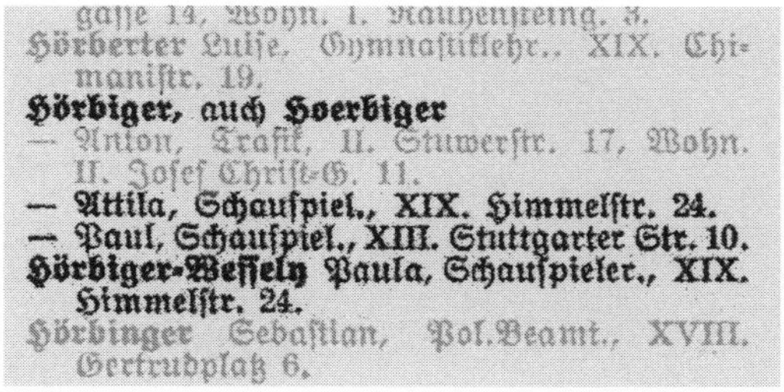
gasse 14, Wohn. I. Rauhensteing. 3.
Hörberter Luise, Gymnastiklehr., XIX. Chimanistr. 19.
Hörbiger, auch Hoerbiger
— Anton, Trafik, II. Stuwerstr. 17, Wohn. II. Josef Christ-G. 11.
— Attila, Schauspiel., XIX. Himmelstr. 24.
— Paul, Schauspiel., XIII. Stuttgarter Str. 10.
Hörbiger-Wessely Paula, Schauspieler., XIX. Himmelstr. 24.
Hörbinger Sebastian, Pol.Beamt., XVIII. Gertrudplatz 6.

Adressbuch von Wien, früher Lehmann wieder aufgenommen. Als jedoch 1993 fast jeder Haushalt im Telefonbuch stand, hatte das Adressbuch ausgedient; von nun an ging es nicht mehr in Druck. Das hatte Adolf Lehmann, der für seine Leistungen zum »Kaiserlichen Rath« und zum »Ritter des Franz-Josephs-Ordens« ernannt wurde, nicht mehr erleben müssen. Er war 1904 in Wien verstorben.

Hilfreich für Autogrammjäger: Die Adressbucheintragungen der Schauspieler Hans Moser, Paul und Attila Hörbiger sowie Paula Wessely

Doch seine alten Adressbücher sind nach wie vor wichtige Quellen für Historiker und private Forscher der eige-

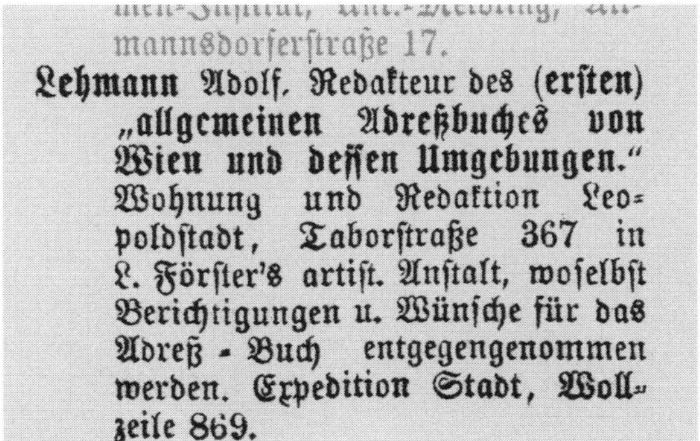
mannsdorferstraße 17.
Lehmann Adolf, Redakteur des (ersten) „allgemeinen Adreßbuches von Wien und dessen Umgebungen." Wohnung und Redaktion Leopoldstadt, Taborstraße 367 in L. Förster's artist. Anstalt, woselbst Berichtigungen u. Wünsche für das Adreß-Buch entgegengenommen werden. Expedition Stadt, Wollzeile 869.

Adolf Lehmann (1828–1904) stand natürlich selbst im Adressbuch – und vergaß auch nicht darauf, ein wenig Werbung für sein Produkt zu machen.

nen Familiengeschichte. Klarerweise sind die in der Wienbibliothek des Rathauses archivierten, zum Teil 150 Jahre alten *Lehmann*-Ausgaben schon ziemlich ramponiert, weshalb die Adressbücher der Jahre 1859 bis 1942 digitalisiert und ins Internet gestellt wurden. Insgesamt sind rund 200 000 Lehmann-Seiten* abrufbar.

Es gibt bereits Überlegungen, die Herausgabe des Telefonbuchs einzustellen. Auch da wird das Internet siegen. Und doch kann es mit dem Vergnügen, in alten Folianten zu blättern, nicht mithalten.

---

* wienbibliothek/lehmann-online

Leben und Sterben des Thronfolgers

Franz Ferdinand auf Weltreise
»Der schießwütigste Jäger der Monarchie«

Die Ärzte empfehlen dem Erzherzog eine Gewalttour

Weit weniger als über seinen Tod weiß man über das Leben des in Sarajewo ermordeten Thronfolgers Franz Ferdinand. Im Kapitel über den ehemaligen Erzherzog Leopold Wölfling* erwähnte ich Franz Ferdinands Weltreise, die ihn zwischen Dezember 1892 und September 1893 von Triest über Indien, Indonesien, Australien, Japan, Kanada bis in die Vereinigten Staaten von Amerika führte. Offiziell als »wissenschaftliche Expedition« bezeichnet, erfolgte die für damalige Verhältnisse ungewöhnlich ausgedehnte Gewalttour tatsächlich auf Anraten der Ärzte Franz Ferdinands, die sich durch den Klimawechsel eine Linderung seines Lungenleidens erhofften. Für den Erzherzog wiederum war es vor allem das Jagdfieber, das ihn in zehn Monaten von Kontinent zu Kontinent hetzen ließ.

Der Neffe Kaiser Franz Josephs galt als der »schießwütigste Jäger der Monarchie« und hat in den 51 Jahren seines Lebens laut genauer Aufzeichnungen 274 889 Stück Wild aller Art erlegt. Welch enormer Aufwand betrieben wurde,

---

* Siehe Kapitel »Schöner Gigolo, armer Gigolo« ab Seite 167.

um dem Erzherzog auf Reisen den gewohnten Lebensstil zu ermöglichen, geht aus einer Tagebuchnotiz hervor, die Franz Ferdinand in einem Lager in der Nähe von Delhi niederschrieb: »46 Zelte sind für mich, meine Suite und die anderen Herren und Functionäre der Jagdgesellschaft, weitere 41 Zelte für Diener und Küchenpersonal bestimmt. Ich verfüge nebst dem Wohnzelte noch über einen Salon, in dem mit Gold geschmückte Decken und Möbel prangen.«

Der Erzherzog zeigte sich ganz in seinem Element, konnte er doch in verschiedenen Revieren Tiger, Panther, Leoparden, Elefanten, Affen und Antilopen erlegen.

»Mein erster Elefant« nennt Franz Ferdinand in seinem Reisetagebuch dieses Bild.

Begleitet wurde er von fast 1800 Jägern, Treibern und Kammerdienern, darunter der Tierpräparator Ferdinand Hodek, der auch als Leibfotograf des Erzherzogs und seiner Entourage abgestellt war.

Erzherzog Franz Ferdinand war zum Zeitpunkt der Weltreise noch nicht Thronfolger, allerdings war er dieser Position, seit Kronprinz Rudolf 1889 Selbstmord begangen hatte, schon recht nahe. Doch erst als sein Vater Carl Ludwig 1896 starb, wurde Franz Ferdinand zur offiziellen Nummer zwei der Habsburgermonarchie.

»Der schöne Otto« als Regent gilt als Schreckensszenario für die Monarchie

Die Weltreise hatte nicht die erhoffte Heilung gebracht, im Gegenteil, das tuberkulöse Lungenleiden des Erzherzogs verschlimmerte sich nach seiner Rückkehr dermaßen, dass man ganz allgemein mit seinem baldigen Ableben rechnete und sein jüngerer Bruder Otto bereits als künftiger Kaiser gehandelt wurde. Diese Vorstellung galt als Schreckensszenario für die Monarchie, da der »schöne Otto« ein berüchtigter Schürzenjäger und Nichtsnutz war, der neben seiner Frau mehrere Geliebte und eine Reihe von unehelichen Kindern hatte.

Zwei Jahre nach der Weltreise unternahm Franz Ferdinand eine weitere große Exkursion, die ihn – auf Anraten seines Onkels Herzog Dr. med. Carl Theodor in Bayern* – nach Ägypten führte und nun doch eine deutliche Besserung brachte, wodurch mit ihm als Thronfolger wieder gerechnet werden konnte.

Bald nach der Rückkehr aus Ägypten lernte Franz Ferdinand auf Schloss Halbturn bei Pressburg die Gräfin

---

* Siehe Kapitel »Sisis kleiner Bruder war ein großer Arzt« ab Seite 70.

Sophie Chotek kennen, in die er sich Hals über Kopf verliebte. Und das war mit einem gewaltigen Skandal verbunden. Denn der inzwischen zum Thronfolger avancierte Franz Ferdinand galt als »beste Partie des Landes« und wurde daher unter anderen von der Erzherzogin Isabella nach Halbturn eingeladen, um ihn mit einer ihrer acht Töchter zu verkuppeln. Und tatsächlich, Franz Ferdinand kam oft und gerne, was die Erzherzogin in ihrer Hoffnung bestärkte, dass er eine ihrer Töchter ehelichen würde.

Im Besonderen schien er an ihrer ältesten Tochter Maria Christina interessiert, die er zu gemeinsamen Landpartien, zum Tanz und anderen Vergnüglichkeiten traf. Dem Umstand, dass die Hofdame der Erzherzogin immer dabei war, schien man keinerlei Bedeutung beizumessen. Sie hieß Sophie Chotek, war eine große, schlanke und intelligente, nicht mehr ganz junge Frau, die aus verarmtem böhmischem Grafengeschlecht stammte.

Erzherzog Franz Ferdinand auf Reisen: 1896 war er in Ägypten, wo er sich spaßeshalber als Mumie zeigte. Nach seiner Rückkehr verliebte er sich in die »nicht ebenbürtige« Gräfin Sophie Chotek.

Die Affäre zwischen dem Erzherzog und der »kleinen Comtesse« ging in aller Stille vor sich, die beiden verstanden es über mehrere Jahre, ihre Treffen geheim zu halten. Bis zu jenem Tag im Frühjahr 1899, als alles aufflog.

Der Thronfolger war nach Halbturn gekommen, um im Kreise der jungen Erzherzoginnen ein Tenniswochenende zu verbringen. Tennis war eine der wenigen Sportarten, die den Damen der höheren Gesellschaft erlaubt war – wenn auch nur züchtig gekleidet, mit langem Rock, hoch geschlossener Bluse und breitkrempigem Hut.

Franz Ferdinand vergisst seine Taschenuhr

Als sich die illustre Runde nach dem letzten Aufschlag zum Tee ins Schloss begab, vergaß der Erzherzog seine am Rande des Spielfelds abgelegte Taschenuhr. Ein Bedienter nahm sie an sich und überreichte sie der Hausfrau, Erzherzogin Isabella.

Es war in jenen Tagen bei den Herren der Gesellschaft üblich, unter dem aufklappbaren Deckel der Taschenuhr ein Foto jener Frau zu verbergen, für die ihr Herz schlug. Isabella war überzeugt davon, hier das Bildnis ihrer ältesten Tochter zu entdecken. Sie klappte die Uhr auf – und musste erfahren, dass alles ganz anders war. Stieß sie doch statt auf Maria Christinas Bildnis auf ein Foto ihrer Hofdame Sophie Chotek.

Jetzt verstand Isabella, warum der Thronfolger so oft ihren Einladungen gefolgt war. Sie fühlte sich hintergangen und ausgenützt, rief die Gräfin Chotek zu sich und entließ sie fristlos aus ihren Diensten.

Der Rest ist Geschichte: Franz Ferdinand bestand gegen den Willen des Kaisers darauf, die »gewöhnliche« Gräfin Chotek zu heiraten. Nach der Eheschließung im Sommer

1900 zog Sophie in die Residenz des Thronfolgers, in das Wiener Schloss Belvedere.

Von seiner Weltreise blieb eine Kiste mit sechzig Schwarz-Weiß-Fotografien übrig, die hundert Jahre später auf Schloss Sychrov bei Prag entdeckt wurden und eine Reise des Erzherzogs dokumentieren, der damals davon ausging, dass er der künftige Regent des Habsburgerreichs sein würde.

»Die Tragödie meiner Großeltern in Sarajewo«
Der Enkel des Thronfolgerpaares erzählt

Ein Herr der alten Schule, wie man ihn heutzutage nur selten antrifft. Und wer kann schon sagen: »Mein Großvater, der Thronfolger«. Georg Hohenberg kann es, er ist der Enkel des in Sarajewo ermordeten Erzherzogs Franz Ferdinand und seiner Frau Sophie.

»Franz Joseph war keiner, der im Alter noch viel ändern wollte«

»Mein Großvater war im Gegensatz zu seinem Ruf ein eher heiterer Mann«, beginnt Georg Hohenberg seine Erzählung. »Wenn man Franz Ferdinand auf Fotografien stets mit ernstem Gesicht sieht, dann hat das mit seinem schweren Leben zu tun. Die langjährige Lungenkrankheit und die Probleme im Zusammenhang mit seiner Ehe haben ihm zu schaffen gemacht. Sogar der Kaiser hat gesagt, er sei unglücklich über das veraltete Zeremoniell, das meine Großmutter diskriminierte. Sie durfte ja nicht einmal bei den Diners bei Hof neben ihrem Mann sitzen. Aber Franz Joseph war keiner, der im Alter noch viel ändern wollte. Und das, obwohl er ja an dem schrecklichen Schicksal seines Sohnes, Kronprinz Rudolf, erkannt haben müsste, wohin erzwungene Ehen führen konnten. Heute, hundert Jahre später, ist es in allen europäischen Königshäusern ganz selbstverständlich, dass die Kronprinzen Bür-

gerliche heiraten. Ja, Gott sei Dank haben sich die Zeiten geändert.«

»Mein Großvater war ein eher heiterer Mann«: Franz Ferdinands Enkel Georg Hohenberg

Als Franz Ferdinand und Sophie am 28. Juni 1914 den Schüssen von Sarajewo zum Opfer fielen, hinterließen sie drei Kinder: Sophie, Max und Ernst von Hohenberg, dreizehn, zwölf und zehn Jahre alt. Sie erfuhren vom Tod ihrer Eltern auf dem böhmischen Familiengut Chlumetz und wurden per Bahn zur Beisetzung ins Schloss Artstetten bei Melk gebracht. Genau hier, in Artstetten, wurde Georg Hohenberg als Sohn des Thronfolgersohnes Max im Jahre 1929 geboren. Er war später österreichischer Diplomat in Paris und Buenos Aires, Botschafter in Tunis und im Vatikan. »Ich war mein ganzes Leben mit meinen Großeltern verbunden, Sarajewo hat das Leben der Familie geprägt. So ein Ereignis wird man nicht los, auch wenn man es nur aus der Überlieferung kennt.«

Georg Hohenberg weiß aus Erzählungen seines Vaters, dass zwischen Franz Ferdinand und Sophie »eine große Liebe bestand, die in der ganzen Familie spürbar war«. Nach dem Begräbnis des Thronfolgerpaares wurden die drei Kinder von Kaiser Franz Joseph empfangen, der ihnen eine jährliche Rente von 400 000 Kronen* zusprach. Aber auch durch die Erbschaft von Schlössern und Gütern waren die Waisen zunächst wirtschaftlich abgesichert.

»Wenn mein Großvater jemals in die Lage gekommen wäre, die Geschicke des Landes zu lenken, hätte es keinen Weltkrieg gegeben, davon bin ich überzeugt.« Georg Hohenberg spricht ruhig und doch spürt man die Emotion. »Sie müssen bedenken, dass Kaiser Franz Joseph 84 Jahre alt war, als er die Kriegserklärung unterzeichnete. Ich bin auch 84 Jahre alt und weiß, was das heißt. Glücklicherweise bin ich kein Kaiser und trage keine Verantwortung. Mit Franz Ferdinand wäre eine neue Generation gekommen, er hat die Gefahr des Nationalitätenproblems gesehen und hätte sie – auch wenn das alles sehr schwierig gewesen wäre – zu lösen versucht. Und er hätte alles unternommen, um einen Krieg zu verhindern. Es ist eine Tragödie, dass gerade sein Tod zum Auslöser dieser Katastrophe wurde.«

»Es ist eine Tragödie, dass sein Tod zum Auslöser dieser Katastrophe wurde«

Dass Kaiser Franz Joseph nach wie vor populär ist, wundert Georg Hohenberg ein wenig. »Der arme Kaiser hatte familiär jedes Unglück, das einem passieren kann. Und er hat jede Schlacht und jeden Krieg verloren. Dass die Öster-

---

* Entspricht im Jahre 2013 laut »Statistik Austria« einer Summe von rund 2 Millionen Euro.

Ein Bild aus glücklichen Tagen: Erzherzog-Thronfolger Franz Ferdinand und Sophie von Hohenberg mit ihren Kindern Max, Sophie und Ernst

reicher eine so glücklose Figur lieben, liegt wohl an ihrem guten Herzen.«

Franz Ferdinand hingegen war nicht populär. »Mein Großvater war, wie Karl Kraus so treffend gesagt hat, kein Grüßer. Das hätte er sein müssen, um beliebt zu sein. Aber er hat, und das ist viel wichtiger, die Probleme der Monarchie erkannt und die Gefahr ihres Zugrundegehens. Gleichzeitig musste er feststellen, dass der alte Kaiser nichts ändern wollte. Das hat Franz Ferdinand zur Verzweiflung gebracht.«

Mit dem Ende der Monarchie zerbricht ihre Welt ein zweites Mal

Die drei Hohenberg-Kinder wuchsen nach dem dramatischen Tod ihrer Eltern unter der Aufsicht ihres Vormunds Graf Thun im Schloss Konopischt in Böhmen auf, ehe mit dem Ende der Monarchie ihre Welt ein zweites Mal zerbrach. Mittlerweile hatten sie die Tragweite der Ereignisse erfasst, aber es gab niemanden, der sie vor den Folgen bewahren konnte.

Und die Folgen waren gewaltig. 1918 wurden die böhmischen Güter der Familie enteignet, 1938 landeten die Söhne des Thronfolgers im Konzentrationslager Dachau. Beide als Anti-Nazi bekannt, war Ernst noch dazu »unangenehm aufgefallen«, als er in der Wiener Innenstadt mit dem Spazierstock eine Auslagenscheibe einschlug, hinter der ein Hitlerbild hing. Max kam nach sechs Monaten frei, Ernst blieb bis 1943 in Haft.

»Die Geschichte mit der Auslagenscheibe war nur ein Vorwand«, vermutet Georg Hohenberg. »In Wirklichkeit waren sie als Mitglieder des verhassten Kaiserhauses für die Nationalsozialisten greifbar, während sich Otto von Habsburg im Ausland aufhielt. Da haben sie sich an meinem

Die Vollwaisen: Max, Sophie und Ernst Hohenberg, deren Eltern 1914 in Sarajewo ermordet wurden

Vater und meinem Onkel schadlos gehalten. Im KZ hatten sie auf Befehl Görings die Aufgabe, die Klosettanlagen zu reinigen.«

»Das Erste, was ich in Dachau sah, waren die beiden Hohenberger«, erinnerte sich ihr Mithäftling, der spätere Bundeskanzler Leopold Figl. »Stündlich den Tod vor Augen, ertrugen sie die qualvollen Demütigungen mit der Würde eines alten Geschlechts. Sie teilten mit uns den letzten Bissen, den letzten Tschick und waren liebenswürdige Kameraden.«

Obwohl Sarajewo ihre Familie zerstört hatte, setzten die drei Kinder des Thronfolgerpaares bereits 1917 einen Akt fast übermenschlicher Größe. Als Gavrilo Princip, der Mörder ihrer Eltern, an einer tödlichen Tuberkulose erkrankte, schrieben sie ihm einen Brief ins Gefängnis, in dem sie ihm seine Tat verziehen. »Als Christ kann ich das verstehen«, erklärt Georg Hohenberg. »Sie haben sich gedacht, der ist doch ein armer Hund, und wir wollen keine Rache.«

Der Enkel des Thronfolgers war noch nie in Sarajewo

Der Enkel des Thronfolgerpaares war noch nie in Sarajewo, »und ich sehe auch keinen Grund, dort hinzufahren. Warum sollte ich mir das antun?«

Neben der menschlichen Tragödie wurde der gewaltsame Tod seiner Großeltern zur politischen. »Natürlich hätte der Kaiser nach dem Attentat die Kriegserklärung nicht unterschreiben dürfen«, meint Hohenberg, »aber im Nachhinein ist es leicht g'scheiter zu sein.«

Eine Pistole schreibt Weltgeschichte
Die Waffe von Sarajewo

Plötzlich war sie da, die Pistole, aus der in Sarajewo jene Schüsse gefeuert wurden, die die Weltgeschichte veränderten. Erstaunlich, dass der *Browning* mit einem Kaliber von 9 mm so lange hinter dicken Klostermauern verborgen war, ohne von der Öffentlichkeit wahrgenommen zu werden. Hatten doch zwei Projektile aus dieser Waffe den Ersten Weltkrieg ausgelöst. Erst neunzig Jahre später wurde sie dem Heeresgeschichtlichen Museum in Wien übergeben.

Aus dieser Pistole sollten die tödlichen Schüsse fallen

Es waren insgesamt sieben Attentäter, die sich an diesem verhängnisvollen Sonntag in Sarajewo aufhielten, um Erzherzog Franz Ferdinand und seine Frau Sophie zu töten. Die serbische Geheimorganisation *Schwarze Hand* hatte die jungen Männer mit Waffen eingedeckt, darunter sechs Bomben aus dem Belgrader Armeearsenal und vier Pistolen belgischer Herkunft. Eine der Pistolen, der *Browning M 1910/12*, wurde am 27. Februar 1914 vom Wiener Beschussamt geprüft, von der Organisation *Schwarze Hand* erworben und danach dem Studenten Gavrilo Princip ausgehändigt. Aus ihr sollten die beiden tödlichen Schüsse auf das Thronfolgerpaar abgegeben werden.

Die Pistole vom Typ »Browning«, mit der Franz Ferdinand und Sophie in Sarajewo erschossen wurden

Tatsächlich wurden am 28. Juni 1914 zwei Attentate auf Franz Ferdinand und seine Frau verübt. Das erste erfolgte um 10.26 Uhr, als der Belgrader Schriftsetzer Nedeljko Čabrinović vor dem Rathaus von Sarajewo eine Bombe zündete. Der Sprengsatz prallte am offenen Verdeck des Thronfolger-Wagens ab und explodierte unter einem anderen Auto der Kolonne. Sechs Personen wurden dabei verletzt, der erste Attentäter wurde festgenommen.

Zwar wollte man danach die Route aus Sicherheitsgründen ändern, doch wurde vergessen, dies den Fahrern mitzuteilen (!), weshalb man den Konvoi kurze Zeit später stoppte. Diesen Moment nützte der neunzehnjährige Gavrilo Princip, um aus seinem *Browning* zwei gezielte Schüsse abzufeuern. Drei der Hintermänner wurden Ende Oktober 1914 zum Tod verurteilt, der minderjährige Princip zu lebenslanger Haft. Er erklärte, aus Rache gegen die Unterdrückung der Serben in Österreich-Ungarn gehandelt zu haben.

Wo aber lagerten die Waffen in den neunzig Jahren, die zwischen Attentat und Auffindung vergangen waren?

Nun, der steirische Jesuitenpater Anton Puntigam leitete in den letzten Jahren der österreichisch-ungarischen Monarchie ein Jugendheim in Sarajewo, das unter der Patronanz der Herzogin Sophie stand. Er war mit ihr und Erzherzog Franz Ferdinand persönlich gut bekannt und hielt sich, als die Schüsse fielen, in unmittelbarer Nähe des Tatorts auf. Puntigam empfand es als seine Pflicht, dem Ehepaar in der Stunde ihres Todes beizustehen und die letzte Ölung zu spenden.

Schon bald nach dem Anschlag regte der Geistliche den Bau einer Gedächtnisstätte für die beiden Opfer an. Das war auch der Grund, warum Pater Puntigam sofort sämtliche Gegenstände zu sammeln begann, die der Dokumentation des Attentats dienen konnten.

Die Kinder des Thronfolgers verweigern die Annahme der Waffen

Als der zwölftägige Mordprozess gegen Gavrilo Princip und seine Komplizen in Sarajewo beendet war und die Beweisstücke vom Gericht nicht mehr benötigt wurden, überließ das bosnische Ministerium in Wien die folgenden Erinnerungsstücke dem Jesuitenpater, damit er sie eines Tages in dem von ihm geplanten Franz-Ferdinand-Museum ausstellen könne: mehrere Bomben und vier Pistolen aus dem Besitz der Attentäter, darunter auch jener *Browning*, aus dem Gavrilo Princip die tödlichen Schüsse gefeuert hatte, weiters Projektile und Patronenhülsen aus diesen Waffen, das blutgetränkte Hemd, das Franz Ferdinand auf seiner letzten Fahrt trug. Dazu kamen die Überreste einer Rose, die während des Attentats im Gürtel der Herzogin Sophie steckte, und der

Sarajewo, 28. Juni 1914: Gavrilo Princip erschießt das Thronfolgerpaar und verändert damit die Geschichte; zeitgenössische Darstellung

Überzug eines Polsters, auf dem der Kopf des Thronfolgers ruhte, als er starb.

Die Errichtung einer Gedächtnisstätte für Franz Ferdinand und Sophie scheiterte am Ersten Weltkrieg und seinen Folgen, weshalb die Objekte vorerst im persönlichen Besitz Pater Puntigams blieben. Erst nach dessen Tod im Jahre 1926 boten sie die Jesuiten den Kindern des Thronfolgerpaares an, die aber in einem heute noch vorhandenen Brief die Annahme verweigerten. Der Orden sollte die Gegenstände vielmehr »zum dauernden Gedächtnis an die Verstorbenen« aufbewahren.

Irgendwann, zu einem nicht mehr eruierbaren Zeitpunkt, wurden die Waffen in den Jesuitenorden in die Wiener Innenstadt gebracht, wobei die Bomben und eine der vier Pistolen während des Transports »verloren« gingen – sie sind seither nicht mehr auffindbar.

Im Jahre 2004 meinten die Jesuiten, dass sie die Verantwortung für die Erhaltung der verbliebenen Stücke, insbesondere der Tatwaffe, nicht länger tragen könnten. Sie beschlossen daher, sie dem Heeresgeschichtlichen Museum Wien als Dauerleihgaben zu überlassen, zumal die Gegenstände fachmännisch betreut und konserviert werden müssen.

Das Museum ist sicher der richtige Aufbewahrungsort für die Objekte, die Geschichte schrieben.

Die Waffe, das Auto und die Uniform des Erzherzogs

Also wurden der *Browning* und die anderen mit dem Attentat in Verbindung stehenden Gegenstände der Direktion des Heeresgeschichtlichen Museums im Wiener Arsenal übergeben. Die Waffen werden im Sarajewo-Raum des Museums neben dem Auto und der Uniform Franz Ferdinands ausgestellt.

Die Folgen des Mordanschlags veränderten die Welt: Da Serbien im Verdacht stand, das Attentat geplant zu haben, erklärte Kaiser Franz Joseph dem Königreich, nach einem unglücklich formulierten Ultimatum, am 28. Juli 1914 den Krieg. Der Erste Weltkrieg sollte mehr als zehn Millionen Menschenleben fordern und hatte das Ende der österreichisch-ungarischen Monarchie zur Folge.

Der »Gräf & Stift« des Grafen Harrach
Das Auto und die Fahrt in den Tod

Das amtliche Kennzeichen »A 111 118« ist heute noch montiert – und das, obwohl der Motor des *Gräf & Stift*-Wagens seit dem 28. Juni 1914 nicht mehr angelassen wurde. Seit jenem Tag, an dem Thronfolger Franz Ferdinand und seine Gemahlin Sophie in der offenen Limousine durch Sarajewo fuhren. Das Auto war damals im Besitz des Grafen Franz Harrach, der es an jenem schicksalhaften Tag dem Thronfolger zur Verfügung stellte. Der Graf stand während des Attentats auf dem Trittbrett

In diesem »Gräf & Stift«-Wagen aus dem Besitz des Grafen Franz Harrach starb das Thronfolgerpaar in Sarajewo.

seines Wagens und war, als die Todesschüsse fielen, nur wenige Zentimeter von den beiden Opfern entfernt. Er wurde daher zum Kronzeugen des Mordanschlags. Und hat seine Erinnerungen daran aufgeschrieben. Seine Tochter überließ sie mir, um sie veröffentlichen zu können.

Graf Harrach hatte Glück, er überlebte das Attentat unverletzt. Doch er konnte mit seinem Schicksal nicht fertigwerden. Der Schock, neben dem sterbenden Thronfolger zu stehen, ohne ihn retten zu können, hatte sich tief in seine Seele gebrannt.

»Bin unverletzt. Franz.« Das waren die erlösenden Worte, auf die seine Familie sehnsuchtsvoll gewartet hatte. Das erste Telegramm traf noch am Abend des 28. Juni 1914 in Karlsbad ein, wo seine Frau gerade auf Kur weilte. »Man muss sich vorstellen, wie groß die Sorge in meiner Familie war, als die Schreckensmeldung aus Sarajewo kam«, erklärte mir Harrachs Tochter Alice Dreihann-Holenia. »Das ahnte mein Vater natürlich, und deshalb hat er meiner Mutter auch sofort in die böhmische Sommerfrische telegrafiert.«

Der Graf überlebt Sarajewo, weil er auf dem linken Trittbrett steht

Ihr Vater war ein enger Freund des Thronfolgers, setzte die Baronin Dreihann-Holenia ihre Erzählung fort, »und das war auch der Grund, warum er ihm das Auto zur Verfügung stellte, als dieser durch Sarajewo fuhr«. Harrachs Name ist in Franz-Ferdinand-Biografien erwähnt, weil er das Leben des Thronfolgers schützen wollte, indem er ihn mit seinem eigenen Körper abzudecken versuchte. Da der Graf auf dem linken Trittbrett unmittelbar vor Franz Ferdinand stand, die Kugeln des Mörders jedoch von rechts kamen, schlug sein tapferes Verhalten fehl.

Franz Harrach war ein wohlhabender Mann. Er besaß mehrere Schlösser in Mähren, ein Stadtpalais in Wien und ein Gut in der oberösterreichischen Marktgemeinde Aschach. Sein berühmt gewordener Besitz war aber der 32 PS starke, durch mehrere Einschusslöcher beschädigte *Gräf & Stift*-Wagen von Sarajewo. Der Vierzylinder, Jahrgang 1910, wurde nach dem Mordanschlag nach Wien gebracht und ist als Prunkstück des Heeresmuseums zu besichtigen.

Der Kronzeuge des Attentats schrieb sich – als ihm die Bedeutung des Erlebten fassbar zu werden begann – in einem vier Seiten langen Brief an seine Frau die große Belastung von der Seele. Es ist ein berührendes Dokument, zumal niemand sonst dem tragischen Geschehen so nahe war wie der Graf, dessen Erinnerungen in den zahlreichen einander widersprechenden Zeugenaussagen besonderes Gewicht haben.

»Es gab kein Entrinnen mehr, die Würfel waren gefallen«

»Liebster Schatz«, beginnt er, »unter dem Drucke des Entsetzlichsten, was Menschenphantasie sich bilden kann, schreibe ich dir, gedrückt von dem Gedanken, selbst unberührt geblieben zu sein. Wo man hinsah, krachte etwas, Kapsel, Bombe ... es war ein gesperrtes Jagen, es gab kein Entrinnen mehr, die Würfel waren gefallen. Sie (Franz Ferdinand und Sophie, Anm.) waren Helden als Fürsten und als Menschen. Sie starben in Ausübung ihres Berufes, ihrer Pflicht, und als sich vor den zwei Särgen die Fahrer neigten, wenn das Volk, das arme, aufschrie in einem einzigen großen Schrei, der sich mit Elementargewalt zum Himmel erhob, da dachte ich im Herzen: Ihr großen Helden seid nicht ganz umsonst als Opfer eures Vaterlandes geschlachtet worden, nein!«

»Sie starben in Ausübung ihres Berufes, ihrer Pflicht«: Niemand war dem tragischen Geschehen so nahe wie der Kronzeuge des Attentats, Franz Graf Harrach

Nach diesen einleitenden Worten schildert Harrach den Tathergang: »Sie (die Frau des Thronfolgers, Anm.) sagte zu ihm, als sie beide die Schüsse trafen: ›Um Gotteswillen, was ist dir geschehen?‹, sank auf ihre Knie, mit dem Gesicht auf seinen Knien, und es war vorbei. Aus seinem Munde spritzte sofort ein dünner Blutstrahl auf meine Backe, er wurde steif mit aufgerissenen Augen und sagte, die Hände auf ihren Schultern: ›Sopherl, stirb mir nicht, bleib mir für die Kinder.‹ Ich hielt ihn am Kragen und sagte: ›Kaiserhoheit müssen furchtbar leiden.‹

Er sagte: ›Oh nein, es ist nichts.‹ Dann murmelte er weiter, schwieg, worauf Blutröcheln begann, das mit einem Blutsturz endete. Erst nach ca. zehn Minuten starb er. Ihre Kugel hatte die Karosserie durchbohrt, riss ein Stücklein Rosshaar mit in die Seitenwände, die Kugel traf die Bauchschlagader bis etwa zur Halsschlagader.«

Im nächsten Absatz schildert Harrach die Chronologie der Ereignisse: »Beim ersten Attentat* sauste mir die Bombenkapsel um die Ohren. Der Effekt der Bombe, die von unserem zusammengelegten Dache hinabfiel, dank Loykas Geistesgegenwart, der sofort Vollgas gab, war verheerend (Leopold Lokya war Graf Harrachs Chauffeur, Anm.). Im 2. Stocke waren die Fensterkreuze eingedrückt ...«

»Es umarmt dich dein vernichteter Gatte«

Für Harrach war »alles wie ein böser Traum. Heute (am 3. Juli 1914 Anm.) erwachte ich und frag: Ist es möglich? Kann es wahr sein? Wenn man das erlebt hat und Freund und Patriot ist, so ist einem da drinnen etwas gebrochen, was nimmer zu picken ist, wenn man Hass und Neid betrachtet ..., als dann wird man sich fragen: Wozu lebe ich noch? Wozu sind die Großen gestorben, wenn auf dem mit ihrem Blute getränkten Acker Zwietracht und Hass gesät wird. Es umarmt dich«, endet der Brief, »dein vernichteter Gatte«.

Franz Harrach sollte den Weltkrieg, den die beiden auf seinen Wagen abgefeuerten Schüsse auslösten, in seiner vollen Tragweite miterleben. Er starb im Mai 1937. Womit ihm wenigstens der zweite, letztlich ebenfalls durch die Folgen des Attentats ausgelöste Krieg, erspart blieb.

---

* Siehe Kapitel »Eine Pistole schreibt Weltgeschichte« ab Seite 267.

Seine Tochter Alice und deren Sohn Nikolaus Dreihann-Holenia klagten die Republik Österreich im Jahr 2002 auf Rückgabe des Wagens, der im Eigentum ihres Vaters bzw. Großvaters stand, wurden jedoch vom Gericht abgewiesen. Der *Gräf & Stift*-Wagen ist nach wie vor in Wiens Heeresgeschichtlichem Museum ausgestellt.

Die ersten Bilder eines Genies

Schiele und die Eisenbahn
Eine dramatische Kindheit

Die Züge, die da ständig im Bahnhof von Tulln an der Donau ein- und ausfuhren, wird er gar nicht gehört haben, so selbstverständlich waren dem kleinen Egon Schiele das Rattern der Waggons und das Pfeifen der Dampflokomotiven. Sein Vater war Bahnhofsvorstand in Tulln und die Familie bewohnte eine im Bahnhof gelegene Dienstwohnung, durch deren Fenster man die Zuggarnituren und das hektische Treiben der Reisenden beobachten konnte. Mit zwei Jahren fertigte Egon seine ersten Zeichnungen an, mit sieben entstanden präzise Skizzen der Züge und Gleiskörper. Der Bahnhof und die Eisenbahn spielten eine wichtige Rolle in der künstlerischen Entwicklung des Egon Schiele.

»Dabei hat alles gutbürgerlich und in familiärer Harmonie begonnen«

Wer die Wohnung am Bahnhof von Tulln besucht, dem wird das Schicksal des Genies noch näher gehen, als das bisher der Fall war. Dabei hat alles gutbürgerlich und in familiärer Harmonie begonnen. Egon Schiele wurde am 12. Juni 1890 im Schlafzimmer der väterlichen Dienstwohnung im Bahnhofsgebäude geboren. Schon Egons Vater Adolf Schiele hat gerne Porträts und Landschaftsbilder gemalt, doch war es nur Hobby, denn sein Berufsleben war

Zwei Eisenbahnen und ein Automobil: Zeichnung des zehnjährigen Egon Schiele

– wie auch das des Großvaters – von der Eisenbahn bestimmt. Die Mutter wiederum kam aus wohlhabendem Haus, war Tochter eines erfolgreichen Bauunternehmers und Besitzers mehrerer Zinshäuser in Wien.

Egon Schiele hatte schon als Kind nichts anderes im Sinn, als in der im ersten Stock gelegenen Bahnhofswohnung Zuggarnituren zu zeichnen und die vier Zimmer mit seinen Skizzenblättern zu okkupieren. »Als er sieben Jahre alt war«, erinnerte sich die Mutter später, »hat er sich einmal auf das Fensterbrett gelegt und von früh bis abends, ein dickes Buch mit Zeichnungen anfüllend, alle Geleise, Signalanlagen auf Papier geworfen ... Auf einem Blechtisch hat Egon mit Kreide Geleise gezeichnet, die durch Schlafzimmer, Speisezimmer bis in den Salon führten, mit allen dazugehörigen, korrekt eingezeichneten Stationen.«

Irgendwann wurde den Eltern Egons Zeichenwut zu viel, sodass sie – unter heftigen Protesten ihres weinenden Sohnes – Unmengen seiner frühen Werke verbrannten. Der Wiener Kunsthistoriker Christian Bauer* ist den Kind-

* Christian Bauer, »Egon Schiele. Der Anfang«, 2013.

heits- und Jugendtagen Egon Schieles nachgegangen und hat Überraschendes entdeckt.

Der Vater Adolf Schiele war als Bahnhofsvorstand der k. k. Staatsbahnen in seiner Uniform mit Degen und Federhut in Tulln eine Respektsperson, doch sein Leben erfuhr noch in den Kindertagen seines Sohnes Egon und seiner beiden Töchter Gertrude und Elvira eine erschreckende Veränderung. Adolf Schiele litt zunehmend unter geistiger Verwirrung, hervorgerufen durch progressive Paralyse, einer Spätfolge der Syphilis, die er sich wohl bei seinen »Dienstreisen« nach Wien geholt hatte.

Ein imaginärer Gast in der Bahnhofswohnung

Ab Egons zwölftem Lebensjahr brachte der Vater ständig einen imaginären »Gast« mit in die Bahnhofswohnung, mit dem sich sämtliche Familienmitglieder während der Mahlzeiten unterhalten mussten. Aber die Krankheit des Vaters sollte noch schlimmere Blüten treiben: Eines Tages steckte Adolf Schiele in seinem Wahn sämtliche Aktien der Familie in den weißen Kachelofen des Elternzimmers – und sah zu, wie sein gesamter Besitz verbrannte.

Konnte sich die Familie bis dahin über ein gutbürgerliches Leben mit Dienstmädchen und Privatlehrer für die Kinder erfreuen, so stand sie jetzt von einem Tag zum anderen vor dem Nichts, die Hausangestellte wurde entlassen und Egon musste in eine öffentliche Volksschule gehen. Danach besuchte er die Gymnasien in Krems und Klosterneuburg – wobei er in letzterem mit dem Zeichenprofessor Karl Strauch auf seinen ersten wichtigen künstlerischen Förderer traf. Insgesamt war Schiele jedoch ein so schlechter Schüler, dass er das Gymnasium vorzeitig verließ.

In diesem Kachelofen in der Wohnung der Familie Schiele wurden Egons Bilder und der gesamte Aktienbesitz verbrannt, worauf es mit dem gutbürgerlichen Leben vorbei war.

Die Eltern: Adolf Schiele, Bahnhofsvorstand der k. k. Staatsbahnen in Tulln, mit seiner Frau Marie

Bald war der Bahnhofsvorstand Adolf Schiele aufgrund seiner Krankheit nicht mehr in der Lage, seinen verantwortungsvollen Posten auszuüben. Zwischenfälle im Zugverkehr wurden registriert und von seinen vorgesetzten Dienststellen überprüft, ehe es am 23. März 1904 keinen anderen Ausweg gab, als ihn in den Krankenstand zu schicken, aus dem er nie wieder zurückkehren sollte.

Die Familie musste im selben Jahr noch ihre 125 Quadratmeter große Bahnhofswohnung räumen und übersiedelte nach Klosterneuburg. Im September unternahm der Vater in Böhmisch Krumau, der Geburtsstadt seiner Frau, einen Selbstmordversuch, am 31. Dezember 1904 ist er im Alter von 54 Jahren gestorben. Egon Schiele war da gerade vierzehn Jahre alt und hatte bereits die Hälfte seines Lebens hinter sich gebracht. Die Zeit, in der er die schwere Persönlichkeitsveränderung und zunehmende Demenz seines Vaters – den er im Übrigen über alles liebte – aus nächster Nähe miterleben musste, war für ihn zweifellos prägend.

Schiele bekam einen Onkel als Vormund, der ebenfalls ein höherer Bahnbeamter war, und trat – vorerst gegen dessen Willen – mit sechzehn Jahren in die Wiener Kunstakademie ein. Dort herrschte immer noch das Diktat konservativer Historienmaler, die die Zeichen der Zeit nicht erfasst hatten und wenig Verständnis für den jungen Schiele zeigten. Egon lernte die handwerklichen Grundbegriffe bei Professor Christian Griepenkerl, der – als er die ersten Zeichnungen seines Schülers sah – entsetzt ausrief: »Schiele, sagen Sie um Gottes willen keinem, dass Sie bei mir gelernt haben.«

Schieles Onkel legt seine Vormundschaft zurück

Schiele sagte es keinem – und verließ die Kunstakademie nach drei Jahren, worauf sein Onkel aus Protest, weil Egon schon wieder eine Schule vorzeitig verließ, seine Vormundschaft zurücklegte. Doch schon seine ersten Ausstellungen brachten den jungen Maler ins Gespräch. Mit siebzehn suchte er den berühmten, um 28 Jahre älteren Gustav Klimt in dessen Atelier in der Josefstädter Straße auf, um ihm einige Zeichnungen zu zeigen und sein Idol zu fragen, ob er Talent hätte. »Ja, viel zu viel«, antwortete der Meister.

Klimt, der gerne junge Künstler förderte, behielt Schieles Begabung im Auge, er kaufte ihm Zeichnungen ab oder

»Sagen Sie um Gottes willen keinem, dass Sie bei mir gelernt haben«: Schieles Ausweis an der Akademie der bildenden Künste, 1908

bot ihm an, sie gegen eigene zu tauschen. Er stellte ihm Modelle und potenzielle Mäzene vor und vermittelte dem Nachwuchstalent Aufträge von der Wiener Werkstätte, die mit der Secession zusammenarbeitete.

Da Schiele der Wiener Rummel irritiert, zieht er sich mit seinem Modell Wally Neuzil nach Krumau zurück und verbringt mit ihr ein paar Tage in Neulengbach, wo er am 13. April 1912 aus heiterem Himmel verhaftet wird. Man wirft dem 22-jährigen Künstler »Entführung, Verführung einer Minderjährigen und Gefährdung der öffentlichen Moral« vor. Nach zweiwöchiger Untersuchungshaft wird er ins Kreisgericht St. Pölten überstellt, wo sich die Anschuldigungen der Entführung und Verführung als haltlos erweisen. Tatsächlich ist eine minderjährige Schiele-Verehrerin ohne Wissen ihrer Eltern mit ihm und Wally in der Eisenbahn gereist. Schiele wird lediglich wegen der »Verbreitung unsittlicher Zeichnungen« angeklagt, da in seinem Wiener Atelier eine Aktstudie »an einem für Kinder zugänglichen Ort« ausgestellt war.

Schiele wird zu drei Tagen Arrest verurteilt, die mit der insgesamt 24-tägigen Untersuchungshaft als verbüßt gelten. Nachdem die Polizei über hundert als »pornografisch« eingestufte Zeichnungen beschlagnahmt, verbrennt der Richter am Ende der Verhandlung eine Aktstudie über einer im Gerichtssaal entzündeten Kerze, um damit seine Abscheu vor Schieles Werk auszudrücken.

Die Familie bewohnte eine Dienstwohnung im ersten Stock: der Bahnhof von Tulln in der Zeit, als Schiele dort aufwuchs

Durch den Gefängnisaufenthalt schwer traumatisiert, kehrt er nach Wien zurück und heiratet 1915 seine Freundin Edith Harms. Mit Klimts Hilfe gelingt es ihm, auch wieder künstlerisch Fuß zu fassen.

Schiele stirbt am 31. Oktober 1918, drei Tage nach seiner Frau, an der Spanischen Grippe. Das Leben des nur 28 Jahre alt gewordenen Malers ging zeitgleich mit der Donaumonarchie und dem Ersten Weltkrieg zu Ende. »Der Krieg ist aus und ich muss gehen«, sagte Schiele auf seinem Sterbebett. Und: »Meine Gemälde sollen in allen Museen der Welt gezeigt werden.«

Dieser Wunsch jedenfalls ist in Erfüllung gegangen. Er hat der Menschheit in den wenigen Jahren seines Lebens mehr als dreitausend Bilder hinterlassen. In der Wohnung seiner Kindheit im Bahnhof Tulln befindet sich seit Juni 2013 ein Schiele-Museum.

Eine Tafel erinnert daran, dass Egon Schiele hier das Licht der Welt erblickte.

Post Scriptum
Billy Wilder besucht Schieles Geburtshaus

Damit dieses Buch nicht ganz so dramatisch endet, sei hier noch eine kleine, im Zusammenhang mit Schieles Geburtshaus stehende Geschichte erzählt. Der Wiener Regisseur Wolfgang Glück (*Der Schüler Gerber*) hat sie mir vor Jahren schon anvertraut, als im Tullner Bahnhof noch kein Museum an den großen Maler erinnerte.

Der Hollywoodregisseur fährt nach Tulln

Es ergab sich, dass der in Wien aufgewachsene und in Hollywood mit Filmen wie *Manche mögen's heiß* und *Irma la Douce* weltberühmt gewordene Regisseur und sechsfache *Oscar*-Preisträger Billy Wilder im Jahre 1994 auf Besuch nach Österreich kam. Der leidenschaftliche Kunstsammler und -kenner wollte die Gelegenheit nicht ungenützt lassen und bat seinen Freund Wolfgang Glück, ihn mit dem Auto nach Tulln zu begleiten, da er Schieles Geburts- und Wohnhaus – den alten Bahnhof eben – besichtigen wollte. Billy Wilder, ein Mann von ausgeprägtem Humor, seine Frau Audrey und Wolfgang Glück fuhren nach Tulln und besichtigten den Bahnhof, an dessen Fassade damals schon eine Tafel mit der Aufschrift angebracht war: »In diesem Hause wurde am 12. 6. 1890 Egon Schiele geboren.«

Billy Wilder war ergriffen und erkundigte sich, als er die Inschrift gelesen hatte, wo man hier ein stilles Örtchen aufsuchen könnte. Nach längerer Suche wurde ein Bundesbahn-Beamter ausfindig gemacht, der die Bahnhofstoilette mittels eines großen Schlüssels umständlich öffnete. Billy Wilder trat ein und ward dann für längere Zeit nicht mehr gesehen. Endlich zurückgekehrt, sagte er, auf Egon Schieles Gedenktafel weisend, zu seinem Freund Wolfgang Glück: »Demnächst kommt eine Tafel dazu, auf der stehen wird: ›Hier schiss Billy Wilder am 14. Mai 1994.‹«

Ein stilles Örtchen für den Meisterregisseur: Billy Wilder in Tulln

Die Tafel, die an Billy Wilders Besuch in Tulln erinnern sollte, gibt es zwar noch immer nicht. Aber immerhin ein Museum, das die Atmosphäre der für Egon Schiele prägenden Kindheits- und Jugendtage zeigt.

Quellenverzeichnis

Hermann Altenberg, *Um Recht und Nachfolge im Hause Habsburg*, Wien-Frankfurt-Zürich 1966.

Peter Autengruber, *Lexikon der Wiener Straßennamen*, Wien-Graz-Klagenfurt 2012.

Hans Bankl, Hans Jesserer, *Die Krankheiten Ludwig van Beethovens*, Wien 1987.

Christian Bauer (Hrsg.), *Egon Schiele. Der Anfang*, München 2013.

Herzog Max in Bayern, Otto-Erich Lund, Klaus G. Riedel, Max Oppel, Bernhard von Barsewisch u. a., *100 Jahre Augenklinik Herzog Carl Theodor*, München 1995.

Joan and Clay Blair Jr., *The Search for JFK*, New York 1976.

Egon Caesar Conte Corti, *Elisabeth. Die seltsame Frau*, Graz 1934.

Max Edelbacher, Harald Seyrl, *Wiener Kriminalchronik*, Wien 1993.

Hanne Egghardt, *Habsburgs schräge Erzherzöge. Dem Kaiser blieb auch nichts erspart*, Wien 2008.

Anton Maria Girardi, *Das Schicksal setzt den Hobel an. Der Lebensroman Alexander Girardis*, Braunschweig 1941.

Brigitte Hamann, *Rudolf, Kronprinz und Rebell*, Wien-München 1978.

Brigitte Hamann, *Elisabeth, Kaiserin wider Willen*, Wien-München 1982.

Brigitte Hamann (Hrsg.), *Die Habsburger. Ein biographisches Lexikon*, Wien 1988.

Brigitte Hamann (Hrsg.), *Meine liebe gute Freundin! Die Briefe Kaiser Franz Josephs an Katharina Schratt*, Wien 1992.

Margareta Lehrbaumer, *Womit kann ich dienen? Julius Meinl. Auf den Spuren einer großen Marke,* Wien 2000.

Sophie Lillie, *Was einmal war. Handbuch der enteigneten Kunstsammlungen Wiens,* Wien 2003.

Oliver Lubrich (Hrsg.), *John F. Kennedy. Unter Deutschen. Reisetagebücher und Briefe 1937–1945.* Aus dem Amerikanischen von Carina Tessari, Berlin 2013.

Luise von Toscana, *Mein Lebensweg,* 4. Auflage, Dresden 2004.

Georg Markus, *Katharina Schratt, die heimliche Frau des Kaisers,* Wien 1982.

Georg Markus, *Unter uns gesagt. Begegnungen mit Zeitzeugen,* Wien 2008.

Georg Markus, *Was uns geblieben ist. Das österreichische Familienbuch,* Wien 2010.

Sylvia Mattl-Wurm, Alfred Pfoser (Hrsg.), *Die Vermessung Wiens. Lehmann's Adressbücher 1859–1942,* Wien 2011.

Lucian Meysels, *Die verhinderte Dynastie. Erzherzog Franz Ferdinand und das Haus Hohenberg,* Wien 2000.

Hans Moser, *Ich trag im Herzen drin ein Stück vom alten Wien,* aufgezeichnet von Georg Markus, Vorwort von Paul Hörbiger, München-Berlin 1980.

Helene Odilon, *Das Buch einer Schwachsinnigen. Lebenserinnerungen,* Berlin 1909.

Gabriele Praschl-Bichler, *Gott gebe, dass das Glück andauere. Liebesgeschichten und Heiratssachen im Hause Habsburg,* Wien-München 1997.

Gabriele Praschl-Bichler, *Unsere liebe Sisi. Die Wahrheit über Erzherzogin Sophie und Kaiserin Elisabeth. Aus bislang unveröffentlichten Briefen,* Wien 2008.

Marcel Prawy, *Die Wiener Oper,* Wien-München-Zürich 1969.

Friedrich Saathen (Hrsg.), *Anna Nahowski und Kaiser Franz Joseph. Aufzeichnungen,* Wien-Köln-Graz 1986.

Roman Sandgruber, *Traumzeit für Millionäre: Die 929 reichsten Wienerinnen und Wiener im Jahr 1910,* Graz 2013.

Otto Schwarz, *Marcel Prawy. Ein großes Leben neu erzählt*, Wien 2006.

Friedrich Weissensteiner, *Reformer, Republikaner und Rebellen. Das andere Haus Habsburg-Lothringen*, Wien 1987.

Friedrich Weissensteiner, *Ich sehne mich sehr nach dir. Frauen im Leben Kaiser Franz Josephs*, Wien 2012.

Leopold Wölfling, *Als ich Erzherzog war*, Berlin 1935.

Wilhelmine Wölfling-Adamovic, *Meine Memoiren*, herausgegeben von Josef Schmall, Berlin 1908.

Danksagung

Der Autor dankt den folgenden Personen, die ihn bei der Arbeit zu diesem Buch unterstützten: Heidrun Artmüller; Curt Buchholtz/*Rocky Mountain National Park Association*; Dr. Marcel Atze, Dr. Sylvia Mattl-Wurm, Mag. Ilse Poth und Mag. Suzie Wong/*Wienbibliothek*, Senta Wengraf; Dr. Ilsebill Barta/*Hofmobiliendepot Wien*, Carl-Ludwig Kutschera, Leopold Wallisch; Univ.-Prof. Dr. Hans Bankl (†); Dr. Christian Bauer, Mag. Susanne Schimek, Andreas Pimperl/*Stadtamt Tulln a. d. Donau*, Prof. Wolfgang Glück; Mag. Victoria Bauernberger, Melanie Heiland und Dr. Carmen Sippl/*Amalthea Verlag*, Dietmar Schmitz; Vera Borek; Alice und Nikolaus Dreihann-Holenia; Sylvia Eidler geb. Fuhrich, Mag. Harald Seyrl/*Kriminalmuseum Wien*; Dr. Andreas Fingernagel/*Österreichische Nationalbibliothek*; Herbert Föttinger und Christiane Huemer-Strobele/*Theater in der Josefstadt*, Dr. Lotte Kirchdorfer, Univ.-Prof. DDr. Oliver Rathkolb, Franzobel, Prof. Ulrich Schulenburg/*Thomas Sessler Verlag*; Mag. Peter Enne, Werner Fröhlich und Dr. Christoph Hatschek/*Heeresgeschichtliches Museum Wien*, Dr. Georg Hohenberg; Dr. Christine Nussbaumer, Ing. Rainer Rudolf Salvator Pachmann, Franz Stephan Salvator Hübsch; Mag. Thomas Just/*Haus-, Hof- und Staatsarchiv*; Eugen Freund/*ORF*, Karl Hohenlohe/*Kurier*, Stephen Plotkin/*John F. Kennedy Presidential Library Boston/USA*, Linda Brieger und Willibald Safran/Kärnten, Mag. Peter Ploteny/*Mediathek des Technischen Museums Wien*; Univ. Prof. Dr. Rudolf Taschner; Dr. Gabriele Praschl-Bichler; Hofrat Prof. Dr. Friedrich Weissensteiner; Univ.-Prof. Dr. Michael Radda; Rechtsanwalt Frieder Roth und Dipl.-Kfm. Kai Wernick/*Augenklinik Herzog Carl Theodor München*; Univ.-Prof. Dr. Roman Sandgruber und Johannes Popper-Podhragy.

Bildnachweis

Leopold Wallisch (Seite 21), Hofmobiliendepot (27), IMAGNO/ÖNB (29, 32, 40, 172, 201, 257), Carl-Ludwig Kutschera privat (36 links, 38), John F. Kennedy Library/Eyedea/ picturedesk.com (45), Gemeinde Sekirn (47), Archiv Willibald Safran (50), IMAGNO (53 links, 77, 99, 102, 117, 129, 138 links, 147, 183, 189 links, 203, 245, 255), Archiv Gabriele Praschl-Bichler (61), Augenklinik Herzog Carl Theodor/München (73, 81), Jens Weber/München (75), IMAGNO/Austrian Archives (85, 142, 209), IMAGNO/Erich Lessing (89), IMAGNO/Barbara Pflaum (97), IMAGNO/Österreichisches Theatermuseum (102, 105, 209), Marcel Prawy privat (108), Wienbibliothek (110, 217, 244, 247, 248, 249 rechts, 251), IMAGNO/ÖNB/Harry Weber (111), Rocky Mountain National Park (112), Kriminalmuseum Wien (119), Sylvia Eidler privat (122), Fred Riedmann/KURIER (123), Fritz Klinsky/KURIER (124), Familie Mautner Markhof privat (131), Archiv Julius Meinl (133), Johann Popper-Podhragy privat (140), Richter/Cinetext (155), Alban Berg Stiftung (163, 164, 166), Rainer Pachmann privat (194, 196, 203), Franz Stephan Salvator Hübsch privat (203), Georg Markus (201 rechts, 203), Lotte Kirchdorfer privat (220), Kristian Bissuti/KURIER (229), Theater in der Josefstadt (232), Heeresgeschichtliches Museum (235, 268, 272), Jeff Mangione/KURIER (261), Museum Artstetten (263), Repro F. W. Scheidl (270), Nikolaus Dreihann-Holenia privat (275), Sammlung Gradisch (281, 284), Hans Eder (283), Albertina (286), Stadt Tulln (287, 288), Archiv des Amalthea Verlages, KURIER-Archiv, Archiv des Autors.

Der Verlag hat alle Rechte abgeklärt. Konnten in einzelnen Fällen die Rechteinhaber der reproduzierten Bilder nicht ausfindig gemacht werden, bitten wir Sie, dem Verlag bestehende Ansprüche zu melden.

Personenregister

Adamovic, Wilhelmine 169f., 178
Albach-Retty, Wolf 159
Albers, Hans 213
Alexander I., Zar 235f., 238, 240
Alexejewna, Elisabeth 236
Alice von Bourbon-Parma 167, 175, 177
Alt, Rudolf von 141
Amalie Wasa, Prinzessin von Schweden 60f.
Amerling, Friedrich von 141
Andrássy, Gyula, Graf 68
Anna Monika Pia, Prinzessin von Sachsen 180ff.
Antheil, George 158
Arlt, Ferdinand von 72
Arthold, Johann 114ff.
Artmüller, Heidi 108, 112, 294
Atze, Marcel 111, 294
Aumer, Tänzerin 240

Bagration, Katharina, Fürstin 236
Baker, Josephine 149ff.
Baker, Willie 150
Bankl, Hans 90ff., 294
Barta, Ilsebill 294
Bauer, Christian 281, 294
Bauernberger, Victoria 294
Beethoven, Carl van 87
Beethoven, Johann van 87
Beethoven, Ludwig van 15, 84f., 87ff., 111
Beetz, Wilhelm 134
Berg, Alban 163
Bergmann, Ingrid 157
Bernstein, Leonard 110
Bertini, Konstantin 115f.
Bienerth-Schmerling, Richard, Graf 139
Bigottini, Emilie 240
Billings, LeMoyne (»Lem«), 48
Billroth, Theodor 71, 246f.
Bily, Ida (geb. Pachmann) 199
Bizet, Georges 98
Bock, Fritz 119
Bogart, Humphrey 157
Böhm, Karl 96, 98ff.
Bösendorfer, Leonie 211
Booth, John Wilkes 52f.
Borek, Vera 228ff., 294
Bouillon, Jean 152
Boyer, Chales 156
Brahms, Johannes 246f.
Brammer, Julius 173
Brieger, Linda 46, 294
Bruckner, Anton 246f.
Buchholtz, Curt 107, 109, 294

Čabrinović, Nedeljko 268
Carl Ludwig, Erzherzog 57, 59f., 63ff., 68, 256
Carl Theodor in Bayern, Herzog 13, 70ff., 256
Caruso, Enrico 104
Castro de la Raya, Marchesa Blanche 140
Chruschtschow, Nikita 14, 42
Connally, John 52
Corti, Egon Caesar Conte 58f., 64, 69
Czapka, Ignaz, Freiherr von 246

Debussy, Claude 98
Defregger, Franz 141
Degischer, Vilma 69
Desmines, Thomas 93
Dollfuß, Engelbert 101
Domingo, Placido 108, 110
Drasche, Richard, Baron 130
Dreher, Anton 130
Dreihann-Holenia, Alice 273, 277, 294
Dreihann-Holenia, Nikolaus 277, 294
Drimmel, Heinrich 96
Dumba, Nicolaus 141f.

Eckhardt, Adrienne 114ff.
Eichmann, Adolf 137
Eidler, Sylvia (geb. Fuhrich) 121f., 124, 126, 294
Elisabeth (Sisi), Kaiserin 13, 19, 21, 37, 56ff., 73, 77ff., 162, 168, 186, 189f., 203
Elisabeth, Erzherzogin 188, 203
Elßler, Fanni 247
Elvira, Prinzessin von Bourbon 168
Enne, Peter 294
Enno, Anton Alberti, Graf von 190ff., 198f.

Faber, Ilona 118ff.
Faber, Ludwig 119
Ferdinand I., König von Bulgarien 30ff., 39, 40, 175
Ferdinand IV., Großherzog von Österreich-Toskana 167, 174f., 177, 196, 199
Figl, Leopold 230, 265
Fingernagel, Andreas 294
Foster, Jimmy 46
Föttinger, Herbert 220, 294
Franz I., Kaiser 57, 235, 239
Franz Ferdinand, Erzherzog 15, 57, 67, 70, 74, 168, 191, 197, 199, 254ff., 260ff., 267ff.
Franz Joseph I., Kaiser 13, 18f., 21, 24ff., 30ff., 37, 39ff., 56, 59ff., 66, 68f., 78f, 162ff., 168f., 170, 174, 180, 186, 191, 196f., 206, 210f., 251, 254, 260, 262, 271
Franzobel 213f., 219, 222ff., 294
Freud, Sigmund 104
Freund, Eugen 43, 294
Frey, Erik 214
Friedrich, König von Württemberg 237
Friedrich August III., König von Sachsen 175, 179ff., 185
Fröhlich, Werner 294
Frydmann, Richard, Ritter von Prawy 106f.
Fuhrich, Dagmar 14, 121ff., 125f.

Gable, Clark 157
Gates, Bill 129
Gauermann, Friedrich 141
Georg I., König von Sachsen 176
Ghega, Carl Ritter von 37
Girardi, Alexander 24, 137, 206ff.
Giron, André 176, 178ff.
Gisela, Erzherzogin 58, 68f., 79
Glück, Wolfgang 289f., 294
Göring, Hermann 265
Goethe, Johann Wolfgang von 95
Goldarbeiter, Izso 148
Goldarbeiter, Lisl 144ff.
Griepenkerl, Christian 285
Grillparzer, Franz 244
Gröger, Clara 173
Gutheil-Schoder, Marie 103
Gutmann, Max von 129

Habsburg, Otto von 194, 264
Hamann, Brigitte 65
Harms, Edith 288
Harrach, Franz, Graf 272ff.
Hatschek, Christoph 294
Haunzwickl, Franz 137
Hearst, William Randolph 49
Heiland, Melanie 294
Helene in Bayern, Herzogin 59
Heuduk, Johann 163
Hilbert, Egon 96f.
Hinterstoisser, Joseph Carl 211
Hitler, Adolf 49, 98, 137, 155, 158, 213f., 217ff., 224f., 264
Hodek, Ferdinand 256
Hoffmann, Joseph 208
Hohenberg, Ernst von 261, 264f.
Hohenberg, Georg 197, 202, 260ff., 264, 266, 294
Hohenberg, Max von 261, 264f.
Hohenberg, Sophie von 261, 265
Hohenlohe, Elisabeth 45
Hohenlohe, Karl 45ff., 294
Hörbiger, Attila 250f.
Hörbiger, Paul 213, 250f.
Horten, Heidi 50
Horten, Helmut 50
Howard, Trevor 116
Hryntschak, Katharina 26, 31
Hübsch, Franz Stephan Salvator 186, 196f., 202f., 294
Huemer-Strobele, Christiane 294

Isabella, Erzherzogin 257f.
Iwanoff, Alexander von 71

Jäger, Eduard 72
Jannings, Emil 214
Jelinek, Elfriede 219
Jeritza, Maria 110, 140f.
Jerzabek, Anton 149
Jesserer, Hans 90ff.
Johnson, Andrew 52
Johnson, Lyndon B. 52
Just, Thomas 294

Kálmán, Emmerich 110
Karajan, Herbert von 96ff., 100ff., 110, 112f.
Karl I., Kaiser 70, 192

Karoline Auguste, Kaiserin 57
Kennan, George 47
Kennedy, John F. 14, 42ff.
Kennedy, Joseph jun. 47
Kennedy, Joseph sen. 44, 47
Kennedy, Rose 44
Kiepura, Jan 110, 112
Kirchdorfer, Lotte 216, 218ff., 294
Kiss, Anton von 28
Kiss, Nikolaus von 21, 24f., 40
Kittel, Otto (Pseudonym: Hermann Altenberg) 188, 198
Klimt, Gustav 104, 141f., 285, 288
Kraus, Karl 38, 248ff., 264
Krauss, Clemens 96, 101f.
Krauß, Werner 214
Krupp, Arthur 132
Kupelwieser, Leopold 141
Kurz, Selma 103
Kutschera, Carl-Ludwig 34, 294
Kutschera, Elsa 38
Kutschera, Mathilde 38
Kutschera, Viktor 34ff.

LaMarr, Barbara 156
Lamarr, Hedy (Hedwig Kiesler) 153ff.
Landers, Ann 52
Larisch, Marie, Gräfin 78
Le Corbusier 151
Lehár, Franz 14, 101, 128, 137ff., 142, 146
Lehmann, Adolf 244, 246, 248, 251f.
Léon, Victor 140
Leopold Salvator, Erzherzog (Leopold Wölfling) 167ff., 172ff., 177f. 254
Leopoldi, Hermann 101
Ligne, Charles, Fürst 234ff., 242
Lincoln, Abraham 14, 51ff.
Lincoln, Evelyn 53
Loder, Anthony 160
Loder-DeLuca, Denise 159
Lokya, Leopold 276
London, Edith (geb. Prawy) 106ff.
London, Hans 107
Lónyay, Gräfin 191
Lónyay, Elemér, Fürst 191
Lubrich, Oliver 47f.
Ludovika in Bayern, Herzogin 65, 70
Ludwig I., König von Bayern 70
Ludwig II., König von Bayern 73
Ludwig Viktor, Erzherzog 62, 78
Ludwig Wilhelm in Bayern, Herzog 76, 78
Luise von Sachsen, Kronprinzessin 174ff.

Macdonald, Torbert 44
Machatý, Gustav 155
Mahler, Gustav 96, 100, 102ff., 111
Mailáth, Georg Graf 67
Makart, Hans 141
Mandl, Fritz 154f.
Manner, Josef 128, 132
Marberg, Lilli 30
Maria Anna, Kaiserin 60
Maria Anna von Sachsen, Prinzessin 174
Maria Antonia, Erzherzogin 167, 174, 186ff., 191, 196, 198ff.

Maria Christina, Erzherzogin 257f.
Maria Josepha in Bayern, Herzogin 75, 79ff.
Maria Ludovika, Kaiserin 238
Marie von Bourbon-Parma 31
Marie Valerie, Erzherzogin 73
Marshall, Godfried 188
Mattl-Wurm, Sylvia 111, 294
Mautner, Adolf Ignaz 130ff.
Mautner Markhof, Georg Heinrich 132
Mautner Markhof, Julie 131f.
Mautner Markhof, Theodor 132
Mautner Markhof, Viktor Ritter von 14, 130ff.
Maximilian, Kaiser von Mexiko 58, 64f., 67
Max in Bayern, Herzog (Vater von Herzog Carl Theodor) 70
Max in Bayern, Herzog (Urenkel von Herzog Carl Theodor) 76
Mayer, Louis B. 156
Mayr, Friedrich, Freiherr von 165
Meinl I., Julius 14, 128, 132f.
Mendel, Henriette 76, 78
Merz, Carl 231
Metternich, Klemens Wenzel, Fürst 235f., 239, 248f.
Metzner, Rudolf 195
Mildenburg, Anna von 103
Mitis, Oskar 198f.
Monroe, Marilyn 53
Moser, Blanca 215f., 218f., 223
Moser, Hans 16, 39, 153, 213ff., 244, 250f.
Mozart, Wolfgang Amadeus 84
Mühl, Oberlandesgerichtsrat 192
Müller, Laurence, Baronin von 200
Mundy, Jaromir von 23
Mussolini, Benito 155
Mussorgsky, Modest 98

Nahowski, Anna 162ff.
Nahowski, Franz jun. 164, 166
Nahowski, Franz sen. 163, 165f.
Nahowski, Helene 163ff.
Napoleon I., Kaiser von Frankreich 234, 237, 239
Nestroy, Johann Nepomuk 244
Neuzil, Wally 286f.
Nussbaumer, Christa 197, 294

Odilon, Helene 137, 207ff., 211
Oppel, Max 74
Oswald, Lee Harvey 52f.
Otto, Erzherzog 256

Pachmann, Carl Rudolf Salvator 188ff., 194, 198ff., 201ff.
Pachmann, Heinrich 189ff., 199
Pachmann, Marie 189f., 194f., 198f.
Pachmann, Rainer Rudolf Salvator 186, 196f., 201ff., 294
Pachmann, Robert 190
Pachmann, Theodor Rudolf Salvator 15, 194ff., 199ff., 201, 203
Pálffy, Franz, Graf 240f.
Payer, Julius 23

Petite, Aimée 240
Pick, Gustav 23
Pimperl, Andreas 294
Ploteny, Peter 294
Plotkin, Stephen 43, 294
Popper von Podhragy, Alexander 139
Popper von Podhragy, Berthold 139
Popper von Podhragy, Leopold 139ff.
Popper-Podhragy, Johannes 141, 294
Poth, Ilse 112, 294
Praschl-Bichler, Gabriele 56f., 59f., 66, 294
Prawy, Marcel 104, 106ff.
Princip, Gavrilo 266ff.
Puccini, Giacomo 98
Puntigam, Anton 269f.

Qualtinger, Helmut 228ff.

Radda, Michael 72, 294
Rathbone, Henry Reed 52
Rathkolb, Oliver 216, 218, 294
Reagan, Ronald 157
Reh, Albert 112
Reinhardt, Max 153
Riedl, Ludwig 134, 249
Ritter, Maria 170
Rockefeller, John D. 128
Roller, Alfred 103
Rosé, Arnold 104
Rossini, Gioachino 87f.
Roth, Frieder 294
Rothschild, Albert, Freiherr von 128ff., 134, 136f., 208, 211
Rothschild, Anselm 136
Rothschild, Bettina 129, 137
Rothschild, Louis 137
Rothschild, Meyer Amschel 135
Rothschild, Salomon 134ff.
Ruby, Jack 52
Rudolf, Kronprinz 13, 15, 37, 58, 62f., 67ff., 78f., 167, 174, 186ff., 194, 197ff., 201ff., 256, 260
Rühmann, Heinz 153, 214

Sacher, Anna 138, 142
Safran, Gerlinde 46
Safran, Willibald 46, 294
Sagan, Herzogin von 236
Salten, Felix 212
Sandgruber, Roman 129, 134, 138, 294
Schalk, Franz 101
Schärf, Adolf 43
Schiele, Adolf 280, 282, 284
Schiele, Egon 15, 280ff., 285ff.
Schiele, Elvira 282
Schiele, Gertrude 282
Schiele, Marie 284
Schimek, Susanne 294
Schmedes, Erik 103
Schmid, Johann Adam 94
Schmitz, Dietmar 294
Schnitzler, Arthur 104, 144
Schoeller, Paul von 14, 128, 130
Schönberg, Arnold 105
Schönerer, Alexandrine von 207
Schönerer, Georg Ritter von 207
Schönthan, Franz von 35
Schratt, Katharina 13, 18ff., 24ff., 138f., 162, 165, 175, 210, 247

Schubert, Franz 84, 91, 111
Schulenburg, Ulrich 294
Schwarz, Viktor 194
Schweikhardt, Maria 171
Schwind, Moritz von 141
Seeburger, Johann 63
Seipel, Ignaz 171
Seligmann, Franz Romeo 91f.
Seyrl, Harald 294
Siam, König von 46
Simenon, Georges 151
Simpson, Wallis 46
Simon, Böske 145
Sippl, Carmen 294
Škoda, Josef von 57
Slezak, Leo 14, 103, 138
Sophie, Erzherzogin 13, 25, 56ff., 78
Sophie, Erzherzogin (Tochter von Kaiserin Elisabeth) 58, 65
Sophie, Herzogin von Alençon 79
Sophie, Herzogin von Hohenberg 15, 191, 257ff., 267ff., 272, 274
Sophie von Sachsen 78, 80
Spielmann, Fritz 146
Sramek, Amalie 192, 203
Stein, Leo 140
Steinhauer, Erwin 214
Stejskal, Franz, Ritter von 210
Stephanie, Kronprinzessin 188, 191, 203
Stern, Michael 116
Sternberg, Adalbert, Graf 149
Stewart, James 157
Stolz, Robert 110
Strauch, Karl 282
Strauß, Johann 206, 212, 249f.
Strauss, Richard 96, 101ff., 111

Talleyrand-Périgord, Charles-Maurice de 235
Tänzer, Moritz 144, 148
Taschner, Rudolf 54, 294
Taylor, Robert 157
Thimig, Hugo 30
Thun, Jaroslaw, Graf 264
Toselli, Carlo Emanuele 184
Toselli, Enrico 181ff.
Tracy, Spencer 157

Valentin, Karl 181
Vanderstraeten, Fernand 185
Verdi, Giuseppe 98
Vetsera, Mary, Baronesse 78
Vidor, King 146

Wagner-Jauregg, Julius 208
Wallisch, Leopold 294
Weinwurm, Josef 122ff.
Weißenberger, Ferdinanda 138
Weissensteiner, Friedrich 162, 164, 294
Welles, Orson 156
Wengraf, Senta 106, 109f., 112, 294
Werner, Zacharias 241
Wernick, Kai 294
Werth, Johann 189f., 198
Wessely, Paula 250f.
Weyprecht, Karl 23
Wilczek, Hans Graf 18, 20ff., 34, 39
Wilder, Audrey 289
Wilder, Billy 289f.
Wilhelm II., Kaiser 74
Wilhelm Karl 76

Windisch-Graetz, Maria Luisa 48
Windisch-Graetz, Maximilian, Fürst 45ff.
Windsor, Herzog von 46
Wölfling, Aloisia 172
Wong, Suzie 294
Wurzian, Hans 107

Zemlinsky, Alexander von 105
Zerzawy, Hermann 198
Zita, Kaiserin 31
Zuckerkandl, Berta 247
Zweig, Stefan 104